显微镜下全唐史

第七部

四祸叠加

北溟玉 著

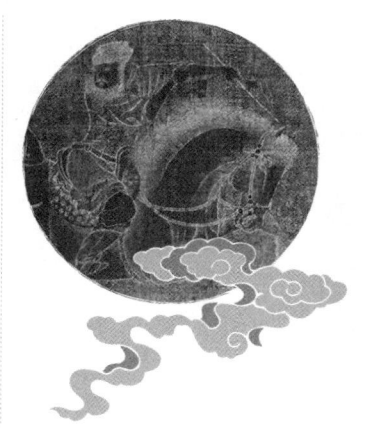

中国文史出版社

去河北贼易，去朝中朋党难！

——唐文宗李昂

第一章　玩帝穆宗

01. 哎，就是玩儿！　　　/ 002
02. 新乐府三杰　　　/ 005
03. 古文运动　　　/ 020
04. 两大奇人　　　/ 026
05. 长庆制举案　　　/ 030
06. 长庆会盟　　　/ 034

第二章　藩镇失控

01. 二镇军乱　　　/ 042
02. 满盘动摇　　　/ 046
03. 草草停战　　　/ 049
04. 铁胆韩愈　　　/ 052
05. 李逢吉复相　　　/ 056
06. 党争前奏　　　/ 060

第三章　少帝敬宗

01. 敬宗即位　　　/ 066
02. 染工暴动　　　/ 069
03. 李逢吉倒台　　　/ 072
04. 敬宗之死　　　/ 076

第四章　牛李党争

01. 横海李同捷之乱　　　/082
02. 义士刘蕡　　/086
03. 牛李党争　　/095
04. 两党骨干　　/098
05. 两党分歧　　/105
06. 王嵯巅入侵　　/108
07. 独立朝士　　/113
08. 宋申锡事件　　/116
09. 维州惨案　　/120
10. 李德裕拜相　　/125
11. 李郑崛起　　/129
12. 李德裕罢相　　/132
13. 牛党倒台　　/138

第五章　甘露之变

01. 郑李当权　　/144
02. 甘露之变　　/147
03. 政局粗定　　/156

第六章　苦帝文宗

01. 党争再现　　/162
02. 丧子之痛　　/166
03. 裴度去世　　/169
04. 文宗驾崩　　/173

第七章　鹘蕃衰亡

01. 武宗上台　　　/178
02. 回鹘崩溃　　　/182
03. 乌介可汗　　　/186
04. 杀胡山之战　　/190
05. 吐蕃衰亡　　　/194

第八章　大唐武帝

01. 讨伐昭义刘稹　/200
02. 仇士良倒台　　/203
03. 会昌法难　　　/207
04. 打压牛党　　　/212
05. 惜哉武宗　　　/217

第九章　党争落幕

01. 逢武必反　　　/224
02. 清算李党　　　/227
03. 击破北狄　　　/233
04. 李党垮台　　　/237
05. 郭后之死　　　/240
06. 最后的德裕　　/243
07. 小李杜落幕　　/249

第十章 大中之"治"

01. 怪异的老儒生　　/266
02. 锐意图治　　/270
03. 河陇归地　　/275
04. 抚平党项　　/281
05. 王式镇安南　　/286
06. 宣宗驾崩　　/291
07. 掺水的治世　　/294

附　录

附录一　唐朝十四世二十一帝（含武则天）概况　　/300
附录二　唐朝世系表　　/305
附录三　六大强敌世系表　　/306

参考文献　　/310

第一章 玩帝穆宗

01. 哎，就是玩儿！

新官上任还要烧三把火呢，何况新君？！从来一朝天子一朝臣，穆宗践祚，宪宗身边那几个人就倒霉了。方士柳泌被杖毙。柳泌的两个伯乐，宰相皇甫镈①被贬海南海口，宗正卿李道古被贬广东惠州。皇甫镈的同学、同党——另一宰相令狐楚被贬湖南衡阳。

穆宗的以上举措赢得了朝野内外的一致认可和高度赞誉。特别是贬黜皇甫镈时，全长安百姓倾巢而出，锣鼓喧天，鞭炮齐鸣，自发举行庆祝活动。人们对这位年仅 26 岁的新皇帝充满了期待，无他，只因为他是新的。新的东西包括人，似乎都自带希望的光环，莫名给人一种改头换面、扬眉吐气的精气神。

但大家很快就失望了。穆宗瞅着是个大人，其实就是一巨婴，他身上有三个显著的标签。

第一个，妈宝。儿子爱母亲、孝顺母亲是应该的。但凡事都讲究个度，过犹不及，尤其是举重若轻的皇帝。穆宗刚上台就迫不及待地尊奉母亲郭贵妃为太后，把郭家连死带活的男丁封了一圈。他还斥重金修缮兴庆宫，作为郭太后的寝宫。每月初一和十五，穆宗都要去兴庆宫看望母亲。但你看就看呗，每次都带上群臣百官、后宫亲属和内

---

① 镈，音博。

外命妇①，这是几个意思？老太太是你娘，又不是大家的娘！关键是大家也不好空手去看老太太呀，总是去，人家钱包受不了啊！

第二个，玩咖。在玩儿这件事上，穆宗绝对是个天才，玩出了花样，玩出了高度，丰富地过每一天，快乐地过每一天。他的爱好很多，除了"倡优杂戏"，还喜欢唐式摔跤——角抵、手搏，以及举办各式各样的party。穆宗贪玩是不分场合、不分时候的。册拜太后可是国之大典，庆祝活动当然应该搞得高大上，穆宗却让有司"盛陈倡优杂戏于门内而观之"。当年重阳节，穆宗不顾宪宗大丧，硬是搞了一个超级大party，大宴群臣。穆宗甚至觉得，皇帝和百官公卿一掷千金欢宴，正说明国家富强、天下太平，这样的活动应该多搞才对。

第三个，败家子。穆宗是唐朝出手最大方的皇帝，没有之一。盖宫殿、修假山就不说了，就说他动不动就赏赐，赏赐多少全看心情。要是别人做了什么讨他欢心的事情，打赏倒也说得过去。可他是突发性、无厘头式的，经常坐着难受、闲着无聊了，忽然想花钱了，冷不丁就赏赐了，搞得受赏赐的人都莫名其妙的。

对于穆宗的这些荒唐行为，百官还可以忍受，嗨，毕竟是个皇帝嘛！可大家真心受不了他说走就走。穆宗好动，坐不住，经常一拍脑门就要出宫。以前的皇帝出宫，肯定事先要和宰相们通气报备，去哪里，去多久，带多少人，啥时候回来，交代得明明白白的。穆宗不，他是大河向东流啊，天上的星星参北斗哇，说走他就走呀！

一天，他忽然说明儿个要去华清宫玩儿，傍晚时分回来。时值吐蕃犯边，长安内外如临大敌，连空气里都满是紧张的味道。宰相们急了，带着百官跑到延英门外切谏，陛下，平时也就罢了，这次能不能不去，危险！表奏都上了三道了，穆宗就是不吭声。群臣只得让步：

---

① 命妇，泛称受有封号的妇女。

"陛下坚持要去的话，请把臣等带上。"穆宗依旧不回复，不回复就是不同意，有你们这些聒噪的老头子在边儿上，朕玩儿不尽兴！宰相们年龄大了，不能久站，实在等不起就回去了。但谏官们还不甘心，一直等到日暮时分，才不得不回了家。第二天一早，穆宗忽然出城望华清宫而去，随行人员多达上千人。一直玩儿到夜幕降临，他才意犹未尽地回到长安。

左看右看上看下看，穆宗都没个皇帝的样子。大臣们不管属于哪一派，都觉得皇帝这么浪不成体统，经常劝谏。一天，五名谏官劝穆宗不要搞那么多party，不要总出去浪，要多关心国家大事。穆宗很认真地问了一句："这五个人是干吗的？"皇帝居然不知道谏官是干啥的，宰相们当场被雷得外焦里嫩。

不过，话说回来，穆宗也不是一无是处，他还是有一些优点的。

比如，听了逆耳的话，他从不生气。每次大臣进谏，不管话说得多尖锐、多刺耳，穆宗的态度始终是端正的，对对对，爱卿你说得对，太对了！别以为他在演戏，他是真的不生气，并且事后也不会打击报复。这说明穆宗并不傻，他心里还是能分清好赖的，只是大家说了也白说，他该咋样还咋样，他就是单纯控制不住自己而已。

此外，穆宗还有一个优点，雅好文艺，推重文士。大家想不到吧，他居然是唐朝最尊重、最喜欢、最善待文化人的一个皇帝。一大批失意落魄的文士、诗人，比如元稹、李绅、白居易，都因为他的这个优点而改变了境遇。

02. 新乐府三杰

可能很多人并不知道，大诗人元稹不是汉人，而是鲜卑人，他是北魏昭成帝拓跋什翼犍的后代①。孝文帝改革时，拓跋氏改为汉姓元氏。"曾经沧海难为水，除却巫山不是云。"一个鲜卑人写诗写得这么好，我也是服了！

代宗十八年（779年）二月，元稹出生于洛阳的一个普通官员家庭。他字微之，在堂兄弟中排行第九，所以熟人一般管他叫"元九"。父亲早逝，家道中落，少时的元稹读书极其刻苦。德宗十四年（793年），14岁的他为了尽早获取功名，改善家庭经济状况，选择投考了相对容易的明经科，一举上榜。我们总说"三十老明经、五十少进士"，好像明经科挺容易的，其实明经容易是相对进士科而言，让普通人去考一样很难。元稹14岁就能考中明经，可见其经学功底之深厚。

但由于没有政治资源，经过六年漫长的等待，德宗二十年（799年），元稹才在河中府获得了一个小职务。河中府治蒲州有他母亲的一门远亲，姓崔。崔家有个女孩儿名叫双文，长得怪带劲嘞！元稹看上了，一顿撩骚，得手了，还定下了婚约。

蒲州任职三年，元稹看也没什么出路，决定再次科举。德宗二十三年（802年）冬，他来到京师长安，准备参加明年春的秘书省"书判拔萃科"考试。然后，他结识了两个同批考生，一个叫李绅，一个叫白居易。

---

① 一说十四世孙，一说十五世孙。

李绅的家世十分显赫，乃赵郡李氏一脉，他的曾祖父是高宗朝宰相赵国公李敬玄，就是当年被刘仁轨坑去打钦陵的那位。李敬玄的弟弟李元素是武则天的宰相，但在武周八年（697年）因卷入谋反案而被冤杀。紧接着，李敬玄的大儿子李思冲追随中宗太子李重俊政变，事败被杀。李家经过李敬玄、李元素、李思冲这三个大坎儿，就迅速破落了。李思冲的弟弟李守一和李守一的儿子李晤都只是县令而已。李绅正是李晤之子。

代宗十一年（772年），李绅生于湖州乌程县（今浙江湖州南菰城遗址）。他爹时任乌程县令，李绅即生于县署。五年后，李晤病死于晋陵（今江苏常州）令任上。年幼的李绅只得随母亲卢氏迁居无锡梅里。

幼年失怙又逢家族衰落，李绅明白，如果想出人头地，只有科举这一条路可走了。德宗七年（786年），14岁的李绅上无锡名刹惠山寺读书。因为他后来考中了进士，而且是无锡历史上第一个进士，所以当地建了"李丞相读书台"纪念他。元代学者王仁辅在《无锡县志》中说："李相书堂在惠山，小径萦纡，有堂三楹，中绘唐李绅像。绅未遇时，常读书惠山。"清光绪七年（1881年）的《无锡金匮县志》也载："李公垂读书惠山，后徙剡川精舍……公既贵，改精舍为龙宫，因筑读书台于宫内，岁久湮没。万历间谈修立石重镌'李丞相读书台'六字。"

在惠山寺读书期间，年纪轻轻的李绅就写出了他最为后世所传诵的诗篇——《悯农二首》。

其一曰：

春种一粒粟，秋收万颗子。
四海无闲田，农夫犹饿死。

春天只要播下一粒种子，秋天就可以收获很多粮食。普天之下没有闲置的土地，可劳苦的农民却仍然饿死。

其二曰：

锄禾日当午，汗滴禾下土。
谁知盘中餐，粒粒皆辛苦。

盛夏中午，赤日炎炎，农民却仍在劳作，他们身上的汗珠滴落到禾苗下的土地里。谁会想到，我们餐盘里的粮食一粒一粒都饱含着农人的辛劳和血汗呢?!

李绅能写出这样的诗，肯定是源于生活体验。李家已经破落，虽然还没惨到沦为社会底层的地步，但李绅活在底层中间，目睹了农民种地之艰辛。尽管他后来也写出了不少上上之作，但论思想深度和教育意义，都没有超越《悯农二首》的。李绅由此赢得了"悯农诗人"的美誉。这两首诗与骆宾王的《咏鹅》传诵千年，成为古往今来多少中国小孩子的启蒙诗。

随后，李绅也走上了为仕途奔波的道路，其间尽管多次不第，但文名却与日俱增。

河南新郑人白居易和李绅同龄，比元稹大七岁，也是普通官员家庭子弟，也是年少失怙没了爹。看来给大诗人当爹不是啥好事儿啊！为了奔个好前程，白居易学习极其刻苦，读书读得口生疮、手生茧，年纪轻轻头发就白了。他曾经干谒过著作佐郎顾况。顾况用他的名字开玩笑："米价方贵，居亦弗易！"首都物价高，你白居易想在这里定居可不是那么容易哟！但等他看完白居易写的《赋得古原草送别》后，尤其对"野火烧不尽，春风吹又生"二句赞叹不已，由衷说道："道得个语，居亦易矣！"有这种写诗的水平，定居长安不是难事儿，很容易！

元稹、白居易、李绅三人，年纪相仿，脾胃相投，情趣相得，爱好相似，一见如故。由于李绅身材短小精悍，又像李白一样擅长写诗，时人就管他叫"短李"。元稹和白居易两人最为相投，被并称为"元白"。

转年考完放榜，李绅落了榜，元稹和白居易都及第了，一同进入秘书省任校书郎。不难想象，当时的李绅肯定很落寞，而元、白一定是春风得意。但人生还长着呢，充满了戏剧性，最后官品最高的恰恰是李绅。

刚24岁的元稹万万没想到，他这一及第居然还有意外收获：京兆尹韦夏卿看上他了，要将女儿韦丛许配给他。京兆韦氏那可是豪门望族，韦夏卿又是首都市长，岂是崔家那种小门小户可比的?!一心想出人头地的元稹分分钟就把和崔双文的山盟海誓忘到爪哇国去了，扭头娶了韦丛。

许多年以后，韦丛病逝，元稹想起初恋情人崔双文，可能心里有愧吧，就写了一篇唐传奇《莺莺传》。元代戏剧大家王实甫将《莺莺传》改编成了戏剧《西厢记》。崔莺莺的原型正是崔双文，而那个痴情的张生就是元稹。不知道这算不算元稹对自己的"漂白"：其实，我对每段感情都是认真的。

但官场瞬息万变，婚后不久，元稹的老岳父韦夏卿就失了势，由京兆尹调任东都洛阳留守。元稹蹉跎了四年，纹丝未动，还是校书郎。

他不甘心，白居易也不甘心，李绅更不甘心。于是，宪宗元和元年（806年）四月，三人又参加了"才识兼茂明于体用"科考试。这次三人都中举了，元稹还考了个第一名。然后，状元郎元稹留京任左拾遗，白居易授任盩厔（今西安周至县）县尉，李绅则成了国子助教。横向对比，元稹的岗位最好，李绅的一般，白居易的最差。

左拾遗是谏官，正对年轻气盛的元稹脾胃，他刚入职就接二连三地上书言事，从"教本"（重视给皇子选择保傅）、"谏职"（谏官之职责）、"迁庙"（迁移新崩天子神主入祀太庙），一直说到西北边事。刚上台的宪宗很欣赏这样的年轻人，竟破格召见元稹，好一顿勉励。

得到皇帝的认可，元稹的仕途是不是就该旱地拔葱、一路长虹了呢？恰恰相反，他天天给政事挑毛病，朝中的那些大佬不乐意了，年轻人不知天高地厚，嚣张跋扈，天天给我们找不是，该给你上上课了！当年九月，元稹就被外放为河南某地县尉。好巧不巧，他母亲这时去世了。依礼制，元稹无须赴任，但是得回家守孝三年。

胸怀大志的李绅对国子助教这个边缘岗位很不满意，为了获得通往主流渠道的资格，主动申请到地方藩镇挂职锻炼。朝廷任命他为浙西镇海军节度使李锜的幕僚。没想到第二年十月，李锜举兵造反。李绅在政治上很清醒，拒绝了李锜的拉拢，被投入大牢。但这段牢狱之灾是值得的，一个月后李锜兵败被杀，追随叛乱的浙西文武大多遭到清算，唯有李绅躲过了一劫。

反倒是白居易低开高走，芝麻开花节节高。他在县里任职，有大把的时间搞创作，写了很多的诗，而且质量很高、传唱度极高。一个偶然的机会，宪宗听到宫人朗诵白居易的诗歌，非常喜欢，便于元和二年（807年）召白居易回京任进士考官、集贤校理，兼翰林学士。

第二年，白居易就追平元稹，也当上了左拾遗，还成了家，娶了弘农杨氏的女子。当然，这时的白居易肯定想不到，正是这段婚姻把他卷入牛李党争，改变了他后半生的人生际遇。

元和四年（809年），元白、短李三人的命运都迎来了新的转折。白居易提任京兆府户部参军。李绅结束挂职锻炼，回到长安任了一名校书郎。挂职锻炼只是获得了资格，可没说一定会提拔重用你。李绅没有门路，只能继续当这闲散的差事。而元稹为母服丧期满，复出做了监察御史。

三个好友再次重逢，共同发起了唐诗发展史上的著名事件——新乐府运动。

安史之乱以后，大唐国势日微，很多矛盾问题积重难返，改革举步维艰。一些文艺圈的有识之士想以文化的改革带动政治经济的全方位改革，于是发起了唐朝的"新文化运动"。这场运动体现在文章领域，就是韩愈、柳宗元倡导的古文运动；体现在诗歌领域，就是李绅、元稹、白居易倡导的新乐府运动。

新乐府与古乐府相对。古乐府就是《陌上桑》《孔雀东南飞》《木兰辞》这种唐以前的乐府诗，其显著特征就是诗文必须得能改编成乐曲，这种形式上的硬性要求当然限制了内容的表达力。而新乐府则主张发扬《诗经》和汉魏乐府讽喻时事的传统，用新题写时事，使诗歌起到"补察时政""泄导人情"的作用，而不再简单以入乐与否作为标准。

虽然很多人认为是白居易首先提出了"新乐府"的概念，但实际上第一个付诸实践的是李绅，他曾一口气写了《乐府新题》二十首。元稹随即和了《和李校书新题乐府十二首》。然后，白居易才把担任左拾遗时写的"美刺比兴""因事立题"的五十首诗编为《新乐府》。李绅和元稹写的新乐府都失传了，只有白居易的《新乐府》五十首流传了下来，并且他还有"文章合为时而著，歌诗合为事而作"的鲜明主张，所以后人才会认为白居易是新乐府运动第一人。

元白、短李是当仁不让的新乐府运动"三剑客"。他们之所以从古至今名气都这么大，并不仅仅因为诗写得多、写得好，主要是因为他们在唐诗发展的关键节点上发挥了弄潮儿和领头羊的作用。时人称他们创作的这种新乐府为"元和体"。"诗到元和体变新"，引得天下文人"递相仿效，竞作新词"。当时的大唐诗坛就是这哥仨的天下，他们在元和诗坛上的地位，等同于"四杰"在初唐诗坛上的地位。

但诗歌是诗歌、政治是政治，在诗歌上取得巨大成就的三人，在政治上却先后遭遇重大挫折。

元稹终究还是太年轻了，年轻人的一大特点就是好了伤疤忘了疼。复出后不久，御史台让他巡察东川。在家憋了三年的元稹可来劲了，跑到东川喊里咔嚓办了好几个官员，刚直不阿、铁面无私的人设立得很到位。

好不容易出趟差，怎么能只办公事呢?！这不，元大才子抽空拿下了唐代"四大女诗人"①之一的薛涛。

薛涛本是长安人，因父亲贬官，举家流落西川。她14岁时，父亲去世，薛涛为生活所迫，不得已沦落风尘，当了一名乐伎。她天生诗才，"容姿既丽"，又"通音律，善辩慧，工诗赋"，很快就成了蜀中名优。当时的知名文士，如白居易、刘禹锡、杜牧等人，都上赶子地追她捧她。

西川节度使韦皋也十分欣赏薛涛，甚至还让她当了幕僚。一个女的能给节帅当幕僚，全唐朝只有薛涛一人。但这妹子有个毛病——贪财，仗着是韦皋身边的红人，吃拿卡要，啥钱都搂。韦皋可不惯着她，我能让你飞上青云端，就能让你跌到尘埃底，将薛涛发配松州（今四川阿坝松潘县）。从松州回来后，薛涛就在成都浣花溪隐居了。

才子多情，才女也多情。在浣花溪，薛涛日常以撩汉为乐，她还以木芙蓉皮为原料，加入各色花汁，自制了一种大小够写八行情诗的彩纸，这就是著名的"薛涛笺"。鲜艳的纸张配上淡淡的花香和动人的情诗，试问世间哪个汉子能遭得住？遭不住啊！三套衣服丢两套，涛姐她是真的有一套！

本来薛涛小日子过得挺平静的，但这一年元稹脚踏七彩祥云来了！元稹特地致信薛涛，约她到东川治所梓州（今四川绵阳三台县）

---

① 唐代"四大女诗人"，即李冶、薛涛、刘彩春、鱼玄机。

一见。薛涛欣然赴约。

哦哟，这一见可不得了，天雷勾了地火啊！他们看星星看月亮，从诗词歌赋谈到人生理想，惺惺相惜又相见恨晚。薛涛时年42岁，元稹只有31岁，几乎差了一轮，但在爱情面前，年龄不是问题，两人理所当然地在一起了。

两个诗人怎么谈恋爱呢？当然是写诗了，虽然一抬头就能看到对方，那也非得写！今天你给我写一首，明天我给你写一首，后天两人一起写一首。完全沦陷的薛大婶儿俨然小女人附体，写了著名的《池上双鸟》：

双栖绿池上，朝暮共飞还。
更忆将雏日，同心莲叶间。

稹弟呀，小姐姐要和你双宿双飞。

然而，这段浪漫的爱情只维系了三个多月。元稹就是来出差的，公事办完了，他拍拍屁股就走了。

元稹走后，这给薛涛想得是抓耳挠腮的，实在憋不住了，又写出了她的代表作《春望词》：

其一
花开不同赏，花落不同悲。
欲问相思处，花开花落时。

其二
揽草结同心，将以遗知音。
春愁正断绝，春鸟复哀吟。

其三

风花日将老，佳期犹渺渺。

不结同心人，空结同心草。

其四

那堪花满枝，翻作两相思。

玉箸垂朝镜，春风知不知。

  花开时，你不能和我一起欣赏；花落时，你无法与我一起悲伤。你问我什么时候想你？就是在花开花落的时候。我采摘鲜草结成同心结，打算送给你。春愁正要断绝，春鸟四处哀鸣，春风与春花日渐衰老，约会的佳期却渺无踪影。不能与你相会，这同心草不就白结了嘛?！开满枝头的春花让我无法承受，只能化作两行相思泪。今早对镜梳妆时，我的玉簪都低垂着。春风啊，你知不知道我有多想他?！

  元稹回赠了一首《寄赠薛涛》：

锦江滑腻峨眉秀，幻出文君与薛涛。

言语巧偷鹦鹉舌，文章分得凤凰毛。

纷纷辞客多停笔，个个公卿欲梦刀。

别后相思隔烟水，菖蒲花发五云高。

  滑腻的锦江和秀丽的峨眉山变幻出卓文君与薛涛这样的蜀中才女。涛姐的言语巧妙，好像偷了鹦鹉的舌头。她的文章华丽，又好像分得了凤凰的羽毛。文人骚客见了她，纷纷羞愧停笔；公侯将相见了她，个个自愧不如。与她分别后远隔风烟山水，令我无限思念。这思念如同院子里的菖蒲花那样繁盛，又如天上的祥云那般高远。

看样子，她想他，他也想她。实则不然，文字归文字，真心话归真心话，元稹的真心话其实是这样式儿的：涛姐，山茶花读不懂白玫瑰，北山的风吹不到南山尾，说好玩玩儿的，你怎么还当真了呢?!

薛涛左等右等，再等不来元稹一封信一首诗。他们的故事开始得很琼瑶，结束得很潦草。终于，她的心死了，死得哇凉哇凉的。薛涛搬离浣花溪，在成都城西南的碧鸡坊度过了她剩余的人生。

再说元稹，觉得自己这趟差出得不错，公事办得漂亮，私事办得更漂亮，还搁那儿美呢！殊不知他已经大难临头了！他办了那么多东川官员，有没有考虑过节度使严砺的感受？更何况回京后他还弹劾严砺失职不法。

严砺何许人也？当年报销"永贞革新"、逼顺宗退位就有他一份，人家和宦官、朝臣是深度相结的。得罪了严砺，元稹还能有好果子吃？刚刚述完职，就被踢到东都御史台了。东都就是个养闲人的地方。元稹那个抑郁啊！

紧接着，他老婆韦丛也去世了。这对元稹打击很大，著名的《遣悲怀三首》《离思五首》就是他悼念亡妻的作品。

曾经沧海难为水，除却巫山不是云。
取次花丛懒回顾，半缘修道半缘君。

照我的理解，这里面的"丛"其实就是指韦丛。

屋漏偏逢连夜雨，船迟又遇打头风。第二年，记吃不记打的元稹又弹劾河南尹房式贪赃枉法。房式虽然籍籍无名，但人家祖上可是开国贤相房玄龄，根正苗红，路子比他野多了。元稹不仅没弹着人家，还被朝廷召回罚俸。

入京途中落脚敷水驿（在今陕西渭南华阴市西敷水镇），因为争一间商务大床房，元稹又和两个宦官起了冲突。他本就心情不好，一看连没把儿的人都要骑到自己头上了，气不打一处来，据理力争，估计也撂了狠话。但这次他碰到硬茬儿了，其中一名宦官正是后来将唐代宦官专权提到了一个新高度的仇士良。两名宦官用鞭子将元稹打得满地打滚、浑身是伤。

到了京城，憋了一肚子委屈的元稹上告宦官殴打朝臣。他想，他是朝廷官员，宦官只是皇帝家奴，怎么着皇帝也得向着他啊！读书人最大的毛病就是总以为这个世界是讲道理的。幼稚的元稹被现实啪啪打脸。宪宗大怒，又是这个元稹，居然敢和朕的人抢大床房，贬你。

这下朝臣们不干了，哦，宦官的脸是脸，我们的脸就不是脸，到底谁的脸是脸?！尤其是白居易，马上给宪宗递了折子："宦官凌辱朝臣，陛下不惩罚宦官，却贬了元稹的官，这是何道理?！我只怕将来宦官出去办差会更加嚣张跋扈，到时候都没人敢说了。况且，元稹身为御史，弹劾不法，不避权势，恨他的人当然多了。如果陛下非要办他，将来就没人敢为陛下认真执法了。"

有用吗？没用！宪宗避重就轻，不说宦官凌辱朝士，反说元稹"年少轻树威，失宪臣体"，将他贬到江陵府（今湖北荆州），任了一个小小的士曹参军。

元稹这一去就是五年。当年的第一名现在居然是发展最差的。

李绅的境遇也没好到哪里去，仍旧干着他的校书郎，无风也无浪。

元稹出贬的第二年，白居易那得了疯病的母亲在花园里不慎坠井而亡，他也只能离职丁忧了。但三年期满后，元和八年人家刚一回朝，就在宪宗的亲自关照下，出任了太子左赞善大夫。

元和九年（814年）十二月，宪宗终于想起元稹来了，召他回朝。一同受召的还有因"永贞革新"而被外放的刘禹锡和柳宗元。宪宗的本意是想把这些人才再用起来。元稹感觉时来运转，要东山再起了，一扫五年郁结之气，高高兴兴地踏上了回京的路途。这一路上他文思如泉涌，边走边写，"五年江上损容颜，今日春风到武关"，看看这个嘚瑟劲儿。

抵京后，元稹和李绅、白居易两位旧友诗酒唱和，意气风发。他还张罗着要编一本《元白还往诗集》。然而，当时的宰相武元衡坚决反对重新起用元稹、刘禹锡、柳宗元等人。

转年初，元稹的诗集还未编成，就被踢到更远的通州当司马去了。这个通州可不是今天的北京通州，而是四川达州，在当时属老少边穷地区。"哭鸟昼飞人少见，怅魂夜啸虎行多"，郁闷的元稹染上疟疾，差点儿就埋在了当地。

紧接着，白居易也倒了大霉，他因秀见解得宠，也因秀见解失宠。白居易接连在几个关键事项上和宪宗唱反调，比如和宰相李绛一起反对任用宦官吐突承璀，替元稹说话，主张停止讨伐成德节度使王承宗。还有一次，这个二五眼当场对宪宗说："陛下错。"宪宗气得向李绛吐槽："白居易小子，是朕拔擢致名位，而无礼于朕，朕实难奈。"他还想把白居易贬出去："白居易小臣不逊，须令出院。"李绛出面求情，白居易才暂时躲过一劫。

说白了，元、白就是犯了文人的通病，以为自己成了中央官员，可以指点江山激扬文字了，所以频频上书言事。诚然，他们的一些言论得到了皇帝的肯定。但朝廷是按利益流转的，不是按道理流转的，文人空谈大道理，言多必有失，大小领导们就不高兴了，谁需要你们这些十八流小官吏谈见解啊，显得你能个儿啊，老实当好工具人就得了呗，别瞎嚷嚷！

混官场的一大要则就是少说话，不问不说，问了也要慎说。爱说的人迟早倒霉，今天你一句话说到领导心坎儿上了，领导很高兴，这小子和我合拍呀！可问题是很少有人具备李林甫那样的本事，你做不到时时、事事、处处与领导合拍，哪天说的不对领导的心意了，离倒霉就不远了。

更何况白居易不仅说，还写了大量的讽喻诗，揭露了很多不能摆到台面上说的社会现实。比如他在《长恨歌》中写道："姊妹弟兄皆列土，可怜光彩生门户；遂令天下父母心，不重生男重生女。"揭露玄宗因沉迷女色误国，这不是揭了宪宗先人的老底儿嘛?!他的《缚戎人》控诉边将抓捕逃归内地的安西北庭士兵，充作吐蕃俘虏邀功请赏。军队的那些头儿看了能高兴吗?《卖炭翁》既抨击了德宗创设的宫市制度，又揭露了宦官们盘剥百姓的无耻行径，问题是宫市制度到宪宗时还有。况且在中晚唐，你甚至可以得罪皇帝，但就是不能得罪宦官。

如果说以上作品还比较隐晦的话，那《秦中吟十首》就直接得不能再直接了。第一首《议婚》反映了贫民女子难以出嫁的社会现实，第二首《重赋》揭露了无名税的流弊，第三首《伤宅》讽刺豪门贵族大兴土木、堕落奢侈，第四首《伤友》慨叹"苦节士"的凄惨生活，第五首《不致仕》嘲讽已经达龄但为了拿全额俸禄不肯退休的老官员，第六首《立碑》讽刺了没有贡献的豪门立碑传名、谀墓得金的不良风气，第七首《轻肥》揭露了宦官的跋扈和奢侈，第八首《五弦》悲叹现在的人不懂古乐的意韵，第九首《歌舞》抨击了御史台系统执法官员们的荒淫无耻，第十首《买花》揭露了官僚贵族豪奢游荡的现实。整个《秦中吟十首》，俨然就是白居易替普天下穷苦百姓射向统治阶级的一把利箭。就算宪宗能容他，朝臣们、藩镇们、宦官们能容得了他吗？

元和十年（815年）六月，主张强势对抗藩镇的宰相武元衡和御史中丞裴度在上朝途中遇刺，武元衡当场身死，裴度也受了伤。

白居易十分气愤，力主严缉凶手，以肃法纪。这话没毛病啊！可当时的执政非但不褒奖他热心国事，反而向宪宗弹劾他是东宫属官，抢在谏官之前议论朝政是僭越行为。宪宗早烦透白居易了，也想办他。宰相王涯看领导脸色下菜碟，上表弹劾白居易，说他母亲是在看花时坠井而亡的，而白居易当年所作的诗文中有"赏花""新井"等字眼儿，瞅着心情不错，是为大不孝，这样的人不配留在朝中。

白居易肯定是得罪王涯了，但王涯挑人家诗文下手，未免也太下作了！宪宗还不知道这是文字狱吗？但收拾白居易的机会他才不会放过呢，借机将白居易贬为江州（今江西九江）司马。

白居易的前半生走得太顺遂，他经不起这样的挫折。

到任的第二年，他到湓浦口送客，听到邻舟有一女子在夜晚弹琵琶，便上前搭讪。两人一番长谈后，感喟万分的白居易写下了他的另一力作《琵琶行》。

在序言中他说："予出官二年，恬然自安，感斯人言，是夕始觉有迁谪意。"我外放地方为官快两年了，本来心境很平和，恬然自安，但听了这女子的故事，我被深深地触动了，这一晚居然才有了被贬黜的感觉。在正文中他又写道："座中泣下谁最多？江州司马青衫湿。"在座诸人里谁的眼泪流得最多呢？正是我这个江州司马呀！

文人就是文人，借着对琵琶女表达同情的机会，委婉地抒发自己无辜被贬的愤懑。

贬谪江州是白居易一生的转折点：在此之前，他以"兼济天下"为志，总想着干点儿有益于国家和人民的事情；但自此以后，他懂得了个人力量的渺小，转向了"独善其身"，虽然还怀着一颗关心人民的心，但诗文已经不敢再像过去那么直接张扬了。他所有有力度的作品几乎都是早期的作品。并且，在精神层面他也转向了佛道，自称"面上灭除忧喜色，胸中消尽是非心"。

这真是一个可悲又无奈的蜕变。

白居易灰心了，但元稹还不甘心。

在通州的四年里，元稹就干了两件事：一是和同是天涯沦落人的白居易诗词唱和，他们的赠答诗作写一首红一首，驿舍道途讽诵，里巷人人传诵，甚至都传到宫里头了。二是拼了命似的搭天线，甚至不惜讨好他曾经最为厌恶的宦官。哎，功夫不负有心人，还真就让他搭上了"四贵"之一的枢密使魏从简以及江陵监军崔潭峻。

毕竟是名满天下的大才子，朝中帮他说话的人太多了，而且级别都不低，有宰相段文昌、宰相令狐楚等牛人。令狐楚曾经对宪宗盛赞元稹是当代的"鲍谢"。"鲍"指鲍照，"谢"指谢朓，都是南朝著名的诗人。

元和十三年（818年），元稹终于触底反弹了，先是代理通州刺史，岁末量移①回河南任虢州长史。元和十四年冬，宪宗正式召他回京，授为膳部员外郎。

紧接着，穆宗上台，元白、短李真正的人生大转折就此来临，集体雄起。

足足干了十年校书郎的李绅直接飞升翰林学士。

白居易也从忠州（今重庆忠县）刺史任上回京，出任主客郎中、知制诰，第二年又升为中书舍人。

但获利最大的还是元稹。江陵监军崔潭峻入京述职，向穆宗献上了元稹的作品集。穆宗看了很喜欢，问："稹安在？"崔潭峻说元稹现在朝中，任了一个闲散的膳部员外郎。几天后，穆宗一纸诏书，元稹飞升祠部郎中、知制诰。这个跨越有多大呢？这么说吧，就好比一夜之间从机管局的一名普通后勤干部变成了一号首长的秘书。数月后，

---

① 量移，唐朝公文用语，特指官员被贬谪远方后，遇恩赦迁至距京城较近的地区。

他就被拔擢为中书舍人、翰林学士。

这么快的蹿红速度,这么重要的岗位,走的还是宦官的门路,所以元稹就受到了朝士们的一致鄙薄。别人不敢说,但前宰相武元衡的堂弟——中书舍人武儒衡可不惯着他。一次,中书省的官员们聚在一起吃瓜。说起元稹时,刚好有几只苍蝇落在瓜上面。武儒衡一边挥着扇子驱赶苍蝇,一边悠悠说道:"适从何来,遽集于此?"这些个玩意儿从哪儿来的,怎么突然集中在这儿了?旁人"皆失色",武儒衡却意气自若。

后人解读这件事,多是说武儒衡看不惯诗人,轻视文士。其实这是瞎掰,武儒衡是看不惯元稹身为朝士,居然投靠了与朝臣对立的宦官。

人间邪道是真香,无怪乎元稹!

但复出的三人万万想不到,他们却从此卷入牛李党争。

03. 古文运动

既然讲到了新乐府运动,我顺带脚把古文运动也讲了吧!

"古文"这个词是韩愈最早提出来的,他把六朝[①]以来流行的骈文视为俗下文字,将先秦和汉朝的散文称为"古文"。所以,古文运动

[①] 六朝(222—589),一般指三国至南北朝时南方的六个朝代,即孙吴、东晋、刘宋、萧齐、萧梁和南陈。又因六朝皆以建康(今南京)为京师,所以后世称南京为"六朝古都"。

的主旨就是摈弃骈文、提倡古文。

这么说有些太教科书了，是不是还不太理解？没关系，我们搞清楚骈文和古文到底有啥区别就能理解了。

先秦和汉朝文章主要有两大特点。

一是内容广泛，啥都可以入题。有写历史的，比如《左传》《国语》《战国策》；有写思想的，如《论语》《墨子》《孟子》《庄子》《荀子》《韩非子》等；有借古讽今的，如枚乘的《七发》、贾谊的《过秦论》；有写社会百科的，如《淮南子》；有渲染宫殿城市的，如张衡的《二京赋》；有描写帝王游猎的，如扬雄的《羽猎赋》；有叙述旅行经历的，如司马相如的《子虚赋》；有抒发不遇之情的，如冯衍的《显志赋》；有杂谈禽兽草木的，如祢衡的《鹦鹉赋》。

二是格式灵活，以散行单句为主。就以贾谊的《过秦论》为例，通篇没有一个骈句，都是散行单句，但是娓娓道来，读来引人入胜。比如首段："秦孝公据崤函之固，拥雍州之地，君臣固守以窥周室，有席卷天下，包举宇内，囊括四海之意，并吞八荒之心。当是时也，商君佐之，内立法度，务耕织，修守战之具；外连衡而斗诸侯。于是秦人拱手而取西河之外。"寥寥数语就将一个漫长的历史时期恢宏地展现到读者面前，文章能写成这样，绝对是本事！

骈文起源于汉代，而盛行于南北朝。我将其特点概括为"讲究"，具体体现在四个方面：一是讲究排比对偶，一句话必须掰成两半说，而且这两半字数、结构都得对称；二是讲究辞藻，用词必须狂拽酷炫，越高大上越好，越生僻越好；三是讲究用典，一篇文章怎么也得整上几十个典故，至于读者能不能看懂这些典故不重要，看不懂是你水平不够；四是讲究音律，整个文章有种音乐美学的韵律感，读来朗朗上口，我甚至怀疑骈文是可以唱的。

其实，说骈文不讲内容也不对，只要是文章都讲内容。但问题是骈文太过注重形式，导致作文者在写作时第一位考虑的是如何处理格式，而不是如何更好、更丰富、更有力度地表达内容。因此，骈文的一大弊病就是形式大于内容。

骈文中当然也有一些优秀作品，比如骆宾王的《为徐敬业讨武曌檄》、王勃的《滕王阁序》，但大量的是形式僵化、内容空洞的文章。其实，即便是《为徐敬业讨武曌檄》《滕王阁序》这种骈文佳作，美则美矣，但太过花哨，完全可以写得更加凝练和直接。至于王勃的《檄英王鸡》就更扯淡了，压根儿没几个人能看懂。

推崇骈文本质上是对作文权的垄断。表达内容的门槛儿其实很低，只要是读过书、会写字的人，都可以表达内容，无非水平高低而已。但讲究格式，特别是排比对偶这种形式，技术含量相当之高，一个人如果没有积淀到相当程度，绝对写不出骈文来。所以，骈文实际上提高了文学的门槛，使文学为少数文字精英所垄断。看到没，文章这东西就我们几个高手能玩儿，至于普通人，不好意思，你没资格！

其实，在韩愈和柳宗元以前，唐代已经有人注意到骈文的弊端了。比如，史学家刘知几在《史通》中就提出了"言必近真""不尚雕彩"的主张；王勃和陈子昂都明确提出"复古"；萧颖士、李华等人也主张文章当取法三代两汉。但这些人说归说、做归做，自己写文章还是用骈文。没办法，当时大环境就是如此，你不写骈文就融不进主流文学圈。

但韩愈不仅这么说了，还这么做了，他是唐代古文写作的第一人。这很可能也是他屡次科举、铨选失利的原因所在。当时官方考试就是写骈文，韩愈不写骈文，考官看他的文章，首先就判定形式不合格。这给韩愈气的，在写给好友的信中愤愤不平地说："仆为文久，每自测意中以为好，则人必为恶矣。小称意，人亦小怪之；大称意，则人必大怪之也。"我写文章，每次自己觉得好，别人一定觉得差；我觉得一般好，别人觉得一般差；我觉得特别好，别人就觉得特别差！

但尽管如此，这个犟种仍然坚持写古文，不仅面对非难和嘲笑毫不动摇，还广收门徒，极力宣传自己对散文革新的主张。

韩愈提倡古文写作后，立刻得到了柳宗元、李翱、张籍等人的支持和跟进，于是就在大唐文坛形成了一股风潮。现代史家将这股风潮冠名为"古文运动"。需要指出的是，古文运动一没有经过开会，二没有纲领性文献，三没有形成组织，完全是自发自觉的，就是大家的感觉到这儿了，觉得文章就该这么写，而且就从咱们几个写起。并且，韩柳关于古文运动的主张并不是他们自己一二三提纲挈领似的提出来的，而是后人从他们撰写的文章里爬梳出来的。

古文运动的基本主张如下：

第一，在文章内容上，针对骈文不重内容、空洞无物的弊病，韩柳明确提出要"载道""明道"，即文章不能无病呻吟，要反映现实，为时代和人民发声，"不平则鸣"。所不同的是，韩愈强调弘扬儒家道统，"学古道而欲兼通其辞；通其辞者，本志乎古道者也"；柳宗元则主张在坚持传统的基础上进行革新，也就是与时俱进，"以辅时及物为道"。

第二，在文章形式上，就是要破除骈文的束缚，一是少用或者不用排比对偶，句式长短不拘；二是语言要"务去陈言"和"辞必己出"，不必大量引用典故和古人之言，要体现自己的精神，流露自己的情感。

第三，作为一个写作者，要先"立行"再"立言"，也就是先做人再作文。你行得正坐得端，为文自然有力量；反之，人都做得不咋地，文章写出来便很难有说服力和影响力。在这方面，韩柳确实给后世打样了，这两人都是品德高尚、敢做敢当之人，所以他们写出的文章才具备如黄钟大吕一般的力量，振聋发聩，流传千古。

相较而言，韩愈的文章气势最为雄伟，说理最为透彻，逻辑性也最强，时人有"韩文"的美誉。杜牧把韩文与杜诗并列，称为"杜诗韩笔"。苏轼称赞韩愈"文起八代之衰"。后世尊韩愈为"唐宋八大家之首""文章巨公""百代文宗"。韩愈为文，最大的特点就在于"发言真率，无所畏避""鲠言无所忌"，也就是敢说话、说真话。他的《御史台上论天旱人饥状》《谏迎佛骨表》都鲜明地体现了这个特点。

柳宗元非常崇拜韩愈，曾在《答韦中立论师道书》中说："今之世不闻有师……独韩愈奋不顾流俗，犯笑侮，收召后学，作《师说》，因抗颜而为师……愈以是得狂名。"在《答严厚舆秀才论为师道书》中，他甚至说："仆才能勇敢不如韩退之，故又不为人师。"

当然啦，柳宗元绝对是谦虚了，他的文学成就不在韩愈之下。哲学论文有《天说》《天对》《非国语》《贞符》《时令论》《断刑论》等，反对天说，批判神学，强调人事，用"人"来代替"神"。毛泽东主席评价道："柳宗元是一位唯物主义哲学家，见之于他的《天说》，这篇哲学论著提出了'天与人交相胜'的论点反对天命论。刘禹锡发展了这种唯物主义。"柳宗元的政论文代表有《封建论》《断刑论》《桐叶封弟辩》等。毛主席诗云："熟读唐人封建论，莫从子厚返文王。"这里面的"封建论"就是指柳宗元写的这篇文章。寓言方面，如《临江之麋》《黔之驴》《永某氏之鼠》等，论说性强，笔锋犀利，讽刺辛辣，都是脍炙人口、传诵千年的佳作。传记方面，柳宗元的《捕蛇者说》《种树郭橐驼传》都被选入中学语文课本。游记方面，《永州八记》更是为柳宗元赢得了"游记之祖"的美名。

韩愈和柳宗元有一个很有意思的不同之处，那就是韩愈收徒弟，而柳宗元不收徒弟。韩愈的学生有李翱、皇甫湜、李汉等人。而柳宗元终生没有收徒。

有个名叫韦中立的后生曾致信柳宗元，希望能拜他为师。当时柳宗元已经贬谪永州了，于元和八年回信韦中立，即著名的《答韦中立论师道书》。在信中，柳宗元说他"不敢为人师"，然后举了韩愈的例子，"独韩愈奋不顾流俗，犯笑侮，收召后学，作《师说》，因抗颜而为师"，但世人却群起而攻之，以至于韩愈"以是得狂名，居长安，炊不暇熟，又挈挈而东，如是者数矣"，韩愈住在长安，连饭都来不及煮熟，就被外放到东边去了。并且，他柳宗元现在是戴罪之臣又身染顽疾，也不想给自己招惹是非了。但对这位热心上进的后生，柳老师还是传授了写作的方法。这篇《答韦中立论师道书》被后世视为柳宗元文学理论的代表作。

其实，我分析柳宗元之所以不收徒弟，是因为他是罪臣，学生们如果跟着他，难保仕途不会受到影响，他是为了保护这些人。

《左传》曾说："太上有立德，其次有立功，其次有立言，虽久不废，此之谓不朽。"若以此观之，韩柳二人均十分契合。首先，二人品德高尚，无论私德、公德、官德，均近乎至善。其次，二人皆有大功。政治上，柳宗元参与"永贞革新"虽然失败，但这其实也是一次伟大的尝试，最起码国难当头人家勇敢地站出来了，柳宗元虽败犹荣；韩愈就更不用说了，参与宪宗时的征淮之役、谏迎佛骨，充分体现了一个有修齐治平理想的儒生所应有的道义和担当。文学上，二人共同发起了古文运动，从文风、文体、语言等方面给文学来了一次改头换面的"革命"，从骈文手中拯救了没落的文学，并使文学走向了更大的繁荣。最后，二人均立言，他们主张进步的哲学观、历史观、文学观，其思想虽然不如朱熹的理学、王阳明的心学那么成系统、框架大，但在唐代已经是最高级的存在了。

需要指出的是，韩柳倡导的古文运动虽然在中晚唐取得了巨大成就，但骈文并未就此消失，晚唐时它还在继续流行，并且在五代到宋初再次泛滥。前蜀的牛希济在他的《文章论》中曾抨击重新流行的骈文"忘于教化之道，以妖艳为胜"。

后来是北宋欧阳修站了出来，继续挥舞起韩、柳倡导的古文大旗，苏洵、苏轼、苏辙、王安石、曾巩随后跟进，形成了声势浩大的宋朝古文运动。所以，古文运动其实横跨了唐宋两代。后人因此总结了"唐宋八大家"这个组合。经过唐宋古文运动的打击，骈文才最终衰落下去。

04. 两大奇人

书归正传。元和十五年（820年）十月，穆宗即位的第九个月，成德节度使王承宗终于死了。元和"反派三人组"，吴元济和李师道的坟头都被土拨鼠当窝了，唯独和宪宗斗得最多最久的王承宗反而得以善终。苍天无眼啊！

成德军随即推出了王承宗的弟弟——年仅20岁的王承元。

这事儿奇就奇在这个王承元身上。简单地说，王承元就是第二个张茂昭。面对将士们的推举，王承元在多次拒绝无果后，提了一个他认为将士们绝不可能答应的要求：推尊朝廷、尊奉天子。没想到成德军居然同意了，这给王承元整不会了，只能硬着头皮接任留后，但暗里却表请穆宗另行委任节度使。

宪宗元和削藩成绩卓著，唯一有点儿遗憾就是没能平了成德。如今王承元主动归附，还请朝廷选任节度使，穆宗的狗屎运简直不要太好！

经研究，朝廷决定派谏议大夫郑覃赴成德宣慰，宣布将赐钱一百万缗犒赏成德将士。同时，以空前力度给河北藩镇来了个大调整：调王承元任义成节度使，义成节度使刘悟改任昭义节度使，昭义节度使李愬改任魏博节度使，魏博节度使田弘正改任成德节度使，田弘正的儿子田布任河阳节度使。

河北藩镇肯定不愿意啊！已经出了一个张茂昭，再出一个王承元，不显得我们几个忒坏了嘛，纷纷遣使游说王承元。王承元态度很坚决，谁说都不好使。

成德军也不同意。但王承元已经豁出去了，他拿出家财分给将士们，开诚布公地说道："当年朝廷下令赦免李师道，李师道都准备入朝了，硬是被他的将领们留下了。结果，后来杀李师道的正是这些大将。我不想做李师道第二，求你们了，放我走吧！"他这话一说，大部分将领就不好意思再勉强他了，但还有那么十个人不依不饶。王承元只得狠下心来把这十人都杀了，毅然决然地离开了成德。

契丹王氏家族把持成德历三代四任36年。王武俊、王承宗当初那么折腾，无非想为子孙立万世不朽之基业。但这世上哪有万年不朽的基业？李家这么厉害，撑了还不到三百年，何况他们王家呢?！随着王承元离任，王氏成德从此下线。此后，王承元历义成节度使、凤翔节度使、淄青节度使，于文宗太和七年病逝，年33岁。

有王承元打样，加之宪宗余威犹在，河北藩镇不敢不听招呼，所以这次调整居然顺利完成了。如果不是后来出了意外，这次河北藩镇大调整绝对是中唐削藩史上最浓墨重彩的一笔。穆宗完全可以凭借这一政绩，获得超越父亲宪宗的巨大声望。

几乎同时，成德北面的卢龙也发生了变化。

这些年刘总最后悔的事就是当年听信部下的煽呼，杀害了父兄。梦里，他爹他哥经常血糊剌啦地找他唠嗑。刘总吓惨了，在官署后面建了个道场，养活了好几百僧侣，为他日夜诵经、超度亡灵。舒服的宅邸他也不敢住，"汹惕不敢寐"，只能睡在道场里。这哪儿是人过的日子，心灵没有片刻的安宁！刘总熬不住了，决定求个彻底解脱，上表朝廷，请求落发为僧。

收到他的表奏，穆宗君臣都惊呆了，以为王承元就是王炸了，孰料他只是"四个二"，刘总才是王炸！这不叫幸运，这简直就是幸运他妈给幸运开门——幸运到家了！

刘总不是闹着玩儿的，他是真心的，这从他给朝廷提的三条建议就能看出来：

第一条，将卢龙九州一分为三，以幽（今北京市西南）、涿（今河北涿州市）、营（今辽宁朝阳老城区）三州为一道，请除河东节度使张弘靖为节度使；以平（今河北秦皇岛卢龙县）、蓟（今天津蓟州区）、妫①（今河北张家口怀来县）、檀（今北京密云）四州为一道，请除淄青节度使薛平为节度使；以瀛（今河北沧州河间市）、莫（今河北沧州任丘市）二州为一道，请除京兆尹卢士玫为观察使。

拆分卢龙，是为了众建诸侯而少其力，使其不敢也无力和朝廷作对。张弘靖为人宽简，在河东干得不错，刘总觉得他能赢得卢龙人的拥护。薛平是前昭义节度使薛嵩的儿子，世居河北，对河北的风俗人情很了解，并且对朝廷很忠诚。卢士玫是刘总老婆家的亲戚，他来了也比较容易镇得住场子。

第二条，请求朝廷赐钱一百万缗给卢龙将士。朝廷先前承诺给成德军一百万缗，现在如果不给卢龙军，只怕他们会闹事。

第三条，刘总给朝廷列了一个名单，名单里都是卢龙军中一些桀骜不驯的悍将。刘总建议将这些人征入朝中妥善安置。没有这些人带

---

① 妫，音归。

头，相信卢龙军不会闹事，闹也闹不成。

这是一个考虑很周到的方案。刘总是河北土著，生于斯、长于斯，对当地的民情、社情、军情十分了解，他知道，如果不把利益考虑清、平衡好，将来是会出大乱子的。

可是，穆宗和他的宰相们却并不这么认为。转年正月，穆宗下诏改元，从此拥有了属于自己的年号——长庆①。只可惜他不配拥有这么讨彩头的年号，"长庆"既不长，也没啥值得庆祝的事情。

三月，穆宗决定改任刘总为天平军节度使。对刘总所提的三条建议，第二条和第三条他都同意，不仅赐卢龙将士钱一百万缗，而且特批免除卢龙百姓一年的赋税徭役，还给刘总的兄弟子侄、大将僚佐都升了官。可唯独最关键的第一条他没全听刘总的，把忠于朝廷的薛平踢了出去，让张弘靖领幽、涿、营、平、蓟、妫、檀七州，瀛、莫二州仍旧给了卢士玫。

对于这个结果，刘总当然不太满意，但他也不再争取了，行吧，只要我能脱身，哪管身后洪水滔天。天平军节度使他是不想当的，啥节度使他都不想当了，就想出家，接着奏请朝廷同意他出家。

这一次穆宗就没再坚持了，派中使带着两样东西去见刘总，一样是紫色的僧袍，一样是天平军节度使的节钺。意思很明确：权力和僧袍，刘爱卿你自己选。

但刘总等不及了，中使还没到，他就已经削发为僧了。当年他有多么急迫地想当节度使，现在就有多么急迫地想当和尚。和成德一样，卢龙军也不让他走。刘总急了，杀了十来个大将，将节钺印信一股脑儿丢下，连夜跑了。

---

① 长庆元年（821年），长庆二年（822年），长庆三年（823年），长庆四年（824年）。

但老天爷并没有原谅刘总，行至定州（今河北保定定州市）①境内时，他突然暴毙。穆宗宣布辍朝五日，追赠他为太尉。

刘总啊刘总，早知今日，何必当初?!

05. 长庆制举案

朝廷接受卢龙款服当月，穆宗下诏开制举选拔人才。

这事儿刚一启动，就有两个人向主考官——右补阙杨汝士和礼部侍郎钱徽打了招呼。哪两个人呢？一个是翰林学士李绅，一个是西川节度使段文昌。大家还记得吧，当年李愬部下推倒韩愈的《平淮西碑》，后来重新撰写碑文的正是这个段文昌。

彼时翰林院的一众学士里，才名最盛的有三个人，被时人誉为"三俊"。除李绅、元稹外，还有一个叫李德裕的。李德裕比李绅、白居易小15岁，比元稹小8岁。

李德裕的来头更大，元和名相李吉甫那是他的亲爹。到底是宰相之后，李德裕自幼胸怀大志，读书极其用功，尤为精通《汉书》和《左传》，文才比元稹和李绅也不遑多让。

讲真，以他的学养，完全具备科举的实力，以他家的影响力，他也一定能及第。但李德裕说啥都不愿意走科举的路子。原因有二：第一，他看不上进士科，至于为啥，这里暂且埋个伏笔。第二，他爹当年就是被牛僧孺、李宗闵等进士们搞下台的。

---

① 一说死于保定易县。

当然了，朝中很多达官都是他爹用起来的，即便不走科举，人家走门荫也是OK的。李绅折腾二十年才得了一个校书郎。人家李德裕一入仕，起点便是校书郎。真是人比人得死、货比货得扔啊！

父亲是宰相，李德裕为了避嫌只得离京，辗转多个藩镇任职。这段经历肯定挺折腾的，但在我看来却对他大有裨益，使他对地方的情况有了比较深入的了解，且全面锻炼了政治能力。后来，李德裕之所以无论在地方还是中央都干得很好，肯定是受益于这段经历。元和晚期，他终于结束在地方任职的生涯，回京任了监察御史。穆宗即位后，直接重用李德裕为翰林学士。

书归正传，不久后放了榜，段文昌和李绅大吃一惊，中举的是谏议大夫郑覃的弟弟郑朗、河东节度使裴度的儿子裴譔、主考官杨汝士的弟弟杨殷士、中书舍人李宗闵的女婿苏巢……反倒是他俩推荐的人没一个上榜的。

大家可能注意到了，李宗闵复出了。

历史研究者通常认为，元和制举案后，李吉甫极力打压李宗闵和牛僧孺，致使二人无法进入朝廷，只能在藩镇幕府工作。

但我仔细研读历史，发现事实并非如此。一个最有力的证据是：元和制举案后的第四年，也就是元和七年（812年），李宗闵和牛僧孺即已入朝任职。当时李吉甫不仅活着，并且任的还是宰相。别说他极力打压了，哪怕只是说句反对的话，李宗闵和牛僧孺都不可能入朝为官。李吉甫位居宰相，决不会和这两个籍籍无名的年轻人较劲，更不可能长期较劲，往死里整这两人。说句实在的，以他的能量，真想整牛僧孺和李宗闵，这两人别说政治生命了，连自然生命都保不住。另外，在元和制举案之后的四年里，我们从未在史书上看到过一星半点儿关于李吉甫迫害二人的记载。

其实，牛僧孺和李宗闵之所以被按在地方四年，主要是因为他们当年的大胆词章,把一些不能说的矛盾给挑明了,逼得宪宗直面宦官的压力,不得不将得力干将李吉甫外放淮南。简单地说,他们给皇帝惹麻烦了。宪宗按他们四年,一是因为不爽,二是为了淡化矛盾、平息舆论。

李宗闵回朝不久,就得到了裴度的提点,追随裴度前往淮西征讨吴元济。战争胜利后,他被提升为驾部郎中、知制诰,已然成了宪宗的秘书。穆宗即位后,又重用他为中书舍人。

再次书归正传,发榜后,段文昌和李绅当然咽不下这口气。段文昌资格最老,发了第一炮,向穆宗告状:"此次制举有黑幕,录取的进士都是高官子弟,没有真本事。"穆宗很震惊,就问"三俊"咋回事儿。"三俊"一个鼻孔出气:"确实如段文昌所说。"穆宗就让两位中书舍人王起和白居易组织复试。

复试结果震惊了朝野,初试上榜的这些人居然全都落选了!显然,这次制举的的确确是一场科举舞弊案。

郑覃、裴度、李宗闵、李绅和段文昌都打招呼了,主考官杨汝士点了自己的弟弟,这些人肯定舞弊了。那么,另一主考官钱徽有没有舞弊呢?答案是没有,钱徽是当时出了名的廉洁之士。所以,我猜想内幕有两种可能:一种是李绅和段文昌把招呼打到了钱徽这里,钱徽没搭理他们;另一种是他俩找了杨汝士,但杨汝士权衡之后,放弃了他俩,选择照顾郑覃、裴度、李宗闵等人。

既然坐实了舞弊,那就没什么好说的了!四月,穆宗下达处理结果,贬了十个人的官。其中,处分最重的是钱徽、杨汝士和李宗闵,钱徽被贬为江州刺史,李宗闵被贬为剑州(今四川广元剑阁县)刺史,杨汝士被贬为开江(今四川达州开江县)县令。至于郑覃和裴度,则完全没受任何影响。

除了钱徽,其他人都不冤。有人劝钱徽把段文昌和李绅递的条子拿给穆宗看。可钱徽却说："这不是士人君子所为！"还一把火烧了段文昌和李绅的条子。时人对他颇为称赞。

《资治通鉴》认为长庆制举案是后来牛李党争的开端："自是德裕、宗闵各分朋党，更相倾轧，垂四十年。"

但我不能苟同，理由有三：一来李宗闵是涉案当事人，但李德裕可不是，他只是说了支持段文昌的话，并未与李宗闵起直接冲突；而且，他俩都不是斗争双方的头目。二来以上诸人，元、白后来是牛李党徒，但并未参与党争，至于裴度、段文昌、元稹、钱徽、王起等人压根儿就不是党徒。三来郑覃虽然被李绅检举了，但他后来却和李绅属同一战队，都是李党的骨干分子。因此，牛李党争并非始于长庆制举。

但这次科考大案的确进一步加剧了李宗闵和李德裕的私怨。李德裕纯粹是出于同气之情，才挺李绅。但在李宗闵看来，李吉甫、李德裕父子总是跟他过不去，元稹和李绅也是李德裕一伙儿的。所以，长庆制举虽然不是党争的开始，却是党争的导火索。

元稹还得罪了推荐过他的令狐楚，而令狐楚正是后来的牛党领袖之一。令狐楚和元和末期奸相皇甫镈是同批进士。穆宗上台后，皇甫镈被贬而死，令狐楚也被罢相外放。元稹一向痛恨令狐楚与皇甫镈勾结，在起草贬黜令狐楚的制书时用词十分辛辣："密赞讨伐之谋，潜附奸邪之党。因缘得地，进取多门，遂忝台阶，实妨贤路。"令狐楚万万没想到他推为唐代"鲍谢"的元稹居然这么抨击他，从此恨毒了元稹。

白居易也被牵扯了进来。一方面，他老婆的堂兄弟杨汝士、杨殷士、杨虞卿后来都是牛党中人。另一方面，元和三年（808年）那场为牛李党争埋下伏笔的元和制举案，白居易是复试官，牛僧孺、李宗闵是举子。按照当时科举场不成文的规则，白居易是座主，牛李是门生，他们之间是老师和学生的关系。后来牛僧孺以宰相出镇淮南时，白居易曾写了一首《洛下送牛相公出镇淮南》相赠。末句云："何须身自得？将相是门生。"意思是说，老白我当不当将相无所谓，我的门生能当上将相也是一样的。正因为如此，李德裕十分厌恶白居易，曾对刘禹锡说过，尽管白居易此人文名极高，但本相永远都不会看他的《白氏长庆集》。

宪宗、穆宗时的两次科考大案，结下了李吉甫、李德裕父子和李宗闵、牛僧孺的个人恩怨，为轰轰烈烈又祸国殃民的牛李党争埋下了祸根。

06. 长庆会盟

制举案后，穆宗又办成了一件大事，重新和吐蕃会盟了。

宪宗元和十年（815年），吐蕃赞普赤德松赞病逝，其子可黎可足即位，是为彝泰赞普①。穆宗即位当年十月，吐蕃勾连党项入寇泾州，连营五十里。唐廷这些年防守经验已经练满级了，吐蕃人讨不着什么好处，就退了。

早在元和年间，保义可汗便又向大唐提出和亲。宪宗没答应。保义接着向新上台的穆宗求婚，穆宗也同意了，下诏让九妹永安公主下嫁。没想到，长庆元年初，保义突然暴毙。永安公主本就不想远嫁塞外，趁这个机会出家当了女道士。她虽然没有远赴塞外，但毕竟名义上已经嫁给了回鹘可汗，所以就成了唐朝和亲回鹘的第三位真公主。毫无疑问，她也是最幸运的一位。

---

① 彝泰赞普，号热巴坚，又译赤祖德赞、墀足德赞，年号彝泰。

同年四月，保义的弟弟继承汗位，被唐廷册封为崇德可汗。崇德接着求亲，穆宗正想联合回鹘反制吐蕃呢，当即拍板让十妹太和公主出嫁崇德。

太和公主是唐朝第四位、也是最后一位和亲回鹘的正牌公主。我们要记住这位公主，因为她接下来的经历实在太曲折离奇了。

听说唐朝和回鹘又双叒叕和亲了，吐蕃人坐不住了，发兵拦截太和公主，但被击退。崇德为了能让太和公主安全抵达回鹘，派一万骑出北庭，一万骑出安西，牵制吐蕃。在唐鹘双方的有力保障下，太和公主顺利抵达可汗金帐，成为崇德的可敦。

大唐的公主当然不是白给的，崇德得了太和，开始积极地在安西北庭和河陇两个方向对吐蕃展开军事行动，不仅进一步抑制了吐蕃在西域的扩张，还征服了葛逻禄人。

吐蕃人吃不消了，知道根子还在唐朝这儿呢，得了，老伎俩，会盟吧！唐廷这边儿更不想敌对，就同意了。

第一轮，吐蕃那边来人在唐朝会盟。十月十日，双方代表会盟于长安西郊王会寺。

第二轮，唐朝派人去吐蕃会盟。转年五月，双方在逻些东郊今墨竹工卡县的东哲堆园会盟。

长庆三年（823年），唐朝和吐蕃分别在长安和逻些建碑，刻盟文于上，以纪其事。①

---

① 汉文：大唐文武孝德皇帝与大蕃圣神赞普，舅甥二主，商议社稷如一，结立大和盟约，永无沦替！神人俱以证知，世世代代使其称赞。是以盟文节目题之于碑也。文武教皇帝与可黎可足都赞陛下二圣舅甥，睿哲鸿被，晓今永之屯，亨矜愍之情，恩复其无内外。商议叶同，务令万姓安泰，所思如一，成久远大善，再续旧亲之情，重申邻好之义，为此大和矣。今蕃汉二国所守见管州镇为界，已东皆属大唐封疆，已西尽是大蕃境土，彼此不为寇敌，不举兵革，不相侵谋封境，或有猜阻，捉生问事讫给与衣粮放归，今社稷山川如一，为此大和。然舅甥相好之义，善

历经岁月的扰攘，长安碑已不复存在，但逻些碑至今仍巍然屹立在拉萨大昭寺前。大家以后去拉萨旅游，可以去看看。

从太宗到穆宗的近二百年间，唐蕃两国战战和和，一共会盟了八次。中宗神龙二年（706年）神龙会盟，玄宗开元二年（714年）河源

信每须通传，彼此驿骑，一任常相往来，依循旧路，蕃汉并于将军谷交马，其绥戎栅已东，大唐祇应；清水县已西大蕃，供应须合舅甥亲近之礼，使其两界烟尘不扬，罔闻寇盗之名，复无惊恐之患。封人撤备，乡土具安，如斯乐业之恩，垂诸万代，赞美之声，遍于日月所照矣！蕃于蕃国受安，汉亦汉国受乐，兹乃合其大业耳。依此盟誓，永久不得移易。然三宝及诸国贤圣，日月星辰，请为知证，如此盟约。各自契陈，刑牲为盟，设此大约，倘不依此誓，蕃汉背约破盟，先之者来其灾祸也！仍须仇对反为阴谋者，不在破盟之限。蕃汉君臣并稽告立誓，周细为文，二君之验，证以官印，登坛之臣，亲署姓名，手执如斯誓文，藏于玉府焉。

藏文汉译：神圣赞普鹘提悉勃野化身下界，来主人间，为大蕃国王，于雪山高耸之中央，大河奔流之源头，高国洁地，自天神而为人主，德泽流衍，建万世不拔之基业焉。此王曾立善教善律，以王慈恩，内政咸理，此王又深谙兵事，外敌调伏，开疆拓土，强盛莫比。自此钵教护持之王以后，南若孟族、天竺，西若大食，北若突厥、涅牟，莫不畏服，争相朝贡，俯首听命。东方有国曰唐，东极大海，日之所出，与南方泥婆罗等诸国异教善德深，足与大蕃相匹敌。唐以李姓得国，当其立国之二十三年，王统方一传，神圣赞普弃宗弄赞与唐主太宗文武孝皇帝通聘和亲，于贞观之岁迎娶文成公主。此后神圣赞普弃隶缩赞与唐主圣文显武皇帝重结姻好，景龙之岁，复迎娶金城公主，永崇甥舅之好矣。中间边将开衅，弃好寻仇，兵争不已。然当此忧危之际，吾人于欢好之念终未断绝，以彼此近邻而又素相亲厚也。重寻甥舅之盟，何日忘之？父王赞帝弃猎松赞陛下，睿智天成，教兴政举，受王慈恩者，岂有内外之隔？遍及八方矣！四方万国皆来盟来享。况唐国谊属近亲，地接比邻，甥舅商量和协，欲社稷之如一统，与唐主神圣文武皇帝结大和盟约，旧恨消灭，更续新好。些后赞普甥一代，唐主舅又传三叶，嫌怨未生，欢好不绝，信使往还，频见书翰之通传，珍宝之馈遗，然未遑缔结大和盟约也。夫甥舅之协，扫彼旧怨，泯其嫌隙，喜兵革之不作，惟亲好之是崇，岂不盛哉！神圣赞普可黎可足，圣明睿哲，代天行化，恩施内外，威震四方。与唐主文武惠皇帝甥舅商量社稷如一统，结大和盟约于唐之京师西兴唐寺前，时大蕃彝泰七年，大唐长庆元年，即阴铁牛的十月十日也。又盟於吐蕃逻些东哲堆园，时大蕃彝泰九年，大唐长庆三年，即阴水兔年二月十四日事也。树碑之日，唐使太仆寺少卿杜载等参与告成之礼，同一盟文之碑亦树于唐之京师云。

会盟，开元二十二年（734年）赤岭会盟，代宗永泰元年（765年）第一次兴唐寺会盟，代宗大历二年（767年）第二次兴唐寺会盟，德宗建中四年（783年）清水会盟，德宗贞元三年（787年）平凉劫盟，再加上这次的长庆会盟，一共八次。说实在的，之前七次会盟誓词说得都挺漂亮的，但没一次当真的。可这次不一样，都当真了。长庆会盟后，唐蕃双方基本结束了战争状态。

为啥呢？因为打了一百多年，双方都打不动了。

唐朝这边的情况大家都了解。吐蕃的情况其实也差不多，它不只和唐朝打，也和北边的回鹘、西边的黑衣大食、南边的天竺打。

吐蕃与回鹘的战争始于安史之乱后，双方主要的战线有两条：一条是争夺安西和北庭，一条是争夺河陇地区。吐蕃自恃国力强盛，极其蔑视回鹘："回鹘小国，非我敌也！"但因为唐朝站在回鹘一边，所以吐蕃在这两条战线均遭惨败。

安史之乱后，唐朝退出中亚，吐蕃随即填补了这一真空，尽收唐朝属国，与黑衣大食长期抗衡。但最终还是黑衣大食占了上风，打败了葛逻禄、勃律等吐蕃盟友，将疆域直接推进到了克什米尔。

此外，根据史料记载，吐蕃至少两次派军队征讨中天竺，暴扁天竺诸国，还在恒河岸边立铁柱标示领土边界。

唐朝人口那么多、财物那么富庶都打不动了，何况是人口要少得多的吐蕃?! 由于常年穷兵黩武，这个强大的王朝已经走向了衰落。

唐蕃战争绵延近二百年，大致可分为六个阶段：

第一阶段，唐太宗和松赞干布在位期间，双方互相试探。代表战争是贞观十二年（638年）的松州之战。双方初次交手，都觉得对方不简单，于是便和了亲。

第二阶段，从高宗到武则天再到中宗、睿宗，吐蕃总体占优。禄东赞、赞悉若、论钦陵父子太过优秀，尤其论钦陵接连在大非川、青海、寅识迦河、素罗汗山四败唐军。陈子昂在《谏雅州讨生羌书》中称吐蕃军"迩来二十余载，大战则大胜，小战则小胜，未尝败一队、亡一矢"，这绝非夸大之词。河陇方向，娄师德、黑齿常之等名将屯驻河西后，唐朝才初步稳定了防御体系。安西方向争夺最为激烈，在高宗、则天两朝二十余年间，安西四镇六度易手。直到突骑施站到唐朝一边，唐朝才勉强保住了对安西北庭的控制权。

第三阶段，尺带珠丹[①]和唐玄宗在位期间，双方势均力敌。起初，吐蕃仍然占据上风。但随着节度使制度的建立，唐朝逐渐扭转了颓势并取得上风。

第四阶段，赤松德赞与肃宗、代宗以及德宗前期，吐蕃再次取得优势。当然了，这个优势是安史之乱造成的。吐蕃人进占河湟地区[②]，将安西和北庭变成了大唐的飞地，甚至还攻入长安，扶植了傀儡皇帝。德宗年间，尚结赞甚至还给了唐朝"平凉劫盟"的耻辱。

第五阶段，牟尼赞普、赤德松赞与德宗后期、宪宗在位时期，双方重回均势。德宗采纳了李泌的大包抄战略，与回鹘媾和，与大食、天竺结盟，重新臣服南诏，遏制住了吐蕃的入侵势头。宪宗时代，唐朝和吐蕃其实已经没有大规模的战事了，彼此都很小心。

第六阶段，从彝泰赞普直到末代赞普朗达玛，以"长庆会盟"为转捩点，双方彻底休战。

自贞观十二年（638年）在松州第一次交手后，两国在东起剑南，横跨河西、陇右、西域，西至勃律的数千公里战场上嗜血搏杀，光是见诸史书的大战就有一百八十余次，大到一个地区（安西北庭）、一

---

① 尺带珠丹（704—755），又名赤德祖赞。
② 河湟地区，黄河与湟水的并称，泛指包括河西、陇右在内的黄河上游地区。

个国家（如勃律）的争夺，小到一座城池的争夺（如安戎城、石堡城、维州城），打打停停，和和战战，绵延近二百年，这在世界历史上是绝无仅有的。欧洲历史上有著名的英法百年战争，吹得够呛。实际上，综合考虑参战国的强盛程度、战争频度、战场宽度、战事烈度、参战人数，英法百年战争远不及唐蕃百年战争。

既生唐，何生蕃?!

第二章 藩镇失控

01. 二镇军乱

长庆元年（821年）是安史之乱以来唐朝形势最好的一年。在内，成德和卢龙主动降服，算上已经归附的魏博，河朔三镇历史性地全部回归朝廷怀抱；在外，和亲回鹘，会盟吐蕃，边疆无事。别看穆宗不着调，但他赶上了好时候，他都不用开拓进取，只要能把现有的局面维持住，那他的历史成就和地位都是不可估量的。

但光靠好运气，任何事业都不可能长久。就在长庆会盟前后，唐廷内部爆发了一场大动乱，使肃、代、德、顺、宪五代帝王六十年的努力瞬间化为梦幻泡影。

长庆会盟前，刚刚款服没几天的卢龙和成德两镇前后脚爆发了兵变。

刘总之所以打发卢龙军悍将入朝，是希望朝廷用高官厚禄笼络住这些桀骜不驯的家伙，杜绝他们将来作乱的可能。但穆宗和宰相们压根儿没当回事。

这些卢龙军将满怀希冀地入了京，见天儿到中书省讨要官位，朝廷却一概不予理会。坐吃山空之下，他们的生活逐渐困顿，有的竟至于"假丐衣食"。原来在卢龙都是当爷的，现在却成了长安城里的乞丐，换你气不气？张弘靖上任卢龙节度使后，干脆违背承诺，将他们重新召回军中。这些军将骂骂咧咧地回到卢龙，天天咒骂朝廷言而无信。

另外，无论刘总，还是朝廷，其实都错看了张弘靖。此人能力其实很一般，他在河东能出成绩，纯粹是因为河东人老实、好管。但河北人尤其是河朔三镇的人，可跟河东人不一样，既彪悍又桀骜。张弘靖当河东节度使行，当卢龙节度使就不成了。

河北这地方的节度使，甭管哪一镇的，作风都很硬朗，都坚持走群众路线，"亲冒寒暑，与士卒均劳逸"，而且为政勤勉，当日事当日毕，决不拖延。不这么干不行啊，你这个小皇帝要是不比长安的大皇帝强，人家凭什么效忠你？所以，他们的群众基础很扎实，能赢得将士和百姓的衷心拥护。

张弘靖就不一样了，他是玄宗朝宰相张嘉贞的孙子，公子哥出身，一直在朝中任职，后来才外放为节度使，身上中央朝廷的官僚习气很重。他到卢龙上任时，"雍容骄贵，肩舆于万众之中"。卢龙人都惊呆了，这是神马节度使，怎么这么嚣张?!

上任后，张弘靖就当起了甩手掌柜，将政事交给他带来的幕僚韦雍等人打理，每隔十来天才出来问政一次。要是韦雍等人老成持重也就罢了，偏偏这几个人也是公子哥习气，天天豪吃海塞，出门前呼后拥，有时晚上回来，随从的火把把整条街照耀得如同白昼一般。卢龙人对他们意见很大。尤为过分的是，他们动不动就称呼卢龙文武为"反贼"，还经常出言讥讽："现在天下太平，你们这些武夫即便能拉动两石的弓，也不如只认识一个字的人！"

朝廷赐给卢龙将士一百万缗，张弘靖私自截留了二十万缗，说是充作军府杂用，其实就是供他个人挥霍用的。韦雍等人居然还要抽油水，裁克军士粮赐。卢龙军自然要闹些情绪。韦雍就动用刑罚惩治卢龙将士。

这么搞不出事儿才怪！

长庆元年七月十日，韦雍骑马出行，有一名卢龙军士不慎冲撞了他的前导。韦雍大怒，狗奴才，瞎了你的狗眼?! 当时就要杖责这名军士。军士不服，我又不是故意的，你至于吗？两下里吵闹起来，就闹到了张弘靖这里。张弘靖胳膊肘向里拐，下令严办这名军士。

正是这个决定成了压倒他这头大骆驼的最后一根稻草。当天晚上，群情激愤的卢龙军发起兵变，诛杀了韦雍等人，将张弘靖一家软禁于别馆中。

事后，这些人一合计，都觉得有些冲动，后悔了。于是，第二天一大早他们就跑去向张弘靖道歉，希望大事化小、小事化了。张弘靖却拉着个脸，全程一言不发。卢龙军将们一合计："这老头不说话，明显是不打算原谅我们！拉倒，咱们卢龙怎么能没有头儿呢？走，找头儿去！"

然后，他们就找到了宿将朱洄。此人来头大，他的父亲便是前节度使朱滔。军士们想推朱洄为留后。朱洄说自己老了，身体不中用了，但他儿子朱克融正当盛年，可以让他儿子当留后。军士们又跑去找朱克融。当初入京的那批卢龙将领中就有朱克融，朱克融早就对朝廷怨气冲天了，现在还有啥好说的，两横一竖，干！

消息传至京城，穆宗大惊，马上将张弘靖贬官，调昭义节度使刘悟为卢龙节度使。刘悟可不傻，他才不敢去卢龙呢，坚决推辞。穆宗无奈，只得授予朱克融留后符节。

此时距刘总献出卢龙还不到半年，当初得得有多容易，现在失得就有多简单。

上次二镇归附朝廷，成德打样，卢龙跟进。这次反水时就调个过了，卢龙一声炮响，十八天后，成德那边也炸了。

成德和魏博长期为敌，让田弘正去成德当节度使本就是一个昏招。田弘正很恐惧，但又不敢不去，为保一家老小安全，就从魏博带了两千兵马随行。

安全倒是安全了，但产生了一个新问题：这两千人的军饷谁来付？让成德付，成德不答应，人又不是我们的，凭啥我们买单？让魏博付，魏博也不乐意，人虽然是我们的，但却在成德打工，凭啥让我们开工资？田弘正只好上奏章，希望由朝廷来付。朝廷拒绝的理由更充分，我又没让你带人，管我要什么钱?!

成德人对朝廷的意见非常大：一方面，朝廷非要让他们的死敌魏博田弘正来当节度使；另一方面，朝廷言而无信，说好的一百万缗赏钱迟迟没有到位。

就差有人带头了！放心，肯定有人！卢龙有朱克融带头，成德则有王庭凑。同罗人王庭凑时任成德兵马使，相当于成德军参谋长。

因为没法解决军饷来源，田弘正只得将他带来的两千亲军遣回魏博。王庭凑抓住机会，于七月二十八日发动兵变，杀害了田弘正及其家属、将吏三百余口，随后逼迫监军上表求取节钺。

可叹河北藩镇的楷模——田弘正就此下线。田弘正的一生是充满正能量的一生，他以魏博六州之地归顺朝廷，并积极参与讨伐成德王承宗和淄青李师道，被宪宗赞许为"长城"。如果宪宗在，田弘正一定能寿终正寝，享尽哀荣，只可惜他摊上穆宗，落得这般下场。

成德军乱，朝野震骇。穆宗和他的宰相们都蒙了，完全不知道接下来该怎么办！

最先做出反应的居然是魏博现任节度使李愬。他公开为田弘正发丧，身着素服对魏博全军训话："魏博这些年发展得这么好，全是田公的功劳。如今成德人却杀害了他，你们受田公的恩惠，应该怎样报答他？"魏博人群情激愤，都说要为田弘正报仇。

随后，李愬一面调集魏博军，一面将自己的宝剑送给成德军宿将深州（今河北衡水深州县）刺史牛元翼。在信中，他对牛元翼说："当年我爹李晟曾用这把剑为朝廷征战四方、扫平祸乱。我也曾用这把剑讨平了吴元济。如今王庭凑裹挟成德人叛乱，我把这宝剑送给你，希望你用它讨平叛乱。"

牛元翼本就不服王庭凑，对李愬的使者表态，一定尽心尽力为朝廷讨平叛乱。

可李愬只是一位地方节度使，他的态度能代表穆宗和朝廷的态度吗？穆宗团队又是怎么想的呢？

02. 满盘动摇

形势瞬息万变。

李愬刚刚动员完三军就病倒了。他患有痿①病，也就是我们常说的肌肉萎缩，这在今天都是疑难杂症，何况当年？！八月十二日，穆宗诏命李愬回洛阳养病，其魏博节度使一职由田弘正之子泾原节度使田布接任。

两天后，穆宗又命魏博、横海、昭义、河东、义武等藩镇陈兵成德边境，但暂不进攻。显然，他是想震慑王庭凑，令其不敢轻举妄动。但王庭凑既然敢闹事就不怕事儿，不仅不怕，反而紧锣密鼓地动用文的武的各种手段，开始控制本镇其余各州。

紧接着，卢龙那边也传来了不好的消息。就在一天前，在朱克融的策动下，瀛洲军兵变，瀛莫观察使卢士玫被执送幽州。朱克融并不满足于当小卢龙节度使，他要恢复大卢龙的版图。

---

① 痿，音伟。

朱克融和王庭凑都不安分，这该如何是好？

十六日，穆宗任命牛元翼为深冀节度使。从这个决定就能看得出来，穆宗想姑息王庭凑了。他如果真想讨伐王庭凑，完全可以直接任命牛元翼为成德节度使。

穆宗还在瞻前顾后，朱、王却在迅速行动，随着控制的州越来越多，二人的地位越来越稳，兵力也越来越多。

李愬已经病得不行了，总得有人出来主持局面吧？每当朝廷遇到这种火烧屁股的事，就该灭火队员裴度出来搬砖了。二十六日，穆宗诏命河东节度使裴度充任卢龙、成德两镇招抚使。看看，都这个时候了，他想的还是"招抚"。

但现实啪啪打脸，王庭凑立即还以颜色，引卢龙军围攻深州的牛元翼。显然，朱、王两人已经缔结了攻守同盟，要通过武力迫使朝廷让步。

这几记大耳光挨下来，穆宗本就不灵光的脑瓜子宕机了，一宕就是一个月。整个九月，朝廷没有任何动作。而王庭凑充分利用了这一个月，控制了除深州以外的成德其他州县。

事到如今已无转圜，穆宗就是不想讨伐也得讨伐了，否则下不来台。

对王庭凑的战争分作两个战场：一路由裴度主持，围攻成德军本部，目标直指成德军治所镇州[①]；另一路的作战任务是解除成德军对深州的围困。按理说这一路更迫切、更重要，理应选择军中宿将为主帅，但穆宗却听信宦官们的鬼话，任用了籍籍无名的杜叔良为深州诸道行营节度使。

大战在即，李愬暴毙而亡，年仅49岁。穆宗追赠他为太尉，赐

---

① 镇州即恒州。穆宗李恒即位后，为避其名讳，恒州更名镇州。

谥号"武"。

李愬是大唐名将圈里的一颗流星，其兴也勃，其亡也忽。他人生的前四十四年中规中矩，甚至可以说是俗套。但在生命的最后五年，他的小宇宙突然爆发，靠着雪夜破蔡州一战封神，为打击藩镇割据、维护国家统一做出了卓越贡献。他是李晟诸子中最像李晟的一个，没有之一。可惜天不假年，一代名将遽然陨落。

裴度非常负责，也非常有想法，连续向穆宗上奏了很多行动计划，却如泥牛入海，音讯全无。一打探，原来是翰林学士元稹和枢密使魏从简从中作梗，把他的表奏都按了下来。

裴度和元稹并无仇怨，元稹这么干究竟为啥？原来，这时的元稹已经惦记上宰相的位置了，他担心裴度在前线立了功，重新回朝任相，抢了他的位置，所以才一再阻挠。

裴度哪会惯他这臭毛病，连上三道奏章，以激烈的言辞弹劾魏从简、元稹破坏平叛大计。

穆宗并不了解裴度，非常不习惯他这种硬刚的做派，内心非常不爽，但朝廷有困难，正需要人家出力呢，不得不让步，罢免了魏从简的枢密使和元稹的翰林学士。

再说深州前线，各镇节度使都不服杜叔良，加之成德、卢龙两镇联军确实厉害，官军屡战屡败。穆宗不怪杜叔良无能，反觉得官军中最能打的横海节度使乌重胤"按兵观衅"，竟褫夺了乌重胤的节度使职务，转授给杜叔良。

杜叔良以实际行动"回报"了穆宗的信任。十二月初八，博野（今河北保定博野县）一战，他率领的诸道联军遭到成德军痛击，战损七千余人。杜叔良只身逃脱，连节度使的旌节都丢了。

宪宗元和削藩，政治成绩是大，但经济损失也很大，国库已经被消耗得差不多了。所以这次战争刚开打两个月，国库就空了，打不下去了。宰相们向穆宗进言,陛下,咱一口气打不了两个啊,还是先赦免朱克融,专心对付王庭凑吧!穆宗咽不下这口气,听倒是听了,但没完全听,的确给朱克融加了节度使,但不是卢龙节度使,而是淄青节度使。

朱克融才不稀罕淄青节度使呢,但也没再继续刚了。

可即便如此,朝廷单独对付王庭凑还是很吃力。长庆二年正月初七,官军又遭重击,六百车军粮被成德军给劫了。前线各路人马得不到补给,甚至发生了哄抢军粮的恶性事件,谁抢到算谁的。宪宗去世不到两年就出现这样的情形,简直无法想象。

然后,最沉重的打击来了,魏博军突发动乱,田布死了。

03. 草草停战

早在接任魏博节度使前,田布就忧心忡忡地对妻子说:"吾不还矣!"他为何如此悲观?因为,他太了解河朔三镇的人了。

自安史之乱平定后,河朔三镇实质性自治已经六十多年了。按二十年一代人计算,已经更迭了三代人。也许最开始的时候,三镇人还不习惯自治,但当他们尝到自治的甜头后,嗯,真香,就再也不愿意重归朝廷旗下了。河朔三镇之所以能维持长期自治,其主观原因就在于有民意基础,三镇的节度使们不过是顺应了这种民意而已。朱克融、王庭凑之所以振臂一呼,从者无数,原因也在于此。

宪宗元和七年(812年),田弘正在一个极特殊的历史条件下,带领魏博重归朝廷治下。但魏博人其实很不习惯,随着时间的推移,他们对朝廷的控制日渐逆反。只不过田弘正魅力大、能力强，还能镇得住场子。田弘正被杀前后，卢龙和成德重归自治道路。这下魏博人也蠢蠢欲动了，尽管他们参与了讨伐王庭凑的战争，但出工不出力，没有打一场像模像样的仗。

田布深知这一内情，所以发自心底地感到悲观绝望。事实也确如他所料，他真就没能回来。

藩镇的军队谁来养？这是有规则的：平时，各镇自己养兵；遇到国家征调时，则由朝廷担负军饷和粮草。适逢天降大雪，馈运受阻，魏博军粮草断绝、军心动荡。田布没辙了，就想着先动用魏博的钱给将士们发军饷，解了燃眉之急再说。

可魏博军不干，纷纷发牢骚说："替朝廷卖命还得自己掏钱，不值当啊！"

偏在这时，朝廷有诏命传到，让田布分一部分魏博军给忠武军节度使李光颜。魏博军就更不乐意了，李光颜是个什么东西，凭啥听他指挥？！军心动荡之际，魏博兵马使、奚族人史宪诚煽动将士们返回魏博，不给朝廷卖命了！

田布的担忧果然被证实了。史宪诚大旗一竖，魏博军迅速分裂，大部分都跑到史宪诚那边儿去了，只剩八千人还跟着田布。靠这八千人能干个啥？田布只得先退回魏州，准备增补兵力后再出来为朝廷效力。可魏州父老却说："田尚书，您要是带着我们自治，我们拼死也跟着你。但如果想让我们给朝廷卖命，对不起，我们不去！"

一瞬间，田布就成了孤家寡人，他仰天长叹："功不成矣！"他不想对不起死去的父亲，回家给穆宗写了最后一道奏表，随后集结三军，当着全体军民的面拜谒了田弘正的灵位，然后抽刀对大家说道："上以谢君父，下以示三军。"言罢，刺心而死。

这是历史性的一刻，以田布自杀为标志，田氏一族也退出了历史舞台。田氏魏博始于田承嗣，历田悦、田绪、田季安、田弘正、田布，至此下线。

魏博人随即拥立史宪诚为留后。消息传至长安，朝野震动，因为这意味着河朔三镇全都丢了，五代帝王六十余年的削藩努力全都白费了。轰轰烈烈削了六十年，原来不过是削了一个寂寞！

穆宗完全反了，不行，这仗打不赢了，不打了！诏书如雨点般下达：贬杜叔良为归州（今湖北宜昌秭归县）刺史，授任王庭凑为成德节度使，朱克融为卢龙节度使，史宪诚为魏博节度使，改任牛元翼为山南东道节度使。

大势已去，裴度也没辙啊，只能分别致信朱克融和王庭凑，说朝廷已经给了你们节钺，你们该见好就收了。朱、王二人还是挺买他的账的，收到信后各自撤了军。朱克融还释放了羁押的张弘靖和卢士玫。

偏在这时，穆宗背后捅刀子，忽然就让裴度的死对头元稹当了宰相。元稹一上台就对裴度下黑手。穆宗也觉得这场仗没打好是裴度的责任，河东节度使也不让他当了，让他去东都当一个闲散的留守。

但朝中还是有正直之士的，争相上书劝谏："现在战事还没有停息呢，裴度有将相之才，怎么能把他放到边缘岗位呢？！"穆宗顶不住，只得部分让步，让裴度先来长安见他，再去洛阳上任。

宪宗和穆宗的故事再次证明了世袭制为什么不靠谱。李世民那么牛，生了个李治，连江山都丢了。宪宗一代英主，用十五年缔造了"元和中兴"，结果穆宗上来，一两年就把他的事业推翻了。

裴度还在回京路上，昭义军和武宁军[①]也发生了动乱。

昭义兵马使刘承偕是郭太后的养子、穆宗的义弟，他仗着这层关系，经常凌辱节度使刘悟。本来刘悟还忌惮朝廷三分，但自从穆宗

---

① 武宁军，大致在今江苏、安徽两省交界处，下辖徐、泗、濠、宿四州。

承认河朔三镇节度使后，他的胆子猛地也大了起来，朱克融他们能办到的事情，我刘某人也能办到！偏偏刘承偕又寻衅侮辱刘悟，怒不可遏的昭义军群起围攻刘承偕。刘悟假惺惺地出面救护，将刘承偕囚禁起来。穆宗没敢告诉郭太后，赶紧给刘悟下诏，催他把刘承偕送回长安，但刘悟置若罔闻。

相比之下，武宁军闹出的动乱更大。节度使崔群忌惮副使王智兴，在战争期间奏请穆宗，要么让王智兴当节度使，要么就把他调离武宁军。穆宗还没来得及处置，王智兴已经先发制人，诛杀了崔群的亲信，将崔群遣送出境。

对于王智兴的"出轨"，穆宗的态度也很明确：还能怎么办？当然是选择原谅他啊！就这样，王智兴高高兴兴地当上了武宁军节度使。大家可能想不到吧，王智兴居然是大诗人王维亲亲的侄子，他爹便是代宗朝宰相王缙。以书香传世的王家居然出了一个军阀，这基因得突变成啥样？！

04. 铁胆韩愈

穆宗以为承认了王庭凑，这事儿就算平了。没想到王庭凑蹬鼻子上脸，当初他只是"引兵少退"，其实并未走远，还在盯着深州城。

王庭凑是个务实的人，他才不在乎成德节度使这个名号，朝廷承不承认，他也是成德的王。比起虚名，他更在乎实实在在的深州。

穆宗无奈了，深州铁定是不保了，但他想保住牛元翼，便派韩愈出使镇州，劝王庭凑放过牛元翼。

虽然韩愈这个人太过刚直，平日里不是很讨人喜欢，但朝中上下打心眼儿里都挺服他的。所以，当穆宗决定让他去见王庭凑的时候，大家都为韩愈捏了一把汗。往事不远，当年德宗派颜真卿宣慰淮西，致使颜真卿死于李希烈之手。大家真担心老韩步了老颜的后尘。

别人说话不好使，但元稹也说："韩愈可惜。"这下穆宗也觉得可惜、后悔了，传命韩愈：抵达成德边境后，先观察观察形势，确认安全后再入境。但韩愈没有听，回奏道："止，君之仁；死，臣之义。"皇上命我暂停入境，这是出于仁义而关怀我的人身安危；但是不畏死去执行君命，则是我作为臣下应尽的义务。

这老头儿真倔！

到了镇州，韩愈发现形势比他预想的还要恶劣一千倍一万倍。说是迎接朝廷使节入住宾馆，但沿途的成德军将士个个怒目圆睁，刀出鞘、箭上弦，杀气腾腾地看着韩愈。瞅那阵势，只要王庭凑一声令下，他们分分钟能把韩愈剁成肉泥。但韩愈既然敢来，早已将生死置之度外，他微微一笑，昂首挺胸地从刀林中走过。

过了好一会儿，王庭凑才露了面，假惺惺地宽慰韩愈："哎呀，韩大人，不好意思啊，大头兵们不懂礼数，这可不是我的意思呀！"典型的场面话。没想到韩愈不给面子，当场回怼："陛下之所以任命你为节度使，是觉得你具备节度使的才能，没想到你连自己的士兵都指挥不动。"

成德军将士都在旁边看着呢，不干了，这老东西是想死是吧?!有个小兵质问韩愈："先太师王武俊大人曾为国击退朱滔。我们成德军对朝廷一直很忠诚，可朝廷却视我们为叛贼，发兵征讨我们，这是为何？"

这就是小兵不开眼了，论打嘴仗，韩愈这辈子还没输过，他马上出言反驳："谢天谢地，难得你们还记得先太师，太好了！我问你们几个问题。王武俊最初桀骜不驯,和朝廷作对,啥也没有;后来归顺了朝廷,加官晋爵,这是不是由祸转福?"

成德军回答:"是!"

韩愈接着问:"还有,从安禄山、史思明到前些年的吴元济、李师道,这些人执迷不悟,一心要和朝廷作对。我问你们,他们的子孙至今还有存活做官的吗?"

"没有。"

韩愈再问:"田弘正举魏博归顺朝廷,他的子孙有的还只是个孩子,就已经被朝廷授予了高官。王承元以成德归顺朝廷,还未成年就被任命为节度使。刘悟、李祐当初跟随李师道、吴元济叛乱,后来归顺朝廷,现在都是节度使。这些情况你们都听说过吧?"

成德军当然知道王承元、刘悟、李祐等人的事,但他们必须得对为何杀害田弘正做出解释,于是回道:"田弘正刻薄,所以我军不安。"

韩愈马上追问:"田弘正刻薄,你们杀他一人就可以了,为何灭了人家一门?"

这下,成德军都沉默了。

王庭凑很适时地插了嘴:"韩大人这次来成德有何贵干?"顺势挥手让将士们退了下去。韩愈说,朝廷希望他能解除深州之围,放牛元翼去山南西道上任。王庭凑当场表态:小事,可以!

随后,牛元翼率部突围而出,王庭凑也没有派兵追击。深州守将随即献城投降。王庭凑指责他坚守城垣,杀死深州将吏一百八十余人。牛元翼的家人也全部落在了他手上。

虽然差强人意,但好歹算办成了,韩愈随即回朝复命去了。

以王庭凑拿下深州、恢复大成德版图为标志,长庆削藩战争也终于画上了一个不完满的句号。

这场仗打成这样,按理说很不应该,因为朱克融和王庭凑的军队加起来才一万多人，而官军足足有十五万人马，并且还有裴度这样的帅才和李光颜、乌重胤这样的名将。但事实就是如此，这场仗就是这么一个令人匪夷所思的结果。

究其原因，主要有三：

第一，保障不力。征讨二镇的军队是不少，但后勤保障跟不上。为啥跟不上？一是没钱，粮草需要花钱买，运输需要花钱雇人运，而宪宗元和削藩已经把朝廷的家底儿打光了。二是王庭凑屡屡截击官军的粮草。没有粮草军饷保障，各路大军都不敢深入，只能在原地耗着，真正和成德军正面决战的兵力其实没多少。田布之所以被逼上绝路，就是因为保障不力。

第二，监军掣肘。监军宦官不懂军事，到现场后啥作用都发挥不了，还挑选最善战的战士保护自己。要是光这样还好，每次打了胜仗，他们就抢先上奏抢功劳，打了败仗就全都推到主将身上。他们是朝廷的代表，主将不敢动他们，只能受着。主将受监军掣肘，军队就无法发挥出最高效能。

第三，宰相无能。穆宗用的几个宰相——崔植、杜元颖、王播——全都是"四拍官员"，一拍脑袋做决策，二拍胸脯唱高调，三拍大腿悔不该，四拍屁股嗷嗷跑。最高指示朝令夕改，搞得将士们无所适从。

长庆削藩战争失败的影响非常之大：

一方面，河朔三镇全部恢复自治状态。从此，朝廷彻底放弃了削除三镇的念头，觉得这是一除三永远除不尽的问题。后来的皇帝也只是削三镇以外的藩镇，决不会主动去削河朔三镇。河朔三镇仍旧自己玩儿，一直玩儿到唐王朝下线。

另一方面，其他藩镇中也冒出了许多刺头儿。除了昭义的刘悟和武宁的王智兴，还有一个横海的李全略。李全略原名王日简，奚族人，本是成德镇中德州的刺史。杜叔良兵败博野后，穆宗提拔他为横海节度使，赐名李全略。李全略擅自杀害德州刺史，已经流露出了不臣之心。

05. 李逢吉复相

这时，裴度已经抵达长安。

作为跟着宪宗创造了元和削藩辉煌成就的老臣，眼睁睁看着先帝一生耕耘付诸东流，裴度面对穆宗号啕大哭，情难自已。在场文武无不动容。短短一两年间，国家由那个样子变成这个样子，但凡有点儿良心的人，谁能受得了?!

穆宗皮是皮了些，但好赖他还是能分清楚的，不由得对裴度好感倍增。第二天，他就修改了命令，不让裴度去东都了，转任淮南节度使。

他问裴度，刘承偕这事儿可咋整呀？裴度确实虎，直接要求穆宗赐死刘承偕，祸乱都是这小子引出来的，如果不是他折辱刘悟，刘悟断不至此。穆宗很为难，爱卿你别闹，你再想想。裴度只能退而求其次，建议将刘承偕流放远边，总得给刘悟个台阶吧！

穆宗将信将疑地采纳了。刘悟果然马上释放了刘承偕。为了安抚刘悟，穆宗又给他加了检校司徒。朝廷的退让令刘悟越发目空一切，他已经看穿了，穆宗照他爹差远了，是个软蛋。

刘承偕这事儿妥善解决，穆宗越发看重裴度了。这时许多大臣再次进言，说裴度放在地方太浪费了，应该留在朝中效力。穆宗同意了，又不让裴度去淮南了，改派宰相王播去。

可是，新的问题又来了，裴度一留下来就和元稹掐。

五月时，突然爆出一个案子。有个叫李赏的人跑到裴度面前告状，说和王李绮（穆宗叔叔）的老师于方受元稹指使，要派刺客刺杀他。裴度不相信，元稹虽然品格不行，但以他的身份和地位，绝不至于干这种下三烂的事。李赏不甘心，又跑到神策军告密。神策军就把这件事儿捅了出来。

穆宗很重视，命左仆射韩皋、给事中郑覃与兵部尚书李逢吉三人调查。查来查去，查无实据。那事情就很清楚了，是这个叫李赏的捏造事实，故意激化裴度和元稹的矛盾。

但穆宗认为，虽然是诬告，根子还是出在裴度和元稹不合上，才给了小人可乘之机。当皇帝的，最烦大臣们党争。这段时间穆宗已经被裴度和元稹折腾烦了，干脆把两人都罢了相。裴度过错不大，依旧留朝任右仆射。元稹可就惨了，被外放为同州（今陕西渭南大荔县）刺史。

一下子罢免了两个宰相，宰相不够用了，得起用新人啊！穆宗想了想，就让李逢吉当了宰相。

元和十二年（817年），李逢吉因为阻挠裴度征讨淮西，被宪宗罢相，外放为东川节度使。为了复出，这些年他想尽了办法，终于攀附上了宦官集团的新贵——枢密使王守澄。魏从简被罢免后，其枢密使一职由王守澄接掌。王守澄一顿操作，李逢吉就回朝任了兵部尚书。

穆宗当然不会知道，李赏诬告是李逢吉和王守澄精心设计的一个局。

李逢吉这次回朝就是奔着宰相宝座来的，元稹也好，裴度也罢，都是他的拦路石。为了扳倒两人，他精心布了这个局，指使李赏告密。这个局还真就做成了，穆宗果然罢黜了元稹和裴度。然后，在王守澄的运作下，李逢吉毫无悬念地当上了宰相。

也是巧了，李逢吉上来后马上办了一件漂亮事儿，赢得了穆宗的认可，彻底站稳了脚跟。

七月四日，宣武军乱，节度使李愿遭到驱逐。

宣武军又叫汴宋军，是唐廷在今河南、安徽两省交界处设立的藩镇，彼时下辖汴（今河南开封）、宋（今河南商丘）、亳（今安徽亳州）、颍（今安徽阜阳）四州，治所汴州城。

李愿的来头很大，他是李晟的长子、李愬的大哥。但这个公子哥除了继承父亲的姓氏外，别的本事一样也没继承。他奢侈放荡，"不恤军政"，还专以威刑驭下，终于把宣武军将士激怒了。乱军闹了一番，推立牙将李齐[①]为留后。

这事儿如果搁以前，朝廷肯定是要用兵的。但今时不同往日，河北的屁股还没擦干净呢，朝廷厌得很。群臣都建议姑息，授予李齐节钺。李逢吉可逮到表现机会了，力主讨伐："河北的事确实不得已，但如果现在把汴州也丢了，那么不久连江淮以南都能丢了！"

穆宗同意了，下诏征李齐入朝为右金吾将军，以宣武军前节度使韩弘的弟弟韩充为节度使。

李齐肯定不干啊！那就只能打了！

宣武军和河朔三镇不同，位处中原腹地，四周都是朝廷的藩镇。况且，李齐原本只是一员牙将，无论名望还是能力都得不到宣武军的广泛支持。拢共四个州，除了他控制下的汴州，其余三州都不肯追随他。结果可想而知，朝廷大军压境，宣武军内讧，李齐被杀。

力主讨平宣武军乱，是李逢吉一生中干得为数不多的几件正事之一。接下来，他就不干正事了，内交宦官，和梁守谦、王守澄等宦官

[①] 齐，音介。

头子打得火热；外结朋党，将亲信骨干都送上要害位置，形成了一个把持朝政的利益集团。

这个集团的核心成员一共八人，分别是张又新、李续、张权舆、刘栖楚、李虞、程昔范、姜洽以及李逢吉的侄子李仲言。八人以下，还有八个附会的得力干将。以上十六人担任的都是朝中要职。朝野给这个组合起了一个外号，叫作"八关十六子"，简称"关子"。想办什么事儿，只要通过"关子"向李逢吉言语一声，一定能成！

除了"八关十六子"，李逢吉还笼络了一批中层骨干，其中的代表人物莫过于后来的牛党领袖牛僧孺和李宗闵。

李宗闵、牛僧孺都是穆宗欣赏和看重的人，自然也就成了李逢吉拉拢的对象。在李逢吉的帮衬下，李宗闵从剑州回来了，依旧任中书舍人。

相比之下，牛僧孺就比较平稳了，自元和七年（812年）回朝后，一直安安稳稳地在朝中。他虽然没能得到裴度的提点，但老牛本身就很牛啊，人家的德行和才干都很过硬，所以也得到了穆宗的重用，出任御史中丞。牛僧孺干得不错，"按治冤狱，执法不阿"。穆宗对他极为认可。

其实，穆宗得意牛僧孺，和一件事儿大有关系。这件事儿甚至连牛僧孺本人都不知情。宣武军前节度使韩弘上层路线走得很溜，每次入朝都要向朝臣们大量行贿。韩弘死后，穆宗派人帮助他的家人清点财产，无意中发现了韩弘私藏的记账本，上面详细记录了每次送礼的对象、时间、地点以及金额。穆宗在账本中看到了不少熟悉的姓名，当看到牛僧孺那栏时，发现上面只有一句话："某年月日，送户部牛侍郎钱千万，不纳。"穆宗非常感动，高兴地对左右说："果然，吾不缪知人！"

牛、李能和李逢吉一拍即合，是因为他们有许多共同点：第一，靠山相同，都是宦官。别看牛僧孺、李宗闵当年在试卷中激烈抨击宦官干政，其实那是蹭热点，故意在宪宗面前刷契合度而已。他们后来和宦官走得很近，有千丝万缕的关系。第二，政见相同，都反对削藩，主张削藩无益，藩镇只要不造反，朝廷能姑息就姑息。第三，也是最重要的一点，他们都极端仇视李德裕。

06. 党争前奏

在拉帮结派的同时，李逢吉也开始有计划、有步骤地排除异己。异己有谁？裴度和"三俊"！

李逢吉首先对付李德裕，一出手就拿掉了李德裕的翰林学士，改任为御史中丞。这招太高了，既剥夺了李德裕的"内相"话语权，又将他置于牛僧孺的盯梢和掣肘之下。

穆宗有意从牛僧孺和李德裕二人中择一为相。李逢吉急了，无论如何不能让仇人之子当上宰相呀！

巧了，地方上发生的一件事给了他机会。

宣武军乱以后，浙西观察使窦易直慌了。有人纳闷儿了，河南和浙江隔得挺老远的，他慌个啥？哎，还真有关系！窦易直和李愿是一路人，干的是一类事儿，他怕浙西军仿效宣武军造他的反，就想把府库里的金帛拿出来赏给军士们。有人劝他，毫无由来的封赏反而让将士们生疑。窦易直觉得这人说得有道理，就把封赏的事儿停了。可是封赏的消息早已在军中传开了，将士们眼巴巴等着领钱呢，忽然又说不发了，个个怨声载道。

八月，浙西大将王国清发动兵变。窦易直毕竟已经有所准备，很快平定了叛乱，诛杀王国清一党二百余人，上奏朝廷。

李逢吉趁机进言，说窦易直不行，镇不住场子，应该派一名得力大臣去。穆宗问谁合适。李逢吉就说御史中丞李德裕再合适不过了。穆宗也觉得李德裕行，当月即任命李德裕为浙西观察使。

李德裕走后，长庆三年（823年）三月，牛僧孺毫无悬念地成为宰相。紧接着，同州刺史元稹调任浙东观察使。谁都知道李德裕、元稹这哥儿俩好着呢，如今一个被放在浙西，一个被放在浙东，要说背后没人作祟，谁信呢?!

转眼间，"三俊"只剩一个李绅在朝了。李绅退无可退，更加卖力地和李逢吉、牛僧孺、李宗闵等人作对。李逢吉每有奏议，李绅一定拆他的台，李逢吉就造李绅的谣，说他给朝士们记小黑账，经常对皇帝说谁谁谁是朋党。李绅本来风评就不好，这下朝臣们更加明里暗里地对他指指戳戳了。紧接着，李逢吉故技重施，又把李绅从翰林学士的位置上拉下来，也塞到御史台当御史中丞去了。

细心的读者问了，牛僧孺不是已经提任宰相了吗，谁来帮李逢吉看着李绅呀？别急，连你都能考虑到的问题，权谋高手李逢吉怎么可能考虑不到？他早有准备。

六月，李逢吉举荐吏部侍郎韩愈出任京兆尹兼御史大夫。这项任命中重要的不是京兆尹，而是御史大夫。因为，御史大夫是御史台的一号首长，而李绅所任的御史中丞只是二号首长，并且韩愈和李绅早有冲突。

韩愈和李绅是老相识了，当初韩愈还不止一次地举荐过李绅，但后来最厌恶李绅的恰恰是韩愈。这是有原因的。

李绅作品一流，但人品末流。早年他写出《悯农二首》这种脍炙人口的佳作，其实完全是在秀情怀。就骨子里而言，他是一个彻头彻尾、自私自利的投机政客。步入仕途后，这个悯农诗人就不悯农了，不是他变了，而是他不装了，选择做回自己。很难想象，一个写出"谁知盘中餐，粒粒皆辛苦"的人，平平常常的一顿饭就要花费几百上千缗。更难想象，一个把"四海无闲田，农夫犹饿死"挂在嘴边的人，居然极尽刻薄厚敛之能事。

牛党之所以敌视李绅，也并非完全出于党争，李绅的所作所为确实很不像话。同时代的文人们，比如韩愈、贾岛[①]、刘禹锡、李贺[②]等人，一说起李绅都是一副鄙夷态度。李逢吉为啥造李绅的谣能成功？就是因为李绅的人品确实太烂了。

明知韩愈和李绅不合，偏要把他们放到一起去，等着他们斗。这就是李逢吉的手段。

韩愈出任御史大夫两个月后，裴度也被李逢吉扳倒了，被罢相，外放为山南西道节度使。

九月，李逢吉期待的结果出现了。耿直的韩愈不愿参谒宦官，因此遭到李绅弹劾。韩愈不服，称他不参谒宦官是穆宗恩典过的。两人爆发了激烈争吵。李逢吉趁机上奏，说二人身为朝廷大臣，却效民间愚夫争吵，有失体统。穆宗也很不爽，将韩愈转任为兵部侍郎，李绅外放为江西观察使。

李逢吉大喜。没想到事情突然起了转机，韩愈和李绅一起去见穆宗，把事情的原委经过详详细细复述了一遍。穆宗就改主意了，改任韩愈为吏部侍郎，李绅为户部侍郎。

[①] 贾岛，河北涿州人，自号"碣石山人"，人称"诗奴"，与孟郊并称"郊寒岛瘦"。代表作《题李凝幽居》："闲居少邻并，草径入荒园。鸟宿池边树，僧敲月下门。过桥分野色，移石动云根。暂去还来此，幽期不负言。"

[②] 李贺，河南宜阳人，与李白、李商隐并称"三李"，世称"诗鬼"。留有"黑云压城城欲摧""雄鸡一声天下白""天若有情天亦老"等千古佳句。

嘿，谁能想到李绅居然扳而不倒！

转年八月，韩愈因病告假。十二月初二，他在长安家中逝世，终年 57 岁。穆宗追赠他为礼部尚书，赐谥号"文"，故世称"韩文公"。

第三章 少帝敬宗

01. 敬宗即位

显而易见，只要穆宗在，谁都动不了李绅。可问题是穆宗说不在就不在了。

长庆二年（822年）冬的一天，穆宗照常和宦官们打马球，打得正嗨呢，忽然有个宦官从马上栽了下来，摔得老惨了。穆宗吓坏了，浑身一激灵，就中了风。年纪轻轻就中风，说明早把身体掏空了。

他上朝本来就不积极，现在更不来了。宰相们慌了，一堆件儿等着他签呢，怎么回事，屡屡请求入见，但穆宗谁也不见。很快，关于他健康状况的猜测甚嚣尘上，圣人是不是不行了？不行也可以，先把接班人定了再死啊！

当年底，穆宗强撑着出来见了一次百官。看他那个病恹恹的样子，大家就知道他没几天可蹦跶了，抓紧说正事儿。

几个重臣，在京的李逢吉、杜元颖、李绅，还有在山南西道的裴度，都表请册立长子景王李湛为皇太子。穆宗没吭声，心里很不爽，咋的，这是觉得我不行了？但不久后，南衙各省台负责人和北司以梁守谦、王守澄为首的"四贵"也相继表请册立景王。这穆宗就顶不住了，只得册立李湛为太子。

事实证明，大家的行动是对的，穆宗的病情非但没有好转，反而日趋严重。长庆三年正月初一，他连例行的新春宴会都缺席了。穆宗又撑了一年，病情反反复复，终于还是恶化了。这次连他自己都觉得不行了，便于长庆四年（824年）正月诏命太子李湛监国。

梁守谦、王守澄他们倒是挺会，直接跑去捅咕郭太后，请她仿效则天皇后临朝称制。他们甚至连临朝称制的制书都起草好了，就等郭太后点头了。

如果郭太后想，临朝称制肯定是没问题的，问题是人家不想。她对宦官们说："当年武后临朝称制，几乎颠覆了大唐社稷。我们郭家世代忠义，怎么能跟武家学?！太子虽然年少，但只要有贤相辅佐，只要你们宦官不干预，还怕国家不安宁吗？看看历史吧，自古以来凡女人主宰天下时，就绝对不会出现尧舜那样的治世！"说罢，郭太后就把制书给撕了。

不仅她是这么想的，她哥哥太常卿郭钊也是这个意思："老妹儿你如果听了宦官们的规划，那我就带着咱们郭家人回老家种地去了！"郭太后感动得都哭了："祖考之庆，钟于吾兄。"列祖列宗都庆幸我有这样的哥哥。

亏得郭氏兄妹牢记祖训，唐朝才没多出外戚干政这个大祸患。

正月二十二日傍晚，穆宗终于终于驾崩了，年仅30岁。

历代史家一边倒地对穆宗持批评态度，说他是个昏君，是唐王朝的罪人。但我觉得从对很多人和事的处置来看，穆宗其实挺聪明的，只不过他的心性还不成熟，且毫无政治经验，才会被奸相、宦官和藩镇玩弄于股掌之间。

唐朝的皇帝几乎都是纪录保持者，穆宗也一样，他有三位皇后，这在中国历史上是绝无仅有的。但这三位皇后都是假皇后，因为穆宗学父亲宪宗，终生没有立皇后。他的三个儿子后来都当了皇帝，他们的生母都成了皇太后，并祔①葬穆宗，这才导致穆宗有了三个皇后。

根据遗诏，年仅16岁的太子李湛即位，是为唐敬宗。

李逢吉顺势成为首相。皇帝年幼，正是首相大有可为的好时机。但李逢吉想的不是国家大事，而是私人恩怨：怎么把李绅踢走？

他先让王守澄向敬宗进言，说穆宗生前讨论储君人选时，杜元颖、李绅等人推荐的是您四叔深王，唯有李逢吉推荐的是您。敬宗听了，半信半疑。

然后，李逢吉亲自出马，弹劾李绅"谋不利于上，请加贬谪"。别看敬宗是个半大孩子，但他聪明得很，对王守澄、李逢吉等人的话仍未完全相信，一再询问李逢吉是否属实？李逢吉一口咬定，确实如此。敬宗这才于二月下诏，将李绅贬到广东肇庆任端州司马去了。

李逢吉恨毒了李绅，必欲置之死地而后快，接着指使党徒上书，说李绅罪大恶极，应该处以极刑。

关键时刻，李绅在翰林院的好友韦处厚看不下去了，对敬宗揭了李逢吉的老底："李绅是被李逢吉一党诋毁的，这一点大家都清楚。况且，李绅是先帝用起来的，即便他真的有罪，也应该适当宽容，更何况他原本就没罪呢？！"敬宗听了，就把这事儿缓了缓。

也是李绅命不该绝，这日敬宗闲着无事，翻阅穆宗留下的文书，无意间发现一道奏疏。奏疏是裴度、杜元颖、李绅三人联名上奏的，里头明明白白写着请立景王湛为太子。敬宗嗟叹良久，让人把所有弹劾李绅的奏疏都烧了。从此，不管谁弹劾李绅，他都不信了。

这么看的话，敬宗似乎还不错。但他毕竟还是个半大孩子，玩心太重，在这方面他可比他爹玩得花多了，今天打马球，明天打夜狐②，

---

① 祔，音附。
②《旧唐书·敬宗纪》："帝好深夜自捕狐狸，宫中谓之曰'打夜狐'。"

后天办 party，直把庄严肃穆的皇宫变成了一座喧闹非凡的娱乐城。

时间都用在玩儿上了，当然顾不上上朝了。穆宗虽然不喜欢上朝，但起码每次上朝时他能准点儿到。敬宗完全没有时间概念，有时都日上三竿四竿五六竿了，他才姗姗来迟。皇帝不到，百官就只能等着。年轻的还好，站久了顶多就是腿酸而已。年老的、有病的可就惨了，经常有人在候朝时昏死过去。

不是没人劝谏，但敬宗随穆宗随得厉害，爱卿你说的都对，但朕就是不改，略略略。摊上这对父子，真是大唐的悲哀！

终于，荒唐的敬宗惹来了中国宫廷史上少有的一件荒唐事。

02. 染工暴动

四月十六日，宫中突然爆发了一场武装暴乱。

颇为吊诡的是，此次暴乱既不是政变，也不是民变，而是一个叫苏玄明的算命先生，带着宫廷染织坊里的染工们造反了。"算命先生""染工"，就冲这两个关键词，也坐稳了中国历史的唯一。

一切的一切都始于奇人苏玄明。苏玄明之所以奇，并不在于他的卜术有多高明，而在于他的思路太清奇了。中国历史上的平民起义，基本上都跳不出官逼民反这个框框，官府无道，百姓被逼得没活路了，只能揭竿而起。苏玄明则不同，他不过是长安街头的一个神棍，朝廷或者敬宗都没有迫害过他，他就是单纯想干点儿惊天动地的大事儿，比如推翻个朝廷玩玩。从这个角度来看，他的胆子真不是一般的大。

苏玄明不仅敢想，而且敢干。他有个朋友叫张韶，是宫廷染织坊里的染工。苏玄明定下造反决心后，就跑去捅咕张韶，说他给张韶起了一卦，卦象显示张韶是真龙天子，而他就是上天派来辅佐张韶成就大事的。

我不知道当有人对你们说这番话时，你们是选择相信，还是选择拨打精神病院电话，反正我肯定是不信的。但张韶这个糙汉却信了，而且深信不疑。

两人一拍即合，约定事成之后，他们就在宫里，坐在皇帝佬儿的龙椅上喝酒，一醉方休。

显然，这就是两个臭皮匠，但这俩臭皮匠居然还真把事情给办起来了。张韶也有点儿小本事，居然说服了一百多名染工入伙。他们计划借着运输染织原材料紫草入宫的机会，把染工和兵器藏在车里运入宫中，分散藏匿于各处，待入夜后一起杀出。

如果守门的士兵是棒槌，他们的计划兴许还真能成功。但很不幸，今晚守门的士兵偏偏很精细，发现草车的车轮嘎吱作响，这不科学啊，一车草能有多重，怎么会把车轮压成这样？坚持要登车搜查。

苏玄明、张韶急了，索性一不做二不休，杀了卫兵，带着一众染工向宫里杀去。

敬宗这时干吗呢？他正在清思殿打马球呢！宦官跑来报告，说有人作乱。敬宗大吃一惊，赶紧准备跑路。往哪儿跑安全呢？当然是神策军。但神策军有左右两军，到底要去哪个军？敬宗想去右军，因为右军中尉梁守谦是他的亲信。可清思殿偏偏靠近左军，本着就近原则，左右劝他去投左神策军中尉马存亮。

这个马存亮是什么人呢？这么说吧，唐朝宦官臭名昭著者居多，偶尔也有几个是史家公认的贤宦，比如高力士。但《新唐书》认为，放眼整个唐朝，宦官既忠诚又谦恭的只有三个人，排第一的正是马存亮。马存亮是吐突承璀的副手，在吐突承璀死后接掌了左神策军。

听说皇帝来避难了，马存亮一路小跑着迎了出来，一见面就匍匐在敬宗脚边哭泣。他处置得十分妥当，不仅亲自背敬宗入营，还调派五百骑兵去宫中把敬宗的母亲王太后和郭太皇太后接了出来。

这时，张韶和苏玄明已经带领染工们攻进了清思殿。他们真的实现了最初的梦想！

但这梦想注定昙花一现，因为马存亮的左军已经杀了过来。很快，梁守谦的右军也赶了过来。染工们毕竟是乌合之众，人数又少，不一会儿就被正规军杀得一干二净。张韶和苏玄明也死于乱军之中。

我至今都搞不明白，他俩造反为了个啥，难道是因为寂寞吗？

古代宫廷里出事儿其实挺常见的，不是皇家内讧，就是权臣政变，要不就是平民起义。唯独唐朝和明朝，这两个汉人王朝的宫中各出了一件邪事儿。唐朝的就是敬宗时的染工暴动。明朝的是嘉靖帝时的宫女暴动。要不是压迫太深、苦难太重，这些吃皇粮的染工、宫女们何至于此？！

事发突然，皇帝不知所踪，也不知道挂了没？长安城里人心惶惶、谣言四起。

十七日黎明，在左右神策军的护卫下，敬宗回到宫中。

自然是要论功行赏的，马存亮功劳最大，获封食邑二百户。有人建议将染工们经过的各处宫门的守门宦官全部处死。马存亮出面求情，敬宗给他面子，将死刑改为杖刑。

趁敬宗心情好，马存亮又提了一个请求，希望能给吐突承璀平反。他说吐突承璀虽有过错，但罪不至死。敬宗真挺给力的，当即下诏为吐突承璀平反，并让吐突承璀的义子吐突士晔将其以礼收葬。吐突士晔也是宦官，后来在宣宗朝做到了右神策军中尉。

然后，马存亮就请求外放了。别看他立了功，但记恨吐突承璀的文臣们还是不接受他，对立派别的梁守谦、王守澄等人更是千方百计地要对付他。马存亮不想再留在朝中这个是非之地了。敬宗也同意了，任命他为淮南监军。马存亮离京当日，神策军人人恸哭。做人做官做到这个份儿上，真是够可以了！

染工暴动的影响还在继续。敬宗对李逢吉越发不满，你这首相怎么当的?! 恰在这时，地方发生了一件事。三月时，山南东道节度使牛元翼病死。牛元翼生前曾多次送重金厚礼给王庭凑，希望王庭凑能放回自己的家人，但王庭凑始终没有应允。现在，王庭凑得知牛元翼的死讯，马上将其家人诛杀，一个不留。这厮太过狠辣！

敬宗接报，扼腕叹息："宰辅非才，使凶贼纵暴。"打不过就打不过吧，居然连忠臣的家属都无法保全，这算哪门子宰相？这明显就是说给李逢吉听的。

韦处厚趁机进言，说裴度有宰相之才，闲置在山南西道是巨大浪费。自从上次翻出裴度等人拥立自己的密奏，敬宗就对裴度好感倍增，但他很困惑，这位三朝老臣为啥奏章署名不带"同平章事"的名衔？韦处厚就把李逢吉如何打压裴度一五一十地告诉了他。敬宗听完，当即下诏给裴度加"同平章事"衔。

这下，李逢吉就坐立不安了。

03. 李逢吉倒台

腊尽春回，敬宗宣布大赦天下，改元"宝历"①。

---

① 宝历元年（825 年），宝历二年（826 年）。

当月，长安鄠①县（今陕西西安鄠邑区）发生了一起斗殴事件。

县令崔发派人了解情况，得到的回复是："五坊人殴百姓。"崔发是个直臣，气炸了，这些狗奴才欺负百姓惯了，看本县令如何惩治他们，当即命人将闹事的五坊人拿下。当时天色昏黑，也看不清此人装扮。崔发坐堂讯问，这一问给他吓坏了，此人可不是什么普通雇工，而是正儿八经的宦官。

完了，捅着天了，完蛋了！

敬宗得知此事后大发雷霆，好啊，一个芝麻县令居然敢殴打中使，当即命人将崔发下入御史台大牢。

崔发和其他囚犯立于御史台金鸡仗下，等待后续处理。忽然，一伙宦官咋咋呼呼地跑了过来，得有几十人，个个手执铁棒，不由分说就暴打崔发。可怜崔发被打得体无完肤，脸破相了，牙齿也被打掉好几颗，当场昏死过去。过了一会儿，他刚醒过来，又有三五成群的宦官陆续跑来，嚷嚷着要打他。御史台官员只好用一张席子盖住崔发，说他已经被打死了。宦官们才骂骂咧咧地走了。

然后，敬宗的诏命就到了，其他囚犯一概赦免，崔发仍旧关回御史台大牢。

事到如今，已经不是崔发一个人的事了。南衙百官看到皇帝如此偏袒宦官、蔑视大臣，都很生气，难道我们这些国家干部还不如宦官吗？大家纷纷上书敬宗，要求严惩殴打崔发的宦官。但宦官可是敬宗的心头疙瘩肉，他置若罔闻。百官越发激愤。

作为百官之首的李逢吉坐不住了，这个时候要是不顺着百官的意思，那他这个宰相以后就没法当了！他只得对敬宗说："崔发拖曳中使，确实有错。但他母亲是前宰相韦贯之的姐姐，老太太快八十岁

---

① 鄠，音户。

了，听说儿子下狱后，已经忧心成疾。陛下以仁孝治理天下，不宜过度责罚崔发。"到底姜还是老的辣，李逢吉不说宦官殴打崔发有罪，只拿仁孝说事儿。

敬宗就坡下驴，将崔发放归家中，并慰劳了韦老太太。老太太是个明白人，得罪谁也不能得罪宦官啊，当着宦官的面儿又打了崔发四十杖。

可怜的阿发！

这件事让朝臣们颜面扫地，原来，他们这些国家干部在皇帝和群众眼中，真没法和人家宦官比！

另一宰相牛僧孺看不下去了，皇帝如此偏袒宦官，老子不伺候了！当然了，他不会和皇帝硬磕，便多次上书请求外放。敬宗同意了，升鄂岳观察使为武昌军节度使，以牛僧孺为首任武昌军节度使，仍带宰相衔。牛僧孺开开心心到武昌上任去了，拜拜了您嘞！

四月，敬宗忽然起意，又要大赦天下，让李逢吉拿方案。

李逢吉犯嘀咕了，大赦天下肯定是要量移的，这样的话，被他赶到肇庆的李绅肯定要量移回内地，这可不行！所以，他拿出了一个别有用心的方案："左降官已经量移者，宜与量移。"左降官特指因犯罪被贬至边疆地区任闲职的官员。李逢吉的方案是说，这次量移仅限于已经量移过的左降官。言外之意，没有量移过的左降官，比如李绅，就不在此次量移之列。

大领导敬宗哪儿懂这些具体业务呀？方案报上来，大笔一挥就批了。亏得韦处厚及时提醒他，这是李逢吉为了按住李绅而耍的文字游戏。敬宗恍然大悟，马上追改赦文，将量移的范围扩大到所有的左降官。这下李逢吉就没辙了。李绅借着这次大赦量移为江州长史，回到了内地。

其实，李逢吉这时也顾不上李绅了，因为敬宗把元和老臣李绛调了回来。元和晚期，李绛因足疾去位，紧接着又赶上母亲去世，回家丁忧三年。等到元和十四年（819年）他复出时，又遭到奸相皇甫镈的阻击，被授任为河中观察使。穆宗上来后，李绛虽然被召了回来，但他看皇帝昏庸，自请出任闲职。现在敬宗又把他召了回来，任为尚书右仆射。李绛那是相当耿直的一个人，干正事儿的李吉甫他都看不上，何况是不干正事的李逢吉？李逢吉很是头疼！

八月，地方出了一件大事，昭义节度使刘悟去世了。在刘悟手上，昭义事实上已经成了河朔三镇之外的第四镇。去世前夕，他奏请敬宗让儿子刘从谏继任节度使。敬宗虽然贪玩，但并不糊涂，刘悟这是要搞世袭呀，要把昭义变成他家的产业，这怎么行？！

李绛建议，火速调一位邻镇节度使任昭义节度使，如此刘从谏来不及准备，只能俯首听命。这是个好办法，但却遭到了李逢吉的极力反对，说刘悟有功于国，不让刘从谏继任，只怕昭义会造反。枢密使王守澄自然也帮着李逢吉说话。

敬宗和李绛并不知道，刘从谏为了顺利接任，在李逢吉和王守澄身上下了血本。这大唐是皇帝佬儿的，至于谁当节度使，与我们哥儿俩何干？谁让我们哥儿俩开心，我们就投谁的票。敬宗糊涂，信了二人的鬼话，不久即任命刘从谏为昭义留后。

然后，李逢吉和王守澄联手，借口李绛有足疾，不能很好地履职，让敬宗将李绛罢为太子少师、分司东都。

搞完李绛，他们又想搞另一宰相李程。

李程是宗室，唐太祖李虎的七世孙。他的族叔水部郎中李仍叔一天和袁王府长史武昭闲聊，发现武昭因被贬官而对宰相们极为不满。李仍叔说这事和我大侄子无关，我大侄子想重用你，贬你官的是李逢吉。武昭愤愤不平，从此深恨李吉甫。一日，他和左金吾兵曹茅汇喝大了，仗着酒劲说要刺杀李逢吉，结果被别人听了去，上告李逢吉。

李逢吉马上把事情捅到了敬宗那里。涉案人员全部下狱受审。李逢吉指使侄子李仲言明示茅汇："你只要咬定李程与武昭合谋，就能活，否则必死！"偏偏茅汇是个硬汉子："冤死甘心！诬人自全，汇不为也！"不仅没配合，还把李仲言教唆他的话抖搂了出来。

三法司会审，结果很清晰：李仍叔是对武昭说过李逢吉的坏话，武昭也确实和茅汇说起过刺杀李逢吉，但李仍叔和茅汇都坚称此事与李程无关；并且，李仲言指使茅汇做伪证，意图牵连李程。

敬宗的处置还算公道，于十月下诏，杖毙武昭，贬了李仍叔的官，李仲言流放广西象州，茅汇流放海南三亚。

经此一事，敬宗算是彻底看清李逢吉的嘴脸了，他决心放弃李逢吉，召裴度入京辅政。并且，私底下他已多次遣使山南西道问候裴度，甚至还透露了裴度的返程日期。李逢吉一党自知大祸临头，惶惶不可终日。

宝历二年（826年）正月，裴度回到京师。李逢吉还想做最后的挣扎，指使党羽疯狂弹劾裴度。敬宗一概不予理会。二月，裴度再次出任宰相。敬宗又象征性地留李逢吉在朝中待了半年，最终还是于九月将他外放为山南东道节度使，带宰相衔。

召裴放李，这是敬宗在位期间干的唯一一件正事。然后，他很突然地就死掉了。

04. 敬宗之死

和父亲穆宗一样，敬宗也死在了贪玩上。

这个小伙子别说有皇帝的担当了，他连一个成年人的担当都没有。放眼整个唐朝，敬宗不爱上朝都创纪录了。唐制，皇帝每月奇日上朝，偶日休息，一个月起码得有半个月早起干活儿。穆宗就挺不爱上朝的，但每月六七天他是能保证的，并且还能准点到。敬宗就很过分了，总迟到，后来干脆每月只上朝一两天。大臣们想见他一面可太难了！

敬宗几乎把全部时间都用到玩儿上了。什么打马球啊、打驴球啊、打夜狐啊、手搏啊，就没有他不爱的。年轻人精神头足，敬宗天天都玩到后半夜一两点才肯罢休。他倒是高兴了，可苦了陪着他的宦官和神策军将了。敬宗连朝都不上，一觉可以睡到自然醒。但其他人第二天还得早起上班呢，经常这么搞，大家吃不消啊！

而且，敬宗脾气还不大好，谁惹他不高兴了，轻则打一顿，重则流放，家人籍没为奴。神策军将、宦官们苦不堪言，背地里提起他都咬后槽牙。

敬宗的任性妄为终于给自己招来了杀身之祸。

十二月初八深夜，敬宗打夜狐归来，都浪了一整天了，他仍然觉得不尽兴，非要攒酒局。他的贴身宦官刘克明就另外喊来二十七个人陪酒，既有宦官，也有神策军将。敬宗很高兴，殊不知刘克明攒的是一个了断局。

刘克明等人早就合计好今晚要弄死这个混蛋小子，他们轮番上阵，不一会儿就把敬宗灌醉了。刘克明看敬宗醉得死死的，递了个眼色给神策军将苏佐明等人。苏佐明等人心领神会，吹灭了殿上的蜡烛。

等蜡烛再燃起的时候，敬宗的脖子上多了一条三尺白绫，口鼻之中只剩出的气儿，没有进的气儿了。年仅17岁的他就此下线……

晚安，你个不中用的小垃圾！

这个小伙子糊里糊涂地当上皇帝，干了一堆糊里糊涂的事，现在糊里糊涂的他终于糊里糊涂地死了。本来呢，经过肃宗、代宗、德宗、顺宗、宪宗五代人的努力，唐王朝下行的势头有所缓解，尤其宪宗"元和中兴"，几乎真的就中兴了。但穆宗、敬宗这父子俩接手后，外朝李逢吉秉政，内廷王守澄、梁守谦等宦官专权，只用短短六年就把五代先人半个多世纪的努力给干没了。

刘克明等人可不是蛮干，他们早有准备，干掉敬宗后伪造遗诏，推立敬宗的六叔绛王李悟监国。为啥要推绛王呢？因为他是穆宗的同母弟，推立他能争取到郭太皇太后的支持。第二天一大早，他们宣布了伪诏。当日，绛王就开始监国，接见了宰相和百官。

不出意外的话，就该出意外了！

刘克明本是个二流宦官，想趁机夺取宦官集团的大权，头脑一热，居然捅咕绛王把"四贵"都换了！这可捅了马蜂窝，皇帝能换，"四贵"是能随便换的吗?！王守澄、梁守谦等"四贵"空前团结起来，调动神策军将绛王、刘克明一党全部诛杀。

选谁当皇帝呢？敬宗是有儿子的，而且有五个。但敬宗才是个半大孩子，他这五个儿子还没断奶呢！"四贵"一商量，得了，让穆宗次子、敬宗二弟江王李涵当吧！

宦官说谁，那就是谁了。别人都没意见，也不敢有意见，但江王本人有意见。这位王爷恭俭儒雅，博通群书，群众基础很扎实。但他是个毫无野心的人，从没想过有朝一日能当皇帝，现在形势却把他推到这儿了。他的顾虑是哥哥敬宗有子嗣，如果他接受帝位，岂不等于窃据了哥哥这一门的帝位？光冲他能这么想，我就要向他竖个大拇哥，这是个好人哪！李涵很犹豫，拖着不表态。

新君不定，朝廷不稳！"四贵"干着急没辙儿，总不能把刀架在江王脖子上逼他当吧?！有人出主意，江王和翰林学士韦处厚关系很好，两人经常讨论经学，可以请韦处厚出面做江王的思想工作。梁守谦、王守澄等人就跑去求韦处厚。韦处厚也觉得江王的确很合适，他春秋大义一顿输出，江王总算同意了。

十二日，江王正式即皇帝位，并更名为李昂，是为唐文宗。文宗开创了一个传统，从他这儿开始，新皇即位都要改名。

文宗下的第一道诏书，就是尊奉母亲萧氏和敬宗的母亲王氏为皇太后。算上郭太皇太后，唐宫中前所未有地有三个太后同时在位。这样挺好，婆媳三人时不时还能斗个地主，不至于长夜漫漫感到寂寞。文宗对三位太后都很孝顺，毫不偏颇。每次地方进献来什么奇珍异果，他先用来祭天祭祖，然后分给三位太后品尝，最后才自己吃。

各种恩诏陆续颁发：放宫女三千人还家，释放五坊里蓄养的鹰犬，裁汰教坊、翰林院和宫苑总监冗余人员一千二百多人，停罢宣索。敬宗宠幸的赵归真等术士以及手搏力士也都被流放岭表了。

这些举措为文宗赢得了空前人望。"中外翕然相贺，以为太平可冀"，死了俩混蛋玩意儿，总算来个靠谱的了！

二月，文宗宣布大赦天下，改元"太和"①。

虽然从未想过当皇帝，但文宗确实称得上李家的好儿郎，既然历史把他推到了这个位置上，哪怕困难再多再大，他豁出一切也要中兴大唐。只是，拜父兄所赐，他面临的局面远比代宗、德宗那时候恶劣多了：

藩镇方面，元和削藩的成果付诸东流，不仅河朔三镇恢复了自治，昭义、武宁、横海皆割据一方。

宦官方面，宦官集团既掌握军权，又参与朝政，内胁天子，外欺

---

① 太和元年（827年），太和二年（828年），太和三年（829年），太和四年（830年），太和五年（831年），太和六年（832年），太和七年（833年），太和八年（834年），太和九年（835年）。

群臣。人人痛恨宦官，但人人都畏惧宦官。

此外，长庆年间李逢吉复相，拉帮结派，构建了以"八关十六子"为核心的朋党，还拉拢了后来的牛党领袖牛僧孺和李宗闵。李逢吉一党虽然倒台了，但他搞党争的那套手法完全为李宗闵、牛僧孺所继承。中唐的另一个大祸患——牛李党争已经显露端倪。

这些新老矛盾尖锐交织，不知道年仅17岁的文宗他遭不遭得住？

第四章 牛李党争

01. 横海李同捷之乱

三月，横海留后李同捷派人来了，打的旗号是"请遵朝旨"，其实是来要节钺的。

横海是河北道一个比较新的藩镇，始设于德宗年间，下辖沧（今河北沧州）、景（今河北衡水景县）、德（今山东德州）、棣（今山东滨州惠民县）四州，大致相当于今河北、山东二省交界处的沧州、衡水、德州、滨州四市地。创建之初，横海为程氏家族所控制，历三代直到宪宗元和十二年（817年）。这一年，宪宗扫平了淮西吴元济，时任横海节度使程执恭害怕了，举族入朝，将横海交还朝廷。

穆宗时代，横海节度使走马灯似的换，从郑权到乌重胤到杜叔良又到李全略。穆宗无能，河朔三镇全部恢复自治，李全略趁势雄起，也想仿效河朔三镇搞世袭。敬宗宝历二年（826年），李全略病死，其子李同捷自任留后。敬宗朝廷虽然不中用，但也一直未授予李同捷节钺。李同捷很着急，所以就趁着文宗登基来碰碰运气！

连敬宗都不承认他，文宗就更不可能承认他了，但一直拖着毕竟不是个事儿，打又打不起，朝廷缺钱缺粮饷。所以，文宗就对李同捷做了部分妥协：你不是想当节度使吗？好啊，朕让你去当兖海节度使。至于横海节度使，朕觉得还是乌重胤更合适一些。

李同捷当然不能干，借口横海将士极力挽留，不能赴任。

一看文宗和李同捷要闹腾，野心家就冒出来了。

第一个野心家是横海镇棣州刺史栾漤①，他遣使长安，揭发李同捷图谋不轨。栾漤其实是想挑起朝廷和横海的战争，借朝廷之手除掉李同捷，然后自己上位。但他的保密工作做得不到位，被李同捷知道后干掉了。

然后，第二个野心家也冒了出来。武宁军节度使王智兴上表文宗，说他愿意为朝廷讨伐李同捷，而且无须朝廷提供粮饷，他自备五个月的粮饷。

这可把文宗给惊喜坏了，长庆削藩战争后，昭义、横海、武宁这三个桀骜不驯的藩镇让朝廷很头疼，现在王智兴居然要为朝廷效力，还不用朝廷出钱出人，这简直是天大的好事儿啊！文宗由此决意讨伐李同捷，并立即给王智兴加了宰相衔。殊不知王智兴无利不起早，不过是想趁机扩大地盘而已。

八月，文宗下诏削除李同捷一切官爵，征调天平军乌重胤、武宁王智兴、淄青康志睦、魏博史宪诚、卢龙李载义、义成军李听（李晟之子、李愬十弟）、义武军张璠②八镇大军讨伐李同捷。

细心的读者注意到了，卢龙节度使不仅换了人，而且换了姓。宝历二年（826年）五月到八月间，因为朱克融父子太过残暴，卢龙接连爆发兵变，朱克融一族三百余口被灭门，卢龙兵马使李载义上线。这个李载义可是个传奇人物，他是李唐宗室，其祖先赫然是贞观太子李承乾。所以朝廷也能接受他，当年十月就给了他节钺。

文宗最怕李同捷拉拢河朔三镇和淄青，所以早在下诏前他就给卢龙李载义、成德王庭凑、魏博史宪诚和淄青康志睦加了官。事实

---

① 漤，音萦。
② 璠，音凡。

证明，他很有先见之明，因为李同捷的确也用珍玩、女妓拉拢四镇来着。但李载义的节度使是朝廷给的，正处于对朝廷感恩戴德、好好表现的时候，没有理睬他。淄青康志睦出自神策军系统，天然服从朝廷。魏博史宪诚胆子小，也不敢支持李同捷。

最后，只有一贯桀骜不驯、爱给皇帝添堵的王庭凑站出来挺李同捷。王庭凑是真卖力啊，一再要求文宗授予李同捷节钺。文宗不同意，王庭凑就屯兵魏博边境，吓得史宪诚不敢出兵。他还试图拉拢沙陀朱邪执宜，朱邪执宜没答应。王庭凑干脆直接援助了李同捷一批兵马和粮草。文宗大怒，不顾群臣反对，下诏削除王庭凑官爵，命附近藩镇四面进讨。

太和削藩战争就此打响！

横海方面，大战开始后不久，天平、横海节度使乌重胤就病死于军中。紧接着，新任节度使也在赴任途中逝世。文宗想了想，改任当年李愬从淮西军中发掘的李祐为横海节度使。李愬死后，李祐依旧受到朝廷信用，历任夏绥、泾原节度使。

李祐到任后，对横海的战争才真正打开了局面，而这时已经是太和三年（829年）了。

没错，战争打了快两年了，才刚刚打开局面。是横海军太厉害吗？不，是朝廷没钱！别看受召的藩镇很多，但这些家伙大多是为了借机让朝廷供养他们的军队，毫无责任感和荣誉感可言。军饷到位，他们就慢吞吞地前进，养寇自重；军饷不到位，对不起，打不了，就在原地耗着。可问题是朝廷没钱，军饷总是拖着发，所以这场仗才拖拖拉拉，延宕至今。

二月，在李祐的指挥下，诸道大军总算拿下了德州，进围横海治所——沧州。李同捷穷途末路，只能请降。李祐派大将万洪驻守沧州。但受诏宣慰行营的谏议大夫柏耆为了抢功劳，自将数百骑驰入沧州，杀了万洪，将李同捷一家解送长安。李祐当时已经患病，听说这个消息，还以为文宗怀疑自己，故意指使柏耆这么干的，忧惧万分，病情加重。柏耆又在途中诛杀李同捷一家，上表朝廷说平定横海是他的功劳。

这下将士们不干了，我们打了两年的仗，死了多少人，流了多少血，你才来了几天，就说功劳是你的？各道节度使纷纷上书弹劾柏耆。文宗大怒，将柏耆流窜远边。不久，李祐病死。文宗长叹道："是柏耆害死了李祐呀！"当即下诏赐死柏耆。

一个李同捷都这么难对付，何况王庭凑了？！别看朝廷派来的节度使多，但王庭凑真正有点儿忌惮的只有魏博史宪诚。为了搞乱魏博，他拉拢了魏博大将亓①志绍。亓志绍反水，和史宪诚打起了内战。李同捷覆灭前一月，义成军节度使李听才击溃了亓志绍的部队，解除了史宪诚的威胁。

李同捷覆灭后，王庭凑马上服软。文宗已经打不动了，只得下诏赦免王庭凑。

劫后余生的史宪诚终于转了性，仿效当年的田弘正，要以魏博重新归附朝廷。文宗很满意，以史宪诚为兼侍中、河中节度使，李听兼魏博节度使，分相（今河南安阳和河北邯郸临漳县一带）、卫（今河南新乡卫辉市）、澶（今河南濮阳市区西南）三州单独设镇，以史宪诚之子史孝章为节度使。

如果能收回魏博，这场仗就没白打，可魏博牙兵不干啊！

唐代节度使的官署叫作"牙"，其私人卫队便被称为"牙兵"，又通"衙兵"。各地藩镇都有牙兵，但魏博牙兵可不一样，是牙兵中的牙兵，堪称魏博版神策军。这倒不是因为他们的战斗力强出天际了，

---

① 亓，音齐。

而是因为真正统治魏博的并不是节度使，而正是这群牙兵。魏博牙兵由田承嗣始创，世代传承，彼此通婚，形成了一股庞大的势力。魏博有句谚语："长安天子，魏府牙军。"啥意思呢？就是说能册立魏博节度使的，只有长安的皇帝佬儿和魏博牙兵。魏博每次节度使更迭，几乎都是牙兵的意志。

史宪诚想投诚，牙兵们可不干，魏博归了朝廷，他们就说了不算了，这怎么行？！于是，他们悍然兵变，杀害史宪诚，改立兵马使何进滔为留后。何进滔突袭前来接任的李听，打得义成军"失亡过半，辎重兵械尽弃之"。文宗无计可施，只好任命何进滔为魏博节度使，并征史孝章入朝，又把相、卫、澶三州还给魏博。

太和削藩战争是文宗解决藩镇问题的一次尝试。表面上看，李同捷授首，似乎成功了。实际上文宗是打落牙齿往肚里吞啊，就这么一个小虾米居然用了两三年的时间才摆平。况且，横海虽然款服了，魏博又开始割据了。天下那么多藩镇，按下这个，浮起那个，何年何月才是个头啊？！文宗非常气馁了，直到驾崩前他再未削过藩。

并且，一场科举考试也把他的注意力引向了另一个重大问题。

02. 义士刘蕡[①]

战争期间，太和二年（828年）初，文宗下诏开制举，选拔贤良方正之士。

---

① 蕡，音坟。

闰三月，考官在阅卷时发现了一篇振聋发聩的雄文。策文洋洋洒洒六千余字，虽然也涉及一些其他主题，但主要篇幅直指朝廷目前最大的问题——宦官专权。作者火力全开，以直戳要害的笔触，指出"宫闱将变，社稷将危，天下将倾，海内将乱"，随后系统阐述了宦官专权的严重危害性，要求文宗深刻吸取东汉宦官专权乱政的惨痛教训，断然铲除宦官专权的根基，"揭国权以归相，持兵柄以归将"。

世人何尝不知宦官专权的危害，但没一个人敢公开议论的，更何况是写成策文了?! 此卷一出，考官们都惊呆了，围在一起阅读，读到精彩处时人人垂泪击叹。一查卷子的主人，是敬宗宝历二年（826年）的进士刘蕡。

刘蕡，生卒年不详，字去华，幽州昌平（今北京昌平西沙屯村）人。依属地，他是卢龙人。卢龙人基本上都心向本镇、支持割据，但"博学善属文"的刘蕡三观却立得很正，始终心向朝廷、忧国忧民。他钻研《春秋》，颇有心得，"沉健有谋，浩然有救世志"。

刘蕡对宦官手握兵权、横制海内、外胁群臣、内掣天子的恶行不满久矣。此次制举，他就是要做第一个吃螃蟹的人，言别人所不敢言，写别人所不敢写，警醒朝廷、警醒皇帝、警醒世人。

当然，这就意味着和整个宦官集团公然叫板，将遭到宦官集团的打压迫害。但刘蕡既然敢干，就已经把个人的荣辱乃至生死抛诸脑后了。在策文中，他无比坦诚地写道："臣非不知言发而祸应，计行而身戮，盖所以痛社稷之危，哀生人之困，岂忍姑息时忌，窃陛下一命之宠……今臣之来也，有司或不敢荐臣之言，陛下又无以察臣之心，退必戮于权臣之手……"

因为爆雷，所以爆款，短短数日内，刘蕡的文章就传遍了天下。"士人读其辞，至感慨流涕者。"这在没有网络、没有自媒体的古代是很难想象的。

文宗当然也看到了，尤其看到"奈何以褒近五六人，总天下之大政，外专陛下之命，内窃陛下之权，威慑朝廷，势倾海内。群臣莫敢指其状，天子不得制其心。祸稔萧墙，奸生帷幄。臣恐曹节、侯览，复生于今日矣。此宫闱之所以将变也"这段金句时，他击叹不已。

刘蕡的话戳着他的心了。别人对宦官专权的危害只能做到感同，而文宗是既感同又身受。他和他爹、他哥都是宦官立的，他太爷爷宪宗和哥哥敬宗更是直接死于宦官之手。这帮阉奴俨然成了大唐真正的主人。他对宦官的恨犹如滔滔江水连绵不绝，又如黄河泛滥一发而不可收拾。特别是那个王守澄，纵横宪、穆、敬三代，皇帝倒了他都不倒，祸国殃民尤甚。

刘蕡的文章也提醒了文宗，藩镇之祸虽烈，但目前尚不至于动摇国本，而宦官之祸近在肘腋，直接威胁皇权，这才是心腹大患。攘外须先安内，要想解决藩镇问题，须先解决宦官问题，时不我待！

这时，朝野的舆论已经汹涌起来了！谏官们纷纷上奏，将刘蕡比作汉文帝时的晁错和汉武帝时的董仲舒，请求文宗点刘蕡为状元，并加以重用。

然而，榜单公布后，上榜二十二人中竟无刘蕡的名字！一时间，舆论为之哗然，不仅朝臣们不满，百姓不满，甚至就连上榜的举子们也不满。二十二人中的李郃①愤恨地说："刘蕡下第，我辈登科，实厚颜矣。"并请求朝廷把授给他的官职转授给刘蕡，遭到拒绝。

其实，不是考官们不想点刘蕡，也不是文宗不想点，他们都想点，但他们畏惧宦官集团，不敢点。

策文曝光后，宦官集团也炸了。这时"四贵"的人员组成也发生了变化。太和元年（827年），梁守谦病逝，其右神策军中尉一职由王

---

① 郃，音河。

守澄接任。事关宦官集团发展大计，新"四贵"翕然同声，向文宗施加了巨大压力，陛下决不可重用诬陷忠良的刘蕡呀！文宗目前还不敢和宦官集团决裂，就只能委屈刘蕡了。

因为同学刘蕡，这二十二名进士都成了舆论焦点。朝廷为了收买民心，给他们的安置都不错。除李郃因公开为刘蕡喊冤而被外放为河南府参军外，其余二十一人都留任了京官。这在往届是不可能的，因为根据大唐干部政策，进士及第后都得先去藩镇幕府挂职锻炼，然后才能得到入京任职的机会。

这二十一个人其实都沾了刘蕡的光。其中的裴休、马植、崔慎由三人后来还当了宰相。不过，这些人里头现在知名度最大的可不是这三个宰相，而是杜牧和王式。

德宗二十四年（803年），中唐诗坛迎来了一位大咖级新秀——"小李杜"里的杜牧。

我之前说过，大杜和小杜是同宗，都是西晋学者、名将杜预的后代，大杜是杜预次子的后代，小杜是杜预少子的后代。但除了文采不相上下，以及小杜的爹去世比大杜的爹早以外，其余各项指标，杜牧均优于杜甫。

杜甫的爷爷杜审言虽然文名出众，位列"文章四友"，但最高职务不过就是个五品膳部员外郎，而且末了还被贬官流放越南。杜牧的爷爷则是德宗、顺宗、宪宗三朝宰相、《通典》的作者杜佑，即便后来退休了，皇帝还请老人家每月十五、三十上朝，共商军国大事。杜甫的父亲杜闲只是京兆奉天（今陕西咸阳乾县）县令，而杜牧的父亲杜从郁却是五品驾部员外郎，与杜审言级别相同。

杜甫虽然是京兆杜氏的后裔，但早在他曾祖父那一代就已经移居郑州巩义了。而杜牧就出生在长安，并且他家住在朱雀大街东头的安仁坊，那里是大唐朝顶级权贵们的聚居区。

杜甫折腾了一辈子，最高职务不过是个工部员外郎，括弧，代理的，反括弧，并且还是遥领的。杜牧则并未经历太大坎坷，只被贬官过一次州刺史，终官是五品中书舍人的实职。

　　杜甫唯一比杜牧强的地方是成年以后才丧父，所以他的童年和少年时代过得还不错。而杜牧少年失怙，空有首都豪华地段的大宅子，却只能靠借高利贷维持生活。不几年的工夫，房产全部抵了债，全家断了经济来源，家中的仆人竟然有饿死的。杜牧只得遣散所有仆人，带着母亲和弟妹住进了家庙，靠挖野菜度日。这种困窘的生活过了三年，后来在亲戚们的帮助下，杜牧一家的经济状况才得以改善。

　　他家虽已破败，但祖父却给他们留下了万卷藏书。杜牧后来回忆说："旧第开朱门，长安城中央。第中无一物，万卷书满堂。"为什么是"旧第"呢？因为抵押还贷，早就卖了。其实，万卷藏书何尝不是一笔巨额遗产？而且是祖先留给后代最宝贵的财富。

　　为了出人头地，杜牧和弟弟杜顗[①]读书十分刻苦，杜顗甚至读得眼睛都快瞎了。而且，他们的学习资源太丰富了，"家集二百编，上下驰皇王。多是抚州写，今来五纪强……经书括根本，史书阅兴亡。高摘屈宋艳，浓薰班马香。李杜泛浩浩，韩柳摩苍苍"。在努力和资源的双重加持下，杜氏兄弟年纪轻轻，学识就已经站到了大唐的顶流。

　　20岁左右，钟爱兵法的杜牧就给曹操所定的《孙子》十三篇写了注解，还写了《罪言》《战论》《守论》《原十六卫》等文章论述兵事。23岁，他写出了扛鼎之作——《阿房宫赋》，"今日割五城，明日割十城，然后得一夕安寝。起视四境，而秦兵又至矣"，"秦人不暇自哀，而后人哀之；后人哀之而不鉴之，亦使后人而复哀后人也"，天下传诵。25岁，他写了长篇五言《感怀诗》，追忆了唐朝开国史和唐初的

[①] 顗，音倚。

政治，缅怀开元盛世，历述安史之乱后七十余年间朝廷衰弱、藩镇割据、兵连祸结的历史，表达了深刻的忧国忧民情怀。

什么叫别人家的孩子？喏，这就是！

但杜大才子有个毛病——极其好色，比元稹还好色。元稹只祸害貌美女文青，杜牧则不同，喜欢逛青楼，甭管会不会写诗，只要长得漂亮，扒拉到他碗里就是菜。元稹起码还能维持住风流才子的人设，而杜牧则是两头飞，才名满天下，浪名也满天下。

文宗太和二年（828年）初，26岁的杜牧赴洛阳参加例行的常科科举，以第五名及第。

这里面有一段隐情：科举前，杜牧已经得到牛党元老——太学博士吴武陵（柳宗元《小石潭记》中提到的吴武陵）的背书。当年的主考官名叫崔郾，是吴武陵进士考试时座主[①]崔邠的弟弟。吴武陵亲自登门造访，请崔郾点杜牧为状元，并现场朗诵了杜牧的《阿房宫赋》。崔郾面露难色，说包括状元在内的前四名都被人预定了。吴武陵退而求其次，既然如此，那就让杜牧以第五名及第吧！看崔郾还在犹豫，吴武陵急了，你把其他人写的文章给我看看，如果有比《阿房宫赋》更好的，就当我今天没来过，没说过这个话！崔郾无奈，只好答应。

送走吴武陵后，他回到酒席上，有人问他吴博士来做什么。崔郾说，吴老推荐了一个人为第五名进士。酒客追问是谁。崔郾回答说是一个叫杜牧的。旁边立刻有人接茬，杜牧其人确实才气十足，但他品行不好，喜欢出入烟花场所。崔郾无奈地说，我已经答应吴博士了，哪怕这个杜牧是个屠夫或酒贩，我也只好点他了。到发榜之日，杜牧果然以第五名及第。

这个故事起码说明了三点：第一，杜牧实际上已经入了牛党的圈

---

① 唐宋时，进士称主试官为座主。

子。第二，他生活作风确实不检点，而且不知遮掩，搞得尽人皆知。第三，古代科举的所谓"公平"，大家听听就得了，其实也就那么回事儿。

紧接着，闰三月，杜牧又参加了此次贤良方正能直言极谏制举。

王式的知名度虽然远不及杜牧，但他的政治贡献远远超过了杜牧。宣宗时的安南蛮乱是他平定的，懿宗时的庞勋起义和武宁银刀都乱也是他平定的。王式是一代儒将，堪称裴行俭第二。

唯独苦了刘蕡，不止这一次，他这辈子都不可能中举了，甚至连参加科举的资格都没有了。朝廷是不敢用他了，大多数地方藩镇虽然对他的人品和勇气十分钦佩，但也不敢用他。刘蕡的政治处境和生活处境都很艰难。

后来，牛党的两位大咖——山南东道节度使令狐楚和山南西道节度使牛僧孺先后召刘蕡为幕僚，待如师友。但当时的宦官集团已经通过"甘露之变"完全控制了皇帝，他们继续迫害刘蕡，将刘蕡贬为柳州司户参军。

刘蕡没去柳州，而是带着两个仆人躲入湖南邵阳境内的深山中隐居起来，直到去世。

刘蕡的遭际充分印证了尼采说的那句话："一束光照进铁塔，铁塔里的肮脏龌龊被显现，这束光便有了罪。"

在刘蕡郁郁不得志的余生里，有个好朋友始终与他精神相伴，此人便是"小李杜"里的李商隐。

李商隐的才华就不用我赘述了，同时组了三个组合：与杜牧齐名，并称"小李杜"；与"诗仙"李白、"诗鬼"李贺并称"三李"；又因为与晚唐诗人温庭筠、志怪小说家段成式①（段文昌之子）都在各

---

① 段成式，唐朝著名志怪小说家，代表作短篇小说集《酉阳杂俎》。

自家族中排行十六，故合称"三十六体"。

李家原籍怀州河内（今河南沁阳市），后移居郑州荥阳。关于家族门楣，李商隐不止一次地在诗文中声称他出自陇西李氏，而且和皇族李氏同宗。但他家的谱系并不清晰，不能佐证他的说法，也并未给他带来任何实际的利益。

我们只知道李商隐勉强算是个官宦子弟，他爹名叫李嗣，曾任获嘉（今河南新乡获嘉县）县令。宪宗元和十一年（816年），李嗣可能是因为工作调动，到了浙江。五六年后，他突然病逝。这时李商隐还不到十岁。

李母带着儿子返回老家郑州。由于没了顶梁柱，家里的经济状况急转直下。李商隐作为家中长子，早早就开始打工了，"佣书贩舂"，替别人抄书，倒卖粮食，贴补家用。他本就天资聪颖，"五岁诵经书，七岁弄笔砚"，为了改变命运，读书又极其刻苦。

李商隐和刘蕡是在令狐楚的幕府中结识的。李商隐对刘蕡的人格操守十分欣赏，别人躲刘蕡如同躲瘟疫，唯独他主动与刘蕡结交，还说刘蕡是他的"平生风义兼师友"。在《赠刘司户蕡》中，李商隐写道：

> 江风扬浪动云根，重碇危樯白日昏。
> 已断燕鸿初起势，更惊骚客后归魂。
> 汉廷急诏谁先入，楚路高歌自欲翻。
> 万里相逢欢复泣，凤巢西隔九重门。

宣宗大中年间，刘蕡病逝。从来忧国之士，俱是千古伤心之人。世上有苦难，心中存问题，笔下生风云，惜哉刘蕡！

李商隐大为悲恸，陆续写了好几首诗吊唁刘蕡，如《哭刘蕡》：

上帝深宫闭九阍，巫咸不下问衔冤。

黄陵别后春涛隔，溢浦书来秋雨翻。

只有安仁能作诔，何曾宋玉解招魂？

平生风义兼师友，不敢同君哭寝门。

《哭刘司户蕡》：

路有论冤谪，言皆在中兴。

空闻迁贾谊，不待相孙弘。

江阔惟回首，天高但抚膺。

去年相送地，春雪满黄陵。

刘蕡死后六十余年，昭宗终于铲除了祸国殃民的宦官。左拾遗罗衮上言："蕡当太和时，宦官始炽，因直言策请夺爵土，复扫除之役，遂罹谴逐，身死异土，六十余年，正人义夫切齿饮泣。比陛下幽东内，幸西州，王室几丧。使蕡策早用，则杜渐防萌，逆节可消，宁殷忧多难，远及圣世耶！今天地反正，枉魄愤惋，有望于陛下。"昭宗深以为然，随即追赠刘蕡为右谏议大夫，赐谥号"文节"，封昌平侯，并寻访刘蕡的子孙授以官职。其实都没啥意义了，一来刘蕡已经死了，看不到了；二来唐王朝离完蛋也没几天了。

刘蕡以他大无畏的气节和操守赢得了后世的普遍尊重。千百年来，文人雅士、政治家称赞他的诗文不绝于书。1958年，毛泽东主席在读到《新唐书·刘蕡传》时，题赞道：

千载长天起大云，中唐俊伟有刘蕡。

孤鸿铩羽悲鸣镝，万马齐喑叫一声。

万马齐喑叫一声，毛公可谓识人矣！

03. 牛李党争

　　文宗虽然不敢用刘蕡，但刘蕡的话他听进去了，而且往心里去了。然而，他的运气实在太差了，还没着手对付宦官集团呢，偏偏又掉下来一个大祸患——牛李党争。

　　经过削藩战争和太和制举的教训，文宗深感无人可用，特别是无相可用。他有许多许多想法，但没有好帮手，这些想法落实不下去。

　　太和三年（829年），宰相王播去世。老相国裴度向文宗举荐了浙西观察使李德裕。

　　此时已经是李德裕在浙西的第八个年头了。如果不是李逢吉搞他，他早就是身穿紫袍的宰相了。这一耽搁就是八年，试问人生能有几个八年？你们就说李德裕郁闷不郁闷、生气不生气吧？但郁闷归郁闷、生气归生气，李德裕并未消极沉沦，更没有尸位素餐，他本着为官一任、造福一方的事业心和责任感，用心用情用力地治理浙西。

　　他初到浙西时，正值王国清兵乱之后府库空虚，李德裕厉行节约，压减行政开支，确保将士没有不满情绪，初步稳定了局面。之后的岁月里，他大力教化百姓，一扫浙西民间的陈规陋习。敬宗贪图玩乐，李德裕就写了著名的《丹扆①六箴》劝谏，《宵衣》规劝敬宗要按时上朝，《正服》提醒他要慈爱节俭，《罢献》警示他不要玩物丧志，

---

①扆，音以。

《纳海》要求他从谏如流，《辨邪》劝谏他明辨忠奸，《防微》提示他要居安思危。当然，李德裕写了也白写，敬宗才不会听他的！敬宗要求浙西进奉，李德裕每次都能用大道理挡回去。浙西百姓摊上李德裕，真不知道是几辈子修来的福报。

现在李德裕熬出头了，文宗求贤若渴，他的机会来了。八月，李德裕终于回朝出任兵部侍郎。裴度私下里向他透露，皇帝是准备大用他的。李德裕摩拳擦掌，就等着施展平生所学报效国家了！

可他这一回朝，李宗闵坐不住了。

牛僧孺主动外放，李逢吉被动外放，偏偏李宗闵却能稳坐钓鱼台，岿然不动。这是有原因的：李宗闵不是一条腿走路，在李逢吉之外，他又通过宪宗驸马沈㢱①搭上了新的天线。

这新的天线有两根，一根零线——"四贵"之一的枢密使杨承和，一根火线——女学士宋若宪。文宗能当上皇帝，"四贵"的力挺至关重要。杨承和作为"四贵"之一，在文宗面前说话那是相当好使。至于宋若宪，虽然是个女人，却不是个一般的女人。

宋氏家族是唐朝著名的书香门第，武则天时的大诗人宋之问就出自这个家族。家族基因传承，宋若宪五姐妹小小年纪就已经是名满天下的才女天团。宋若宪排行老四，大姐宋若莘，二姐宋若昭，三姐宋若伦，小妹宋若荀，时人称她们为"五宋"。和那个年代的独立女性一样，五姐妹都是不婚主义者，终身未嫁。

德宗时代，"五宋"被征入宫中，给德宗当文秘。我们知道，德宗喜欢作诗，"五宋"很对他的胃口。每逢德宗与大臣诗词唱和，五宋必定在场。德宗对"五宋"很尊重，不叫名字，称呼"女学士"。

"五宋"入了宫，就再也没有出来。其余四个陆续去世，唯独宋

---

① 㢱，音豪。

若宪从小姐姐熬成了老阿姨，一直活到了文宗朝。别看她不是个官儿，但她距离权力核心太近了，并且侍奉过德宗、顺宗、宪宗、穆宗、敬宗五代帝王，文宗几乎对她言听计从。

有杨承和、宋若宪帮忙，即便李逢吉倒台了，李宗闵也是稳稳的，不仅没受牵连，还获得了兵部侍郎的要职。也就是说，李德裕回朝后和冤家李宗闵成了同事，都在兵部做事，平级，估计还在同一个办公室。无论李德裕，还是李宗闵，其实都很别扭。

王播空出来的相位，李宗闵早就盯上了，死对头李德裕偏在这个节骨眼儿上回来了。据可靠情报，文宗已经对左右表达过任用李德裕为相的念头。李宗闵很着急，赶紧通过宋若宪、杨承和做文宗的思想工作。

这工作做得很到位，李德裕虽然回来了，但眼瞅到手的相位又飞了，换成了李宗闵，并且他又被外放为义成军节度使。

算来这已经是李德裕第二次被截胡了，上次是牛僧孺截的，这次是李宗闵截的。李德裕那个气啊、恨啊，但生米已经煮成了熟饭，他只能咬着后槽牙离京上任。

自长庆制举案后，已经跻身高层的李宗闵、牛僧孺和李德裕就开始明争暗斗了。这些年双方不断扩大势力，各有一伙子兄弟，已经形成了朋党。这次李宗闵截胡太过明显、针对性太强，李德裕一伙儿就不能忍了，发起猛烈反攻。两党的斗争迅速表面化、激烈化。

于是，中唐的另一大巨祸——牛李党争正式开启！

为啥叫牛李党争呢？这是历史研究者按党魁姓氏所做的一个区分，称呼李宗闵、牛僧孺一党为牛党，李德裕一党为李党。这个说法其实并不严谨，因为牛党的一号领袖其实是李宗闵，牛僧孺是二号人物。但总不能叫"李李党争"吧，所以我们依旧采纳"牛李党争"的说法。

其实，历朝历代都有权臣内斗，但发展到结党地步，并且结党的范围特别广、斗争的烈度特别大、持续的时间特别长的只有四次，分别是东汉时的党锢之祸、唐朝时的牛李党争、北宋时的新旧党争和明朝时的东林党阉党之争。

其中，东汉的党锢之争和明朝的东林党阉党之争本质上是朝士和宦官之间的争斗，唯有唐朝的牛李党争和北宋的新旧党争是发生在大臣不同派别之间的党争。四次党争，以牛李党争规模最大、斗争最烈、时间最长，堪称"党争之最"。牛李党争萌芽于宪宗元和制举，发酵于穆宗长庆制举，正式开启于文宗太和年间，前后近四十年。

藩镇、宦官、崇佛，再加上朋党，四祸叠加，这真是唐王朝的大不幸！

04. 两党骨干

接下来，我们了解一下两党的骨干成员。

先说牛党，除了李宗闵和牛僧孺，还有令狐楚、杨嗣复和李珏。

李逢吉当政期间，一直想扶令狐楚，但因李绅阻挠而未果。敬宗上台后，李逢吉扳倒李绅，令狐楚就开始逆袭了，虽然没能回朝任相，但担任的一直都是藩镇节度使这种封疆大吏。文宗即位后，太和二年（828年），令狐楚回朝任户部尚书。

杨嗣复的父亲正是元和制举的主考官杨於陵。当年，李德裕他爸李吉甫检举科举舞弊，导致杨於陵被外放。杨嗣复对李吉甫、李德裕父子本能地怀有仇恨。并且，他和李宗闵、牛僧孺分属同门，都是宪宗朝宰相权德舆的门生。所以，杨嗣复自然就成了牛党的成员。在牛党的帮助下，这时的杨嗣复官居户部侍郎。

令狐楚和杨嗣复是牛党中豪门子弟的代表，李珏则是寒门子弟的代表。他幼年丧父，事母以孝，闻名乡里，靠着出众的才华连登三科，受到了李绛、乌重胤等大佬的瞩目和赏识。入仕后，李珏长期在谏官系统任职，以直言敢谏闻名朝野。穆宗不待见谏官，将他外放为县令。牛僧孺任武昌军节度使后，聘李珏为掌书记。文宗即位后，在牛党的推动下，李珏回朝出任礼部员外郎。

再看李党这边，除了李德裕、元稹、李绅三俊，代表人物还有郑覃、路隋、陈夷行。

郑覃出自荥阳郑氏，父亲是德宗、顺宗时的宰相郑珣瑜。他是李党中最博学的人，对儒家典籍有很精深的研究。长庆制举时，郑覃因为给弟弟郑朗走后门，遭到"三俊"弹劾。但他本人在政见上却是支持李党的，并且在很长的一段时间内，他都是李德裕的得力助手。文宗同样非常喜欢研究典籍，要不然庙号怎么叫文宗呢？他上来后非常欣赏倚重郑覃。所以，当李党被牛党摩擦之际，翰林学士郑覃却能岿然不动，成为李党在朝中的奥援。

路隋的情况和郑覃差不多，也是高干子弟，父亲是前御史中丞路泌，也精通儒家经典。敬宗被弑时，让绛王李悟监国的伪诏就是路隋写的。当然了，路隋完全是被刘克明逼的。文宗喜欢他的文学，也知道他是被逼的，没有清算他，依旧重用，经常召他入宫讲经。并且，路隋其实才是李党中的第一个宰相。太和二年（828年）底，宰相韦处厚因急病去世，文宗就让路隋当了宰相。

陈夷行是李党中进士的代表，早年效力于藩镇幕府，后来在东都洛阳为官。他的特长是历史。所以，这一年在李党的举荐下，文宗将他召到长安，授为起居郎、史馆修撰，参与编修《宪宗实录》。

相比之下,"三俊"的经历就坎坷多了。李绅一直在地方转着圈儿任刺史。李德裕是冲着宰相之位回来的,但当月又被排挤走了。在他走后的第二个月,元稹也回来了。

李德裕在浙西待了八年,元稹在浙东待了六年,真是一对难兄难弟。主政浙东期间,元稹公事私事干得都很不错。公事方面,兴修水利,发展农业,颇有政绩,深得百姓拥戴。私事这块儿,还是忙乎他的老本行——泡妞,抽空又拿下了"四大女诗人"之一的刘采春。凉风有信,秋月无边,亏我思娇的情绪好比度日如年。

江苏淮安人刘采春是江南一带风行的参军戏①名角儿。靠着一张漂亮的脸蛋儿和一副好嗓子,她和丈夫、大伯子组成了一个家庭戏班,四处走穴演出,取得了巨大成功。据载,彼时吴越一带,只要刘采春的曲子响起,"闺妇、行人莫不涟泣",可见其流行程度和影响力。

《全唐诗》记载了她的代表作《啰唝②曲》(又名《望夫歌》)六首。其中,最著名的是第一首:

不喜秦淮水,生憎江上船。
载儿夫婿去,经岁又经年。

照薛涛的水平是差点儿意思,但也很不错了。

元稹赴任浙东后,刚巧赶上刘采春到绍兴演出。刘采春几曲歌罢,就征服了元大才子。但元大才子一出手,刘采春也被征服了。元稹有个特点:一谈恋爱就给对方写诗。当年他在西川泡薛涛时,写了《寄赠薛涛》,现在又写了《赠刘采春》:

---

① 参军戏是中国古代戏曲形式,内容以滑稽调笑为主。
② 啰唝,音罗哄。

新妆巧样画双蛾，谩裹常州透额罗。
正面偷匀光滑笏，缓行轻踏破纹波。
言辞雅措风流足，举止低回秀媚多。
更有恼人肠断处，选词能唱望夫歌。

刘采春之才虽不及薛涛，但颜值可比薛涛高多了。元稹自个儿也说："（刘采春）诗才虽不如涛，但容貌佚丽，非涛所能比也。"元稹在浙东待了六年，刘采春就和他维持了六年不清不楚的关系。两人的风流韵事，浙东尽人皆知。一次，元稹宴请下属，即兴赋诗："因循未归得，不是忆鲈鱼。"有部下开他玩笑："丞相虽不为鲈鱼，为好镜湖春色耳！"暗戳戳地影射刘采春。元稹不以为忤，开怀大笑。

"唐代四大女诗人"，元稹占了一半！

元稹此次回朝，任尚书左丞。但当时李宗闵已经当上了宰相，李德裕都被踢走了，元稹回来的不是时候。他挺了两三个月，在太和四年正月也被踢走了，到武昌军任节度使。有人问了，那原节度使牛僧孺去哪儿了呢？

有好兄弟李宗闵帮忙，人家回朝当宰相了。

调任作别采春，回京又遭贬黜，情场官场的双重失意终于将元稹击倒了。病重期间，他还写了一首《寄乐天》给白居易：

无身尚拟魂相就，身在那无梦往还。
直到他生亦相觅，不能空记树中环。

太和五年（831年）七月二十三日，一代才子元稹病逝于武昌，年53岁。

新乐府三剑客，以元稹最为年少，但他却是最早去世的。这固然与他经历的坎坷太多有关，但年轻气盛、心胸不够豁达也是一个重要原因。

元白虽然分属两党，在政治上有分歧，但他们的私交并未受到任何影响。

元稹出贬江陵参军的第二年，白居易的母亲不慎坠井而亡，那时的白居易还只是一个小小的京兆府户部参军，工资微薄，生活困苦。尽管元稹自己也不宽裕，但他一次次地给好兄弟寄钱寄物。白居易自己在诗文中说过，元稹前前后后一共给了他二十万钱。若非情义深重，谁能干出这种事儿?!

元稹出使东川期间，一日，白居易和好友同游慈恩寺，席间猛然想起元稹，即兴写下了《同李十一醉忆元九》：

花时同醉破春愁，醉折花枝作酒筹。
忽忆故人天际去，计程今日到梁州。

好巧不巧，就在同一天，元稹因为思念老白，也写了一首《梁州梦》：

梦君同绕曲江头，也向慈恩院院游。
亭吏呼人排去马，忽惊身在古梁州。

这种量子纠缠、心灵感应简直达到了令人匪夷所思的地步！

白居易出贬江州司马，当时元稹正生着大病呢，听说老白受贬，他比自己受贬还难受，写了《闻乐天授江州司马》：

残灯无焰影幢幢，此夕闻君谪九江。

> 垂死病中惊坐起，暗风吹雨入寒窗。

病重期间仍喜悦着你的喜悦，悲伤着你的悲伤，这才是真正的朋友！

元稹出贬江陵参军，白居易出贬江州司马，两人不仅诗词频繁往来，互相鼓励和慰藉，还互赠衣物。有一天，元稹收到白居易的书信，欣喜欲狂，写下了《得乐天书》：

> 远信入门先有泪，妻惊女哭问何如。
> 寻常不省曾如此，应是江州司马书。

如白居易所说，两人终其一生都是"文友诗敌"。白居易有诗写道：

> 君写我诗盈寺壁，我题君句满屏风。
> 与君相遇知何处，两叶浮萍大海中。

在《赠元稹》中，他近乎基情满满地"表白"：

> 自我从宦游，七年在长安。
> 所得惟元君，乃知定交难。
> 岂无山上苗，径寸无岁寒。
> 岂无要津水，咫尺有波澜。
> 之子异于是，久处誓不渝。
> 无波古井水，有节秋竹竿。
> 一为同心友，三及芳岁阑。

> 花下鞍马游，雪中杯酒欢。
> 衡门相逢迎，不具带与冠。
> 春风日高睡，秋月夜深看。
> 不为同登科，不为同署官。
> 所合在方寸，心源无异端。

元、白齐名，如今世间再无元九，只剩一白。白居易当仁不让地给挚友写了墓志铭：

> 呜呼微之！年过知命，不谓之夭。位兼将相，不谓之少。然未康吾民，未尽吾道。在公之心，则为不了。嗟哉惜哉！道广而俗隘，时矣夫！心长而运短，命矣夫！呜呼微之，已矣夫！

他还高度评价了元稹的诗作水平：

> 尤工诗，在翰林时，穆宗前后索诗数百篇，命左右讽咏，宫中呼为"元才子"，自六宫、两都、八方，至南蛮东夷国，皆写传之。每一章一句出，无胫而走，疾于珠玉。

虽然为了私利曾经阻挠过裴度，但总的来看，元稹的官品还是值得肯定的。刘禹锡评价他品行高洁如竹，韩愈称赞他是为民请命的直言君子。他虽然一生四遭贬黜，但在每一地都有政绩，干了不少利国利民的实事儿。私生活方面，元稹确实风流了一些，这算是个瑕疵。

不过，从古至今有一点是共同的：从来没有人质疑过元稹的才华！

05. 两党分歧

牛李党争，既有私人恩怨的因素，也有政见不同的原因。他们在政见上的矛盾主要体现在三个方面：

首先是对科举的态度不同。

牛党中人基本上是寒门子弟，或是没落贵族，或是平民子弟，大多是通过科举考试上来的，因此十分看重科举。而李党以高官子弟为主，大多通过门荫入仕，对科举普遍持批判甚至否定态度，觉得进士就是小镇做题家。

科举制度是古代一种先进的选官制度。这么看的话，牛党似乎是进步势力，而李党则是保守势力。实则不然，我在前文中也说过，科举发展到中唐已经严重变质了，主要体现在以下三个方面：

一是公平性越来越低。唐初的科举虽然录取名额较少，但的确给有真才实学的寒门子弟提供了一条入仕途径。不过，这种公平是小范围的公平，仅限于寒士圈里头。因为那时的唐代社会还是贵族社会，主流的入仕途径仍然是门荫，豪门望族是不屑于自贬身价，跑到科举的赛道上和寒士们竞争的。但后来随着科举成为选拔官员的主要方式，豪门望族就一窝蜂地扎了过来。他们一过来，寒士们就得立正稍息向后转了。从玄宗时起，进士队伍里的寒门子弟几乎绝迹，科举的公平性已经下降到了海平面以下。

二是科考内容浮华，不能经世致用。科举主要考道德文章，看你儒家典籍掌握得扎实不扎实，能不能写出头头是道的大道理。但大道理终归只是大道理，能不能将大道理付诸实践并取得善果，这才是最重要的。显然，科举不考这个，也考不了。和今天的应试教育一样，高分选手未必就是实干达人,学和用有时成了两张皮。所以,李德裕批评进士科"祖尚浮华,不根艺实"。郑覃也说:"此科率多轻薄,南北朝多用文华,所以不治。"这都是有一定道理的。

三是科举已经沦为朝臣拉帮结派的平台。已经功成名就、当了大官的老师,当然会在阅卷时照顾自己的学生。比如,牛党三大党魁——牛僧孺、李宗闵、杨嗣复——都是宰相权德舆的门生。另外,三巨头之所以抱团,还因为他们是同科进士。导师帮扶学生,学长提携学弟,同学之间互助,形成了一个个利益圈子。中唐时,科举已经成为主要的选官途径。所以,注重通过科举拉拢新人的牛党,势力就扩展得比李党快。

李党其实是想取缔进士科的,但办不到。一来找不到一种更公平的选官方式来取代科举。二来科举已经实行快两百年了,不是说取消就能取消的。三来科举毕竟是向所有人开放的,寒门能考,你豪门也能考,只要考得上。所以,谁想取消科举,那就是逆历史潮流而动。但是,不能取消不代表不能改革。李党中人主要呼吁的还是改革科举,比如李德裕就曾建议进士科考议论文,不考诗赋。

另外,李党看不上进士科,并不代表他们不加区别地排斥所有进士,他们只是更喜欢政见和他们相同且有实际才能的进士。李党的很多头面人物也都是进士,比如元稹、李绅、陈夷行、李回、李让夷。

其次,两党对藩镇的态度不同。

李党主张削藩以加强中央集权,所以他们的态度是:除了削不动的河朔三镇,其他藩镇胆敢不遵朝廷号令,必削之。而牛党则主张姑息藩镇,只要藩镇还认朝廷、认皇帝,不搞扩张和叛乱,他们愿意咋地就咋地,朝廷不要管。

在这个问题上,李党才是进步的,而牛党则是保守的。因为藩镇绝不会静止不动,要么就是横向上求利益,比如搞扩张啊、闹独立啊；要么就是纵向上求利益，父死子继、兄终弟及、搞世袭传承那一套。如果听之任之、坐视不理，时间久了，势必危及大唐江山。所以，对于不听话的藩镇，必须得削，关键在于会不会削。

最后，两党对外蕃的态度也不同。李党主张对外蕃强硬，要克复河湟，要收复安西北庭，重现盛世辉煌。而牛党则说，想想得了，自家的日子能过明白就不错了，还想和外蕃较劲？别折腾了，折腾不起。

关于这一点，我的看法是：就理论而言，李党肯定没错，一心求治，想实现国家复兴，这初心绝对是"伟光正"的；但就现实而言，我比较支持牛党的主张，大唐四祸叠加、重疾缠身，在这种情况下实在不宜主动向外出击，自找麻烦。

以上就是牛李二党在政见方面的分歧。

问题特别多的小明又问了，你是不是把他们对宦官的态度给漏了？谢谢，我还没有老年痴呆，没有漏，之所以不提，是因为两党对宦官的态度还真没有根本性的不同。

实际上，当时朝中最强大的政治势力既不是牛党，也不是李党，而是宦官集团。朝臣只掌握部分政权，而宦官既部分掌握政权，又完全掌握军权。牛党和李党都不敢动宦官的利益蛋糕，时不时还要和宦官合作，借助人家的力量，只不过他们依附的是宦官中的不同派别而已。

综上，我们不能简单地用进步和保守区分两党，也不能简单地说牛党代表庶族、李党代表士族，将两党斗争简单等同于士庶斗争、进步与保守之争。我认为，更准确的说法应该是这样的：李党是理想主义者，想改革弊政，实现复兴；而牛党则是现实主义者，他们知道理想虽然丰满，现实却很骨感，把这骨感的现实维系住，稍稍能丰腴一点，就已经很不错了，再进一步就是奢望了。一句话，李党求变，牛党求稳，这是他们的显著区别。

当然了，牛李二党不像现代政党有明确的党章和纲领，他们两家斗，政见不同只是次要原因，主要的还是私人恩怨。牛李党争的根子就是李吉甫、李德裕父子和牛僧孺、李宗闵哥儿俩的个人恩怨。

两党中人，随便拎一个出来都是能人，办点事儿肯定差不了。但把他们放到一起，就跟狗咬狗似的，只剩下掐了。身为国家大臣，他们拆台完全不讲原则，不看是否有利于国家、是否有利于皇帝、是否有利于人民，只看"两个凡是"：凡是对方肯定的，我们坚决否定；凡是对方否定的，我们坚决肯定。可能最开始的时候，他们还有一点政见之争，但等到双方都斗红了眼的时候，已无明显的政见不同，只剩下刻骨的仇恨了。

说到底，牛李党争的本质就是权力之争。双方围绕着权力压跷跷板，你上来我下去，我上来你下去。当时的朝士绝大部分都是二党中人，因为不是二党中人，你很难上来。每次权力轮换，得胜的一方都要把失败的一方赶出去，朝堂往往要为之半空。又因为得胜的一方势必会推翻失败一方的主张，所以朝廷很难有稳定的政策，总是变来变去。这种摇摆不定耽误了很多国家大事，这是党争最根本的危害。

06. 王嵯巅入侵

国内牛李党争初露端倪，国外和南诏又闹崩了！

"点苍会盟"后的三十年里，南诏和唐朝的关系比较稳，但它的内部不太稳定，南诏王换得那叫一个勤。

元和三年（808年）七月，异牟寻病死，其子寻阁劝继位。寻阁劝在位仅一年多，于元和四年（809年）十一月病死。随后，他的长子劝龙晟即位。劝龙晟是南诏第一个昏君,荒淫残暴,不修德政。于是,元和十一年(816年),南诏的大军头——弄栋节度使王嵯[①]巅就把他杀了,改立他弟弟劝利晟。

没错,南诏学习唐朝,也确立了节度使制度,将全国分为六镇,各设一名节度使。弄栋就是今云南楚雄地区,时任节度使王嵯巅是军中头号大军头。顺便说一句,如今大理的崇圣寺就是这个王嵯巅主持修建的。

劝利晟对王嵯巅感恩戴德,尊称他为"大容",南诏语"哥哥"的意思,并赐王嵯巅国姓蒙氏。王嵯巅大权独揽,实际上已经是南诏的摄政王了。

穆宗长庆三年(823年),劝利晟也死了,王嵯巅又立了他弟弟劝丰祐。同年,宰相杜元颖出任西川节度使。

虽然还挂着宰相衔,但杜元颖其实是被贬了。穆宗觉得长庆削藩之所以削成那个屁样,与他无关,都是宰相无能,所以把杜元颖踢走了。杜元颖可不想在边疆待着,一心想回朝,他知道穆宗爱钱、爱奇珍异宝,到任后就巧立名目盘剥西川百姓,甚至把手伸向了军队,克扣、挪用军饷。

西川军吃不饱穿不暖,又不敢造反,就频频闯入南诏境内抢掠。杜元颖只知搞钱哄穆宗开心,对边军也不加约束。终于,王嵯巅被激怒了。

报复是一定的,但什么时间报复、以怎样的方式报复、报复到什么程度,这就要看政治智慧了。王嵯巅显然具有高超的政治智慧。

以前,西川军入境抢掠,南诏边民肯定要躲藏,实在躲不过就组织一下小规模的对抗。现在变了,王嵯巅让他们热情接待西川军,你

[①] 嵯,音矬。

们别抢了，想要啥，说，我们给你。妖是妖他妈生的，人是人他妈生的，一来二去，搞得西川军很不好意思，没有体验到抢掠的快感，却体验到了白拿的负罪感。结果嘞，很多西川军将和南诏人处成了好哥儿们。好朋友当然是无话不谈的，于是王嵯巅就间接掌握了很多情报，逐渐摸清了西川方方面面的情况。

经过三年多的精心准备，太和三年（829年），王嵯巅出手了，而且一出手就是王炸，尽起精兵强将，直扑西川。

边军在第一时间就将南诏入寇的消息报告给了成都的杜元颖。但杜元颖根本不信，胡扯，"点苍会盟"白搞的啊？南诏怎么敢主动发起对大唐的战争，这一定是他们那边的零星队伍私自入境劫掠而已，不足挂齿。

但现实大大出乎他的预料，南诏军长驱直入，接连攻陷巂（今西昌）、戎（今宜宾）、邛（今邛崃）三州。杜元颖并不知道，来的可是南诏正规主力部队，并且有西川边军给他们当向导，熟知蜀中虚实，所以进展才如此神速。

这下别说杜元颖坐不住了，连长安城里的文宗都坐不住了，一面下诏将杜元颖贬官，以东川节度使郭钊兼领西川节度使，一面任命淮西名将、右领军大将军董重质为神策、诸道西川行营节度使，征调东川、河东、凤翔兵马驰援西川。

援军还在路上，王嵯巅的大军就已经打到了成都城下，围住城池日夜攻打。同时，他还分兵进攻东川。东川兵微将寡，郭钊无力一战，便修书质问王嵯巅。王嵯巅回复得很有水平，说西川军总是侵扰南诏，我这次行动只是为了报复杜元颖，然后就让攻打东川的南诏军撤退了。显然，王嵯巅并没有蠢到要与唐朝打全面战争。

杜元颖挡不住王嵯巅，但成都城却可以，毕竟是西南重镇，城池高大坚固，粮食武器储备得够够的。眼瞅着唐朝援军就要到了，王嵯巅便撤走了。但临走的时候，南诏军可是狠狠地劫掠了一番，"成都以南，越嶲以北，八百里之内，民畜皆空"。行至大渡河时，王嵯巅对被俘的西川人说："此南吾境也，听汝哭别乡国。"过了这条河，就到我们南诏了。你们作别乡国，可以哭了。此人真是个狠茬，杀人还诛心。很多被俘的西川人不愿流落异国他乡，纷纷跳江，流尸塞江而下，惨不忍睹。

最后，仍有六千人被俘虏到了南诏。这六千人大多是一些能工巧匠和青年男女。这些匠人将唐朝先进的制造工艺带到了南诏，极大地提高了南诏的生产力水平，"自是南诏工巧埒^①于蜀中"。至于被俘的青年男女，一小部分被王嵯巅献给了吐蕃赞普，大部分都成了南诏权贵的奴隶和玩物。

南诏已经退了，唐军还要追击吗？文宗没有下令追击，如果追击，就意味着两国要打全面战争了，他倒不是怕南诏，他是怕南诏重新倒向吐蕃。文宗还派人去安抚王嵯巅，没错，不是质问，而是安抚。至于六千被俘百姓的生死荣辱，朝廷一个字儿都没问。

王嵯巅随后遣使上表，对此次入寇做出了解释："蛮比修职贡，岂敢犯边，正以杜元颖不恤军士，怨苦元颖，竞为乡导，祈我此行以诛虐帅。诛之不遂，无以慰蜀士之心，愿陛下诛之。"我们南诏一向按时进贡，本不敢犯边。奈何杜元颖不体恤西川边军，边军怨恨他的暴政，争着抢着要给我当向导，祈求我出兵干掉他。可惜我没有达到目的，没法抚慰西川军民的心，希望陛下你能干掉他！

这话虽然说得巧，但很无赖，杜元颖再浑，西川军民再苦，那也是唐朝内政，用得着你一个外人插手?！文宗不好发飙，把气儿撒到杜元颖头上，将其贬到广东惠州当司马去了。同时，他召回了赶赴西

---

① 埒，音列。

川的援军。

此时，郭钊已经到成都上任了，遵照文宗的指示，他重新与王嵯巅进行了谈判。双方达成了一致，"点苍会盟"的大底线不能破，从此互不侵扰。

由于双方的小心避免，一场危机总算化解。但南诏此次入侵，却在唐廷内部引起了连锁反应。三川中的另一川——山南西道出事了。

时任山南西道节度使是宪宗朝名相李绛。文宗上台后，对这位老同志还是很认可的，也加以了重用。太和二年（828年），李绛出任山南西道节度使。

王嵯巅入侵时，李绛奉诏救援西川。山南西道是个内地藩镇，常年没有战乱，所以军队编制员额很少，不够用。李绛就临时招募了一千名新兵。可他们刚走到半路，南诏军已经退了，朝廷又让他们返回。哎，这一千人白招了！作为一个听命于朝廷的藩镇，编制员额那是有严格规定的，这些人不能入编，只能遣散。

所以，太和四年（830年）二月十日，李绛就召集这些新兵开会，说根据朝廷诏令只能解散他们，但依照惯例还会发给粮饷。其实很公平，但新兵们想当兵吃皇粮的愿望落空了，都怏怏而退。

本来呢，事情到这里就算解决了。可是，监军宦官杨叔元恼怒李绛不奉敬自己。李绛好歹也是前宰相，当过文官的头儿，又是那么耿直的一个人，怎么可能会去贴他?！杨叔元趁机煽动新兵作乱，杀了李绛一家。事后，他还把屎盆子往李绛脑袋上扣，说李绛是因为勒索新兵才被干死的。

朝中的正直之臣纷纷为李绛喊冤。很快，事实就调查清楚了。文宗追赠李绛为司徒，并赐其家属布帛三千段、米粟二百石。新任节度使温造诛杀乱兵八百余人，将手刃李绛的人剁为肉酱。别看温造下手那么狠，他可不敢动杨叔元半根毫毛。杨叔元罪大恶极，但因为有王守澄等"四贵"作保，也不过就是流放广东德庆而已。

可叹李绛一代贤相，为奸人所害，而且是被白白害死了。

07. 独立朝士

文宗对李宗闵和牛僧孺抱有很大的期望，但期望越高，失望就越大。这两人大权在握，想的不是怎么辅佐君王、中兴唐室，却专以排斥异己为能事，逮着朝中李党人士喊里咔嚓一顿收拾。

结果嘞，李党人士陆续出贬，就只剩下给文宗讲经的郑覃和路隋了。牛党不甘心啊，虽然赶不走郑覃，但还是想办法拿掉了他的翰林学士。可他们忘了人家郑覃是有专业的，典籍研究大咖。文宗偏偏就好这一口，一日不见郑覃，如隔三秋。没过多久，郑覃又当回了翰林学士。

李宗闵还以德报怨，极力排挤四朝元老裴度，只因裴度一再亲善、帮助李德裕，李宗闵就将人家当年的提携之恩忘得一干二净。裴度受不了了，这么多年他尽被排挤，想过几天安生日子，一再申请辞职、外放。太和四年（830年）九月，他总算如愿以偿，离京出任山南东道节度使。

经过这拨操作，牛党全面上台，他们是高兴了，可文宗不高兴了！紧接着，牛党又办砸了一件事，彻底激怒了文宗。

太和五年（831年）正月，卢龙又爆发了军乱。兵马副使杨志诚驱逐了节度使李载义父子。

文宗想管，召集宰相们想办法。可牛僧孺却说："自安史之乱以来，卢龙其实就已经非朝廷所有了。当年刘总不过是暂时献出卢龙。结果呢，朝廷白白花费了八十万缗，末了也没能保住卢龙。现在杨志诚得了卢龙，就好比当年李载义得了一样。所以，陛下，算了吧，只要卢龙还能守卫北疆，谁当家无所谓！"牛党分子随声附和。

文宗只得作罢，征李载义入京，授任杨志诚为卢龙留后。三个月后，又在同一天分别任命李载义为山南西道节度使，杨志诚为卢龙节度使。

杨志诚立刻抖了起来，不仅刨了李载义的祖坟，还扣押朝廷使节，向文宗索要仆射的职务。这给文宗气的，想削他，但李宗闵、牛僧孺两大宰相坚决反对，务求姑息。文宗还能咋办，只能选择原谅杨志诚啊！

杨志诚狂了两年，不狂了，因为他也被驱逐了，只能如丧家犬般逃往长安。路过太原时，河东节度使把他截住了，呼天抢地地要杀他。这位节度使正是李载义。也就两年的工夫，风水就轮转成这样，杨志诚你当初真是何必呢？杨志诚好歹是朝廷命官，李载义没敢杀他，但却杀了杨志诚的家属和随从，并奏请文宗赐死杨志诚。文宗没同意。不久后，卢龙新留后史元忠把杨志诚做的两套龙袍送到长安。这下文宗不淡定了，赐死了杨志诚。

经此一事，文宗对牛党大为不满。他想解决藩镇问题和宦官问题，首当其冲的是宦官问题，可牛党姑息藩镇、勾结宦官，无法依靠。李党倒是主张削藩，只是如果把他们召回来，他们就会和牛党斗。牛党不能用，李党不能用，还能用谁呢？

文宗觉得，宋申锡似乎是一个值得信赖的人。

湖南郴州人宋申锡身上有三个标签：第一个，从寒门子弟一路逆袭成礼部员外郎、翰林学士，有真才实学；第二个，独立朝士，不站队，不搭天线，与牛李二党、宦官都保持着距离；第三个，好人，正直，清廉。

以上三点随便做到一点都很难，而宋申锡三者俱全，俨然是朝中的一股清流。文宗要除掉宦官集团，既不能靠牛党，也不想靠李党，就想着这个老宋能不能靠一下。他试探性地和宋申锡交流了一下这个想法。

哎，万万没想到啊，这个看着老实巴交的宋申锡胆子却很大，立即表态支持。文宗就更来劲了，于太和四年（830年）七月提拔宋申锡为宰相，让他暗中筹划，找一些可靠的人，重点绝不能是牛李二党中人，设法铲除王守澄一党。

宋申锡看中了吏部侍郎王璠。王璠是元和年间的进士，入仕后傍上了李逢吉，一路做到御史中丞。李逢吉倒台后，他跟着吃了挂落，被外放为河南尹。文宗上台，他才又回到朝中任吏部侍郎。但这时朝廷已经是牛党的天下了，他不是人家那伙儿的，只能夹起尾巴做人。

宋申锡看中的就是他和两党、宦官都没掺和，根底清白。为了拉拢王璠，宋申锡先给了他一个甜枣，说服文宗任命王璠为京兆尹。王璠突然被升官，还是这么重要的官职，都蒙了，得知是宰相宋申锡帮的忙，颠儿颠儿地跑来感谢。宋申锡看他很上道，和盘托出了铲除宦官的计划。王璠慷慨陈词，誓言要为国除奸，把个宋申锡感动得要要的。宋申锡要他设法逮捕王守澄的谋主郑注。

然而，王璠出来后就换了一张脸。没错，他是需要一部天梯，但不是暗弱的文宗，更不是愚直的宋申锡，这两人不行！对朝中的形势，王璠看得很清楚，最有实权的是王守澄这些宦官，人家掌控着神策军呢，皇帝和宋申锡想除掉宦官，纯属痴心妄想，跟着他们瞎搞那就是活腻了！哎，何不就拿他们当投名状呢，正好搭上王守澄这根天线。

于是，他马上写了一封堂帖，派人偷偷送给王守澄，将宋申锡的计划和盘托出。王守澄大惊，好你个老宋，平时蔫不出蔫不出的，没想到憋着坏要弄我们。但知道归知道，光靠王璠一张嘴，口说无凭的，也定不了宋申锡的罪，更没法先发制人啊！

王守澄没办法，但他的谋主郑注有。

08. 宋申锡事件

和宋申锡一样，郑注也是平民出身，而且先天条件比宋申锡还差，家穷、人丑，占全了。但郑注有专业，懂医术，确实也有两把刷子。不过，有专业其实算不得什么，毕竟大唐朝的郎中海了去了。郑注真正厉害的是口才，甭管遇到什么层次、什么段位的人，只要他一张嘴，就没有搞不定的。

他的上位史相当传奇。

宪宗元和十三年（818年），江湖郎中郑注游历到了山南东道治所襄阳。时任节度使正是去年雪夜破蔡州的李愬。李愬患有严重的肌肉萎缩，常年不愈，痛苦不堪。郑注听说后登门自荐，说他能治。这时的李愬死马权当活马医了，就让他治。郑注出了个偏方，用黄金煮水，让李愬每次喝上一刀圭[①]。哎，李愬吃了，疼痛果然大为缓解。看来李大将军体内缺贵金属啊！李愬视郑注为扁鹊再生、华佗在世，就留他在府中效力了。

随着交流的深入，李愬惊奇地发现郑注对政治居然也很通，"与愬筹谋，未尝不中其意"，就试着让他协助料理军政事务。郑注华丽

[①] 刀圭，中药的量器名。

转身，从此由医学界进入政界。

当年七月，朝廷讨伐淄青李师道，宪宗调李愬任武宁军节度使。于是，郑注又跟着李愬来到了徐州。这时的他已经是李愬的左膀右臂了，凡军政之事李愬都与他参决。一个不入流的江湖郎中居然这么得节度使的信任和重用，这自然引起了其他人的不满。

别人不敢对着李愬编派郑注，但武宁监军敢。这位监军宦官正是王守澄。王守澄对李愬说郑注是个小人，要干掉他。李愬反过来做他的思想工作，说郑注可是国士无双，天下难得。王守澄不服，李愬就让郑注去拜见他。

人都上门了，碍于李愬的面子，王守澄只能硬着头皮接见。总得唠两句吧，哎，这一唠就坏了！郑注"机辩纵横"，嘴像马克沁一样疯狂输出，给王守澄谈得耍耍的。第二天，王守澄颠儿颠儿地跑去见李愬："你说得对，郑注确实是奇才啊！"

同时得到节度使和监军这两大巨头的赏识，郑注更牛气了！

元和十五年（820年），宪宗去世前夕，王守澄从徐州调回宫中。临走前，他问李愬能不能割爱，把郑注给他。李愬同意，郑注当然也同意。然后，郑注就跟着王守澄进了京。

后来的事情大家都知道了，王守澄跟着梁守谦、陈弘志等人干掉宪宗和吐突承璀，拥立了穆宗，跻身"四贵"。

王守澄对郑注倚为肱骨，"言必通夕"，并极力提携郑注。到文宗即位时，王守澄充任右神策军中尉，而郑注已经官至昭义节度副使。在唐朝，一个草根能做到藩镇副职，这已经是秒杀千万人的成就了。任何事儿，只要郑注跟王守澄打个招呼，就没有不成的。郑注也充分利用了自己的权力和影响力，卖官射利，贪赃违法，贿赂公行，毫不避讳。"达僚权臣，争凑其门。"

王守澄不知如何反制宋申锡，问计于郑注。郑注当然有办法。

太和五年（831年）二月，王守澄指使神策军的一个都虞候检举宋申锡图谋不轨，阴谋拥立文宗的亲弟弟漳王李凑为帝。

　　这当然是瞎掰，宋申锡和漳王既无谋反之意，更无串联之实。但他们的想法不重要，事实其实也不重要，重要的是这个罪名确实捅到文宗腰眼儿上了，让他既震惊，又狐疑满腹。

　　王守澄奏请派兵屠灭宋申锡一家。哦，我的皇帝呀，只要您言语一声，咱家就灭了他满门。这时，飞龙使马存亮站出来说话了。没错，当年救了敬宗一命的贤宦马存亮已经从淮南回来了。马存亮打心眼儿里不相信宋申锡会谋反，但文宗正在气头上，他只能用大局来劝说文宗："这么做的话，社会影响不好，京城会大乱。我建议陛下和宰相们商量一下。"文宗觉得有道理，立即召宰相们前来议事。

　　宋申锡、路隋、李宗闵、牛僧孺等四相正要起身入宫，中使却说："对不起，宋相不在召见之列！"其余三相大惊失色，都是老江湖了，"沉没成本不参与重大决策"，一听就知道老宋出事儿了。当然，最震惊的还是宋申锡，他已经猜到了七八分，但事到如今又能怎样呢，只是用笏板用力地敲了一下头，就回家了。这班不上了，不用上了！

　　三相见了文宗，文宗把状纸拿给他们看。三相"相顾愕眙①"，老宋的品行那可是杠杠的，他怎么可能谋反，明显是构陷嘛！可文宗已经深信不疑了，直接问三人该如何处置漳王和宋申锡。三相不约而同地当起了徐庶，一言不发。有时，不表态其实就是表态了。文宗无所谓啊，立即命令王守澄抓捕漳王的贴身宦官晏敬则和宋申锡的侍从王师文。

　　晏敬则被抓，王师文出逃。宋申锡每天坐在家里，静静等候自己的命运。进入三月，对他的初步处置到了，罢相，降为太子右庶子。

————————

　　① 眙，音移。

谁都知道宋申锡是冤枉的，但没人敢为他喊冤。只有新任京兆尹崔琯和大理寺卿王正雅接连上书，要求由外朝而非内廷审讯晏敬则。但为时已晚，晏敬则受不了刑讯，指认宋申锡派王师文联络漳王，商议谋反。

文宗再次召集会议，研究如何处置漳王、宋申锡一党。这次是个扩大会议，扩大到了宰相以下的所有中层官员。没想到，相当一部分官员一致要求由外朝重审晏敬则。说到底，大家都不相信漳王和宋申锡会谋反。

深信不疑的只有一个文宗，挥手让中层官员们退下："吾已与大臣议之矣。"其实，人家李宗闵、牛僧孺、路隋根本就没表态。但大家不肯退下。左散骑常侍崔玄亮泣诉："杀一个平民都要慎之又慎，何况是宰相呢？"终于，牛僧孺说话了："人臣不过宰相，宋申锡已经是宰相了，他造反图个啥？老宋肯定不会造反的！"

这就很尴尬了，好比一场拔河比赛，文宗这边只有他和王守澄，对面是朝中几乎所有的中高层官员。文宗耍赖，今天不拔了，改天再说。

依着王守澄的意思，还要继续硬推，非把宋申锡搞死不可。但郑注觉得形势不对，朝臣们一边倒地质疑和反对，万一皇帝顶不住压力，真让外朝重审晏敬则，纸就包不住火了。所以，他劝王守澄适时收手，别搞死老宋，流放远边也算达到目的了！王守澄只好假惺惺地劝说文宗宽大为怀，从轻处理漳王和宋申锡。

最终，漳王被贬为巢县（今安徽合肥巢湖市）公，宋申锡被贬为开州（今重庆开州区）司马，终生禁止量移。有司抄没宋申锡家产，金银财宝没找着，却找到了一大堆他拒绝纳贿的书信。

但最惨的还不是他俩,而是漳王的傅姆[①]杜秋娘。杜秋娘其人我在《藩镇铁幕》里讲过,她本是叛臣、原镇海军节度使李锜的女人,后来成了宪宗的秋妃。穆宗上台后,对杜秋娘非常尊重,还让她给儿子漳王李凑当了养母。敬宗死后,继任的文宗又是漳王的亲哥哥。如果不出意外的话,杜秋娘将会舒舒服服地在长安度过她剩余的人生。可现在她却被养子牵连了,一夜之间就从唐宫名媛变回了平头老百姓,啥待遇都没了。她在长安又没有住所,只能回老家金陵(今南京)了。

马存亮随即请求致仕,这乌七八糟的政治空气,他真是受够了,不玩了。文宗批准了。马存亮开开心心地过了几年轻省日子,于开成元年(836年)去世,年63岁。

通过宋申锡案,我们就可以看出,文宗和德宗其实差不多,空有干事的心思,没有干事的见识和能力。人家给他挖个坑,他"嗖"就跳了下去。就这种水平还想中兴大唐,洗洗睡吧!

09. 维州惨案

宋申锡案结束后不久,九月,西川节度使李德裕上奏了一个天大的好消息。

大家可能注意到了,李德裕转岗了。太和四年(831年)九月,西川节度使郭钊因病情加重,奏请调回内地。西川作为边防重镇,承

[①] 傅姆,古时辅导、保育贵族子女的老年妇人。

担着控御吐蕃、南诏的大任，必须选配一个得力的节度使。李党的郑覃和路隋自然不会错过这样的好机会，力荐义成军节度使李德裕节制西川。文宗对李德裕的好感还在，也非常认可他的能力，就调李德裕为西川节度使。

从义成军到西川军，这绝对是受重用了。李德裕也清楚，这是文宗对他的一场大考，考不好，就只能继续在地方撅屁股干了；考得好，回朝绝不是问题。所以，他一上任就全身心地投入了工作。

西川的首要命题是如何处理与吐蕃、南诏的关系。李德裕的解题思路是区别对待，对吐蕃以防为主，绘制军事地图，修缮加固关隘，训练将士骑射，展开情报活动；对南诏以和为主，频繁遣使，与摄政王王嵯巅消除分歧，争取共识。

事实证明这是明智之举。应李德裕之请，王嵯巅将四千被俘唐人放归唐朝。一共俘虏了六千，为啥只放了四千呢？因为那两千大部分送给了吐蕃，少部分工匠艺人还有美女得留着用呢！行吧，能要回四千人已经很不错了！文宗很满意，在心里给李德裕重重记了一笔。

紧接着，太和五年（832年）九月，吐蕃维州（今四川阿坝理县东北）守将悉怛[①]谋忽然提出献城降唐。李德裕听到这个消息时，简直不敢相信自己的耳朵，维州城就这么回来了吗？

有人说了，区区一座城至于吗？至于，太至于了！咱们书接上文，接到第三部《日月星辰》。我当时讲过，剑南防御吐蕃主要依托两座要塞，一座是位于今马尔康县东南、汶川县西南岷江河畔的安戎城，另一座正是维州。

此城地处青藏高原与川西平原的接合部，群山耸峙，沟谷纵横，有一夫当关、万夫莫开之险，早在三国时代便是蜀汉防御西南蛮的要

---

① 怛，音答。

塞。当年蜀汉大将姜维曾在此地筑城。高祖武德七年（624年），唐廷在征服当地土著后，于此地筑城设州，为纪念姜维，故定名为维州。

唐、蕃走向敌对后，维州的战略位置更加重要，已然成为拱卫西南半壁的一道要塞。吐蕃人为了拿下维州煞费苦心，甚至于倾二十年时光精心酝酿了一个吐蕃版的"木马计"。

事情的经过是这样式儿的：玄宗时代，吐蕃安插一名女子嫁给了维州的唐朝守门军官。二十年间，这名女子生下了两个儿子。她教导两个儿子，咱们是吐蕃人，有朝一日要帮助母国拿下维州城。代宗二年（763年），吐蕃攻城。这两个唐蕃混血儿当了内应，在关键时刻打开城门，致使维州沦陷。吐蕃赞普大喜，亲自下令将维州城改称"无忧城"，意为"川西从此无忧"。维州一下，川西攻守易势，吐蕃以此为跳板，频繁袭扰西川，搅动西南半壁。

唐廷不是没想过收回维州城，但是太难了！韦皋节制西川二十年，打得吐蕃人满地找牙，甚至一度围困维州城，都这么厉害了，到他死也没能收复维州。

现在，维州居然要主动归降了？李德裕狂喜之余也不由得狐疑满腹，为保险起见，他提出赠给悉怛谋一件锦袍。当然了，送礼只是幌子，目的是窥探虚实。没想到悉怛谋已经急不可耐了，直接率领麾下三千人马投奔了西川。我猜想此人大概率是受到了政敌的迫害，不得不归唐避难。这下李德裕安心了，马上派兵进驻维州城。

消息传来，唐廷弹冠相庆，举国欢腾。吐蕃则大惊失色，一面调兵遣将在维州周边组织防御，一面要求大唐不要破坏"长庆会盟"的成果，归还维州。

紧接着，李德裕的奏报到了，他提了一个震惊所有人的建议：从维州出击，西征吐蕃本部。

安史之乱后，唐蕃攻守易势，吐蕃完全掌握了战略主动权，是要战便战、要和便和。唐朝所能做的就是被动承受，人家打过来了，就拼命顶住，事后也不敢报复；人家说要和，这边就赶紧贴上去讲和。李德裕觉得这样太耻辱了，应当还以颜色，好好教训一下这个可恶的西戎。

他的建议太提气了，朝野上下苦吐蕃久矣，所以当文宗征求百官意见时，除了牛党，其余大臣都赞同。但凡是李党主张的，特别是李德裕主张的，牛党肯定是要反对的。尤其李德裕这次的主张这么得君心、官心、民心，如果真让他办成了，李党铁定重新掌权。

牛僧孺就站出来反对了，主要说了两个意思：第一个，吐蕃强而大唐弱，这是客观事实。吐蕃疆域很大，丢一个维州对它没啥影响。如果我们招惹吐蕃，它的骑兵用不了三天就能杀到咸阳。我们就算在西南得了一百个维州，到时又有什么用？第二个，唐蕃已经会盟过了，如果我们主动挑起事端，就是不讲诚信，有损天朝上国、礼仪之邦的形象。所以，他不仅主张不用李德裕的计谋，还提出将维州和悉怛谋交还吐蕃，以示大唐坚定维护和平的诚意。

牛党中人自然纷纷附和。文宗确实太过文弱了，一看牛党纷纷鼓噪，立场就动摇了。另外，说句实在的，大唐之所以会患上恐蕃症，根子就在于大唐皇帝先得了恐蕃症。朝议半天，最终文宗还是拍板，按牛相说的办！

李德裕收到答复诏书气得都要骂娘了，但有什么办法呢?!

结果呢，西川这边赶着悉怛谋所部三千人来到两国边境，刚把人交过去，吐蕃人就当着西川使者的面儿，把悉怛谋等人全部虐杀。牛僧孺想让吐蕃人感谢大唐，我真是谢谢他七舅姥爷了，吐蕃人示威的火药味儿简直比浓汤宝都浓！

文宗这次是被牛僧孺带沟里去了。首先，人家吐蕃根本就不买账，没觉着你大唐讲诚信，反倒觉得你是怕我，不敢得罪我。当然，这时的唐朝也真的畏惧吐蕃。其次，吐蕃内部其实有不少想投诚大唐的人，一看悉怛谋这个下场，得了吧，投天竺、投南诏、投大食……投谁也不能投大唐啊！

搅了李德裕的局，牛僧孺一度很是自鸣得意。殊不知福祸从来相依，这一次他是聪明反被聪明误，搬起石头砸了自己的脚。

我们不妨大胆假设一下，如果文宗批准李德裕西征会怎样？无外乎两种情况：

第一种，会败。李德裕想打，但不代表他一定能打赢。一旦失败，被按在西川对他来说都是奢望了。牛党一定会趁机疯狂弹劾他。李德裕大概率会被贬官，流放远边也是有可能的。

第二种，会赢。但与吐蕃这种强国的战争，绝不是一场两场战斗就能解决问题的，耗时肯定不短。战前准备、战中拉锯、战后收尾，就算李德裕能打赢，起码两三年过去了。况且，牛党完全可以抓住队伍管理、私分战利品等问题，让打赢的李德裕吃瘪。

所以，无论哪种情况，对牛党来说都是有利的。但他们太意气用事，又太过短视，非要顶风而上把李德裕踩下去。表面上，搅了李德裕的局，似乎是他们赢了。实际上，他们这拨不得人心的骚操作反而给了李德裕一个难得的翻身机会。李德裕是在西川失去了，但老天爷却要在朝中给他补回来。

维州惨案后不久，西川监军王践言回京出任枢密使。文宗找他谈话。王践言把悉怛谋所部的下场告诉文宗，并痛心地说："缚送悉怛谋以快虏心，绝后来降者，非计也。"文宗听后大为震惊，他万万没想到会是这么个结果，这怎么跟牛僧孺他们说的不一样呢？朕岂不是要被天下人戳脊梁骨？！

李党的郑覃、路隋趁机进言："牛僧孺和李德裕有矛盾，所以才会搅了李德裕的功劳。"哎，有这句话就够了！文宗恍然大悟，合着又是党争啊，党争就不对，党争误国更是不对中的不对。从此，他就不怎么搭理牛僧孺了。

牛僧孺多聪明一人儿啊，很快就感知到了文宗态度的变化，知道皇帝不待见他了，与其等着皇帝哪天抓到小辫子算总账，还不如主动避险免祸呢！

这天，文宗问宰相们："天下何时才能太平？爱卿们，你们想过这个问题没有？"牛僧孺一反常态地怼了文宗："太平毫无迹象。现在没有外敌入侵，百姓尚能安居，虽然不是盛世，但也称得上小康了。陛下如果坚持追求太平，就超出臣等的能力范围了。"文宗当时脸都青了。

散会后，李宗闵还责怪牛僧孺说话莽撞，让文宗下不来台。牛僧孺却长叹一声："皇帝要求如此苛刻，咱们还能长久守住这个位置吗？"第二天，他就上书请求外放。果不其然，文宗连句挽留的客套话都没说。

太和六年（832年）十一月，文宗任命荆南节度使段文昌为西川节度使。诏命一出，牛党大惊，显然皇帝对李德裕另有任用。果然，转月牛僧孺被外放为淮南节度使，李德裕则回朝任兵部尚书。

这朝廷的天又要变了！

10. 李德裕拜相

牛僧孺走了，李德裕回来了，这可给李宗闵愁坏了，天天耷拉着个苦脸，不知如何是好。这时，就有党徒给他出主意了。此人名叫杜惊[1]，是宪宗女儿岐阳公主的驸马、前司徒杜佑的孙子、大诗人杜牧的堂兄，现任京兆尹。

杜惊提议让李德裕主持一次科举考试。科举这块儿从来都是牛党把持着，谁也渗透不进来。如果牛党主动让李德裕做主一次，可谓诚意满满，应该能缓和两党关系。李宗闵想了半天，还是舍不得："更思其次。"杜惊又提议由李宗闵推荐李德裕出任御史大夫。御史大夫虽然不是宰相，但品级和宰相一样，也是正三品，并且主管御史台工作，实际地位权力相当于副宰相。李宗闵想了想，虽然有点儿肉疼，但毕竟不是宰相，行吧，就这么办吧！

然后，杜惊向李德裕转告了李宗闵的意思。李德裕非常吃惊，万万想不到宿敌李宗闵居然会推荐他出任这么重要的职务，"惊喜泣下"，对杜惊说："此大门官，小子何足以当之！"他忙不迭地答应下来，并专门写信向李宗闵致谢。

这事儿如果成了，那牛李二党的关系大概率会缓和。问题是大家都知道没成！因为，牛党的给事中杨虞卿不同意。杨虞卿是长庆制举主考官杨汝士的堂弟。杨氏一族和李党之仇不共戴天。李宗闵本就在犹豫，又见杨虞卿坚决反对，就反悔了。

李德裕相当于被他们当傻子一样涮了，能不生气嘛?！仇怨非但没有化解，反而仇上加仇。

该来的终究还是来了！太和七年（833年）二月，文宗册拜李德裕为宰相。在两度被截胡、外放11年后，李德裕终于坐上了父亲当年的位置。

文宗对牛党有多失望，对李党就有多期待，他希望李德裕能帮助他整顿朝廷，解决宦官专权、藩镇割据等问题，所以对与李德裕的首

---

[1] 惊，音从。

次谈话充满期待。可是，这次谈话让他感到有些失望。

李德裕只准备了一个谈话内容，就是党争。他情绪激动地说："方今朝士三分之一为朋党。"并点了牛党几个人的名，杨虞卿、杨汝士、杨汉公、张元夫、萧澣①，说他们"上干执政，下挠有司"，给人跑官要官，帮人科举及第。

这些情况文宗早知道，要不然也不会厌恶牛党了，只是听你李德裕这话里话外的意思，李宗闵、牛僧孺有党，合着你李德裕就没党了呗？你只说牛党结党营私，却绝口不提牛党和你们李党党争。所以，文宗就暗暗不爽了，老李，你这不是乌鸦说猪黑吗？当然了，人是自己选的，李德裕刚上来，这个面子得给；再说了，也该和牛党算总账了！

所以，此次谈话过后没几天，牛党的左散骑常侍张仲方、给事中杨虞卿、中书舍人张元夫就被贬官外放了。

当年李吉甫去世后，有司拟定的谥号是"敬宪"。别人都没说个啥，唯独张仲方非说这个谥号过于高大上，李吉甫配不上。宪宗大怒，将张仲方贬官，赐李吉甫谥号为"忠懿"。李德裕拜相后，张仲方就不来上班了，以示他与李家父子有你无我、有我无你。那李德裕还能饶了他，第一个被贬黜的牛党就是张仲方。

眼见李党已经吹响了清算的号角，李宗闵急得跟热锅上的蚂蚁似的。这天，文宗又和宰相们说起朋党为祸，其实他是说给牛李两党听的。李宗闵抓紧撇关系，说他深知朋党为祸巨大，所以没让杨虞卿、张元夫这些人出任要职。一旁的李德裕冷哼一声："给事中、中书舍人还不算要职?!"文宗没吭声，就在一旁静静地看好戏。李宗闵尴尬得脚趾都能抠出一套大平层了！

紧接着，牛党的给事中萧澣也被贬官了。

---

① 澣，音浣。

又过了几天，文宗当着宰相们的面，称赞李党的翰林学士殷侑对典籍很有研究，水平不逊于郑覃。李宗闵出言踩郑覃和殷侑："也许郑覃、殷侑对典籍研究颇深，很有见解，但他们的意见不足采信。"李德裕针锋相对："郑覃和殷侑的意见被别人忽略了，陛下可没忽略。"文宗存心打脸李宗闵，几天后便将郑覃提拔为御史大夫。

李宗闵这才明白过来，文宗这次就是要清算他们牛党。他对宦官崔潭峻发牢骚："什么都是皇帝自己定，那还要我们中书省干吗？"崔潭峻本就和李党的元稹要好，缓缓说道："八年天子，听其自行事亦可矣！"李宗闵自觉失言，"愀然而止"。

崔潭峻事后就向文宗打了小报告。几天后，一纸诏书下达，李宗闵被外放为山南西道节度使。很快，朝中陷入了剧烈的人事变动当中，牛党另一党魁杨嗣复为父守孝三年期满，刚复出任尚书左丞，就被踢到东川当节度使去了。

在牛党中人纷纷被外放或贬官的同时，李党的人则得到了大面积的提拔重用。尤其李绅，由刺史升为浙东观察使，成为手握重权的封疆大吏。

这么大的动静，文宗作何感想呢？他是想收拾一下牛党，但如此剧烈的、大面积的人事调整对朝廷稳固不利。李党一上台就党同伐异，与牛党又有什么分别呢？此外，他原本指望李党帮他铲除宦官集团，孰料在亲附宦官的问题上，李党和牛党是一丘之貉。文宗忧心忡忡，无奈地对近侍们哀叹："去河北贼易，去朝中朋党难！"

这是吹牛了，去河北贼怎么就易了？你去一个给我们看看！

11. 李郑崛起

九月，朝中风波再起。一个叫李款的侍御史连着上疏弹劾昭义节度副使郑注，说他"内通敕使，外连朝士，两地往来，卜射财贿，昼伏夜动，干窃化权，人不敢言，道路以目"。

李款所列，条条属实。这些年郑注仗着有王守澄撑腰，飞扬跋扈，胡作非为，犯了众怒，不仅朝臣们对他恨之入骨，就连王守澄之外的"三贵"——左神策军中尉韦元素和两位枢密使杨承和、王践言——也对他大为不满。

但新任宰相王涯却把李款的奏表都扣下了，没有上呈文宗。王涯是老同志了，德宗年间的翰林学士，元和制举时他是复试官，受外甥皇甫湜牵连，被剥夺了学士头衔，贬官外放。但大老王有才啊，是写诏命的大笔杆子，宪宗离不开他。两年后，他就回京重任翰林学士了。

元和十一年（816年），王涯晋位宰相。当时，朝中围绕是否征讨淮西吴元济爆发激烈分歧。宪宗亟须宰相等重臣的表态支持，可王涯却当起了徐庶，一言不发，令宪宗大为不满。淮西平定后，宪宗找个理由罢免了他的相位。此后，王涯一直在地方任节度使。文宗上台后，于太和三年（829年）召他回朝任相。

不过，王涯复出走的是王守澄的路子，也就是说，他和宦官集团搅到一块儿了。李款弹劾郑注，王守澄让王涯设法摆平，王涯这才扣了李款的奏疏。

李款可能并不是单打独斗，这从他刚被按住，"三贵"就开始行动能看得出来。宦官集团虽然作为一个整体专权，但并不是说他们内部就没有派系争斗了。"四贵"并不总是一个鼻孔出气，很多时候他们的靠山不同，上位的路径不同，代表的利益也不同，经常会有矛盾，有时甚至还很尖锐。这其实对朝廷也是不幸中的大幸，如果宦官集团铁板一块，"四贵"团结如一人，那无论皇帝还是宰相，都只有俯首听命的份儿了。

这时的"四贵"就分作了两派：一派以右神策军中尉王守澄为首，这派势力最大；另一派就是其余"三贵"，相对弱一些。王守澄自打有了郑注后如虎添翼，所以，在"三贵"看来，削弱他最好的办法就是除掉郑注。

王守澄很快就知道了，并立即将郑注藏匿于右神策军中。王守澄的态度很强硬，老夫看谁敢来我军中抓人?!

当然没人敢跑到右神策军中抓人。但左神策军将李弘楚给中尉韦元素出了个主意：假装患病，召郑注前来医治，趁机干掉他。这是个好办法，堂堂左军中尉相召，郑注不敢不来。韦元素依计施行。

果然，郑注很快颠儿颠儿地跑来了。但没人提醒韦元素，千万千万不能让郑注开口说话。所以，见了郑注，韦元素还装模作样地和他唠了几句闲嗑。这就完了，郑注那嘴叭叭地贼会说，给韦元素谈得"执手款曲，谛听忘倦"，任李弘楚如何咳嗽、挤眉弄眼，他都视而不见。结果嘞，韦元素不仅开开心心地放郑注走了，临走前还给备了一份厚礼。

连"三贵"都收拾不了郑注，那就没人能动得了他了。没过多久，诏书下达，郑注居然升任侍御史，还兼了右神策军判官。"朝野骇叹"，撼山易，撼郑注难！

偏在这时，文宗中了风。太医们束手无策瞎折腾。文宗的病情日趋加重，到年底居然失声了。

王守澄就向文宗推荐郑注，说此人医术高明，可以让他一试。文宗本来挺反感郑注的，但实在是被病痛折磨得不行了，既然郑注行，好歹也让他试一试啊!

郑注入宫,一番诊断后,给文宗配了点儿药。哎,文宗服用后,病情居然真的好转了,能说话了!人心都是肉长的,对于一个把你从病痛中解救出来的人,你肯定恨不起来。文宗对郑注的态度不免有所改观。总得装模作样地聊几句吧,再一聊,文宗就被郑注彻底征服了,他这个皇帝的所思所想、所忧所虑,郑注居然了如指掌,而且给出的建议全是别人想不到的奇招妙招。他,会魔法吧?让我无法自拔,不懂得悬崖勒马。天哪,这不就是朕渴盼的国士吗?!

趁文宗病体康复、心情大好之际,王守澄又举荐了前宰相李逢吉的侄子李仲言。

前文讲过,李仲言是李逢吉一党"八关十六子"之一。当年,他因为胁迫茅汇诬陷李程,被敬宗流放到了广西。文宗即位,大赦天下,李仲言被赦免,去洛阳投奔了任东都留守的叔叔李逢吉。李逢吉的名声已经彻底臭了,文宗根本不待见他,也就李宗闵和牛僧孺当上宰相后,出于照顾前辈的念头,才把他安置到了洛阳。

李仲言年纪轻轻,还想在政治上求进步,当然不甘心就此出局。他听说郑注是王守澄跟前的大红人,便慨然道:"当世操权力者皆龌龊,吾闻注好士,有中助,可与共事。"随后便去求见郑注。

无论从哪个角度看,李仲言和郑注都是两个极端:一个是陇西李氏的豪门子弟,一个是草根出身的江湖郎中;一个是帅哥,一个是丑男;一个是进士学霸,一个是草根学渣。按理说,这两个人的人生应该是一高一低的平行线,但现在这两条平行线不仅相交了,而且"相得甚欢"。

李逢吉看侄子居然搭上了王守澄跟前的大红人,也动心了,拿出一大笔钱,让李仲言到长安找郑注、王守澄活动活动,帮助他再次成为宰相。

结果让人大跌眼镜，李仲言这个鬼小子，叔叔的事儿没办，却用叔叔的钱办了自己的事儿。王守澄向文宗大力举荐李仲言，说他也是典籍达人，研究《周易》颇有心得。文宗就好这口，马上让郑注和李仲言一同进宫面圣。

郑注是人才不好口才好，李仲言是人才口才俱佳，"仪状秀伟，倜傥尚气，颇工文辞，有口辩，多权数"。

令文宗倍感意外的是，郑注和李仲言在谈话中居然直言宦官专权是朝廷大害，必须设法解决！文宗一直以为他们是王守澄的人，哪想到二人会说出剪除宦官专权的话来，顿生久旱逢甘霖之感，他也放下戒备，对二人敞开了心扉。三人越谈越深入、越谈越大胆，就根除朋党、削除藩镇、铲除宦官、中兴大唐达成了一致。

谈话结束后，朝廷一个新的强力CP悄无声息地诞生了，非常1+2，文宗加郑注、李仲言。

12. 李德裕罢相

整个太和八年（834年）的上半年，文宗都在和郑注、李仲言秘密酝酿改革事宜。他们合计好了，先打倒牛李二党，再除掉宦官，然后收复河湟，最后剪除河朔三镇，实现大唐中兴。

下半年转入实施阶段。

八月，文宗忽然提出让李仲言当翰林学士。

如果说科举是牛党的权力自留地，那翰林院就是李党的权力自留地。李党的头面人物，比如李德裕、元稹、李绅、郑覃，都是从翰林院走出来的。现在文宗突然要塞一个人进来，并且这个人还是李德裕仇敌李逢吉的侄子，这李德裕就不干了。

他愤愤地说："李仲言当年的所作所为，陛下您是知道的，怎么能让他当近侍呢？"文宗说："哎呀，还不许人改过自新了？"李德裕不依不饶："李仲言骨子里就是个坏种，他改不了！"文宗就推说："李仲言是老宰相李逢吉推荐的，朕已经答应李逢吉了，君无戏言。"他不提李逢吉倒好，一提李逢吉，李德裕就气不打一处来："李逢吉身为宰相，居然推荐了一个奸邪小人，他也是罪人！"

这嗑唠得稀碎！

但李德裕如此强硬反对，那李仲言的翰林学士肯定是当不成了，文宗只好找台阶下，提出给李仲言换个别的官职。李德裕也真是一根筋，居然还不同意！文宗下不来台了，给王涯递眼色。王涯秒懂，刚说了一个"可"字，就被怒目圆睁的李德裕挥手打断了。这个细节刚好被文宗看到，气得勃然变色，拂袖而去！

一次谈话，李德裕把文宗得罪得够够的。这样的好机会，王守澄、郑注、李仲言等人怎会放过，马上煽风点火。文宗就拿定了主意：朕非办了这个跋扈的李德裕不可！

几天后，他让中书省起草了一份任命李仲言为四门助教①的敕书。没想到敕书转到门下省，李党的给事中郑肃和韩佽②不同意，居然封还了敕书。王涯知道肯定是李德裕交代二人来着，就跑去中书省找李德裕。李德裕完全不给他面子，直接起身离开，出门前还悠悠地来了一句："且喜给事中封敕！"哎呀，这俩给事中封还敕书真是太可喜了！

---

① 唐国子监四门馆置三至六名四门助教，从八品上，协助四门博士教授四门学生。

② 佽，音次。

姜到底还是老的辣，王涯随后召见郑肃和韩佽："李相刚才跟我说了，让你们不要封还敕书。"哟，大哥让过啊，那没啥可说的，二人马上撤回封还，通过了敕书。等李德裕知道时，敕书已经生效下达了。李德裕把郑肃、韩佽一顿臭骂，但为时已晚。

李党虽然强悍，文宗虽然柔弱，但大臣和皇帝硬杠，只要皇帝还说了算，那就好比是在刀尖上起舞了。

九月，文宗采纳王守澄、郑注、李仲言等人的建议，将李宗闵从山南西道召回。这招太狠了，你李德裕不是牛嘛，好啊，朕不出面，让你的仇人斗你！果然，李宗闵复起，牛党分子士气大振，群起攻击李党。

十月，文宗干脆给李宗闵和李德裕调了个过儿，李宗闵接替了李德裕的职务，李德裕则外放山南西道节度使，但依然带宰相衔。同时，文宗正式册拜李仲言为翰林学士。李党分子纷纷谏阻，但无济于事。

事到如今，李德裕终于服了软，跑去求文宗让他留在京师。文宗心软，准备同意。可李宗闵坚决反对："制命已行，不宜自便。"文宗就改主意了，但是不让李德裕去山南西道，让他回当年出贬过的浙西任镇海军节度使，同步剥夺宰相职务。这其实就是贬官了！

李德裕心头那个恨啊，真是泪添九曲黄河溢、恨压三峰华岳低。

原镇海军节度使是谁呢？正是之前出卖宋申锡的王璠，这可是李逢吉的人。李仲言之所以将李德裕踢到镇海军而不是别的地方，就是借机调王璠回朝，充实自己的羽翼。王璠入京后依旧拜尚书右丞，迅速成为李仲言的心腹。

李德裕一走，李仲言就申请改名李训了，以示他要和不堪的过去一刀两断。文宗很高兴，当然同意。

王璠回来后，清算李德裕的事儿就由他来操刀了，他和户部侍郎李汉联名弹劾李德裕厚赂杜秋娘，结交漳王，意图不轨。

三年前，宋申锡被贬重庆开州，漳王被贬安徽巢湖，杜秋娘被遣返原籍金陵。是年，宋申锡病故，但漳王和杜秋娘还活着。

本来我们是不可能知道杜秋娘出宫后的生活状况的，好在有杜牧。太和制举及第后，杜牧获得了人生第一份工作——弘文馆校书郎。这个岗位如果想再往上走，还得镀金。所以，当年十月应江西观察使沈传师之邀，杜牧南下洪州（今江西南昌），给沈传师当了幕府巡官。

转年，一个偶然的机会，杜牧结识了当地一个名叫张好好的乐伎，当时张好好只有13岁。风流才子看见美女就来劲，杜牧隔三岔五就跑去看张好好表演。一年以后，沈传师调任宣歙观察使，又带着杜牧、张好好来到了宣城。但像杜牧这样的世家子弟，又是情场浪子，根本不可能娶一个乐伎为妻。张好好和他维持了两年不清不楚的关系，看他只是玩玩儿，张好好心灰意冷之下就嫁给沈传师之弟著作郎沈述师当小妾了。

太和七年（833年）四月，沈传师回朝任吏部侍郎，将杜牧推荐给了同年好友、淮南节度使牛僧孺。

于是，一道关键选择题就摆在了杜牧面前。牛僧孺是牛党党魁，而杜牧家族和李德裕家族则是世交。是年二月，李德裕已经回朝任相，牛党下台，李党上台。杜牧应该去找李德裕，因为李党现在正当权，但他最终决定投靠牛僧孺。

我分析，他做出这一选择的原因有三：第一，在牛李二党之间，杜牧显然更加认同牛党的政治主张；第二，他的恩公吴武陵和堂兄杜悰都是牛党中人；第三，扬州是天下闻名的花柳之乡，杜牧神往已久。结果，他这一选就选错了，李德裕非常生气，在心里给他牢牢地记了一笔。

告别沈传师，杜牧即启程赶往扬州。途经金陵（今南京）时，他无意中撞见了杜秋娘。

杜秋娘年事已高,无儿无女,又没有底层谋生技能,日子过得苦不堪言。杜牧看见她的惨状,无比震惊,他无论如何都想不到,当年风光无限的唐宫名媛居然沦落到这般田地,这都是小人郑注害的呀!于是,唏嘘不已的杜牧提笔就写了著名的《杜秋娘诗》。

在序言中,他记述道:

> 杜秋,金陵女也。年十五,为李锜妾。后锜叛灭,籍之入宫,有宠于景陵(代指宪宗)。穆宗即位,命秋为皇子傅姆。皇子壮,封漳王。郑注用事,诬丞相欲去己者,指王为根。王被罪废削,秋因赐归故乡。予过金陵,感其穷且老,为之赋诗。

我特别提示大家,这时的郑注正当权,杜牧居然敢在诗文中点名道姓地指责郑注,胆子真不是一般的大!文人骨子里的那点儿傲娇和孤直被他体现得淋漓尽致!

现在王璠要搞李德裕,又拿漳王和杜秋娘做文章,非说李德裕通过杜秋娘,和远在重庆的漳王眉来眼去。

我们觉得这是无稽之谈,但文宗却觉得极有可能。李德裕临走前,文宗曾交给他一项任务:让他将杜秋娘安置于金陵的道观里。文宗心善,秋妃好歹也是伺候过三代帝王的人,就这么不管不顾地让她自生自灭,先帝们的颜面何存,朝廷的颜面何存?!但也正因为如此,当王璠、李汉检举漳王、李德裕、杜秋娘结盟不轨时,文宗就疑心大动了。李德裕被贬,肯定心怀怨望;杜秋娘被赶出宫,肯定心怀怨望;至于臭弟弟漳王,那就更心怀怨望了。这些人凑在一起想搞点儿什么事情,太合情合理了!

转年正月,漳王死于重庆。年纪轻轻的说死就死了,也不知道咋死的。

文宗召集重臣商议如何处置李德裕。路隋为李德裕辩解:"德裕不至有此。果如所言,臣亦应得罪!"但面对牛党和宦官的联盟,他一个人的声音太微弱了!

四月,刚到浙西半年的李德裕连节度使都当不成了,被踢到东都洛阳当了一个闲散的太子宾客。可巧文宗又病了,召李德裕入京探视。李德裕对他意见大了去,皇帝病就病呗,与我李某人何干,不去!文宗大怒,敢对朕有意见,朕把你们李党全干掉!

朝廷新一轮的大换血又开始了!

路隋被外放浙西镇海军节度使,其宰相一职由京兆尹贾𫠊①接任,走的时候文宗甚至都不允许路隋面圣道别。路隋年纪大了,心情又不好,在赴任途中就死了。其他李党分子也陆续出贬。最后,李党在朝中只剩了翰林学士郑覃和太常少卿陈夷行。

就这,郑注、李训还是不肯放过李德裕,又弹劾他在西川时曾征收三十万缗悬钱②,加重了西川百姓的负担。文宗顺势又将李德裕贬为袁州(江西宜春袁州区)长史。

但最惨的还是无辜的杜秋娘,文宗彻底抛弃了她,她连道观都去不成了。是年冬,金陵爆发兵变。杜秋娘离家躲避,冻死在玄武湖畔,年仅44岁。

---

① 𫠊,音速。
② 悬钱,以物抵押的贷款。

13. 牛党倒台

干翻了李党，郑注和李训就启动了对付宦官的计划。他们没有任何心理上的拧巴，便背叛伯乐王守澄，投入了文宗的怀抱。但也正因为他们是靠王守澄上来的，所以无论朝臣还是宦官，都没想到这两个新贵会秘密策划对付宦官集团。

郑注、李训解决宦官问题的方案前所未有的激进，就是要彻底铲除宦官集团，全部，all of them，一个不留。

是年五月，在他们的一手策划下，当年在驿站暴打元稹的仇士良接替韦元素任左神策军中尉。

广东梅州兴宁的仇氏家族可能是唐朝唯一的宦官世家。对，大家的眼睛没有瞎，宦官世家，除了父辈不是宦官，往上数，仇士良的祖先都是宦官。宦官怎么还冒出世家了呢？这的确是一件令人匪夷所思的事情。可能的情况不外乎两种：第一种，两代之间是养父子关系，并无血缘。第二种，每一代都是娶妻生子后才净身入宫的。如果是后一种情况，那这个仇氏家族可就太恐怖了，这说明他们家族对宦官这个职业有执念，每一代都以当宦官为人生理想。

仇士良十六七岁时净身入宫，服侍当时还是太子的顺宗，主要工作是伺候顺宗的长子，也就是后来的宪宗。他是宦官里的武夫，虽然没有玄宗朝杨思勖那么猛，但也不是个善茬，好勇斗狠，行事跋扈。

宪宗一朝，仇士良背靠吐突承璀，故而占尽风光，官居云麾将军、右监门卫将军，充内外五坊使，封爵上柱国，又进封南安县开国男，食邑三百户。但随着梁守谦、王守澄一系的崛起，吐突承璀被杀，仇士良便遭到了排斥。穆宗、敬宗时代，他大多被外放地方监军,直到文宗上台才得以回朝,陆续充任五坊使、飞龙使。

李训和郑注就是看中仇士良和王守澄不合,才将他扶上了左神策军中尉的宝座。当然,后事让他们为这个决定悔得脑袋都掉了。

王守澄大为不满,正要发作,文宗忽然又将他的老对手——韦元素、杨承和、王践言外放为地方监军,而且还把"三贵"的亲信田全操等六人全部派出去巡边。王守澄又开心了,认为这是文宗安抚他的举措。殊不知文宗收拾"三贵"及其亲信,是为了把整个宦官集团连根拔起,他已经颁下密旨,授意受巡的边境六道诛杀田全操等人。

下一步就该王守澄了!

恰在这时,京城流言四起,说郑注为文宗炼制金丹,需要小孩子的心肝做药引子,文宗就让郑注秘密寻找药引子。一时间,长安市民人心惶惶,家家都把孩子锁在家里,不敢放出来。舆情反映上来后,文宗暴怒,泼脏水都泼到朕身上来了,查,一查到底!

据我分析,这个谣大概率是李党造的,故意抹黑文宗和郑注。郑注可能也知道,但他想把这股祸水引向牛党,便说药引子这事儿是牛党骨干——刚接替贾餗任京兆尹的杨虞卿的家人说的。

李党被打倒,最开心的莫过于牛党了,但不好意思,想多了,他们不过是螳螂捕蝉、黄雀在后里的那只螳螂而已。

郑注一起头,李训马上跟进,你一言我一语两相佐证,由不得文宗不信。文宗大怒,于六月将杨虞卿下入御史台大牢。

李宗闵出言救护,被文宗劈头盖脸骂了出去。不久,李宗闵就被罢相,贬为明州(今浙江宁波)刺史。

李宗闵被贬震动了朝野,因为这意味着继抛弃李党之后,文宗又抛弃了牛党。李党不用,牛党也不用,那他想用谁?答案呼之欲出:郑注、李训一党。

对牛党的清算呼啸而至。七月,杨虞卿被贬为虔州(今江西赣州）司马。李宗闵刚到宁波，郑注又弹劾他当年通过驸马沈𫟹搭上宋若宪和杨承和，窃据了宰相之位。这确实也是实情。文宗顺势又大面积贬黜牛党人士。李宗闵一路被贬为潮州司户，到广东看韩愈看过的鳄鱼去了。户部侍郎李珏被贬江西九江。吏部侍郎李汉被贬山西临汾。刑部侍郎萧澣被贬四川遂宁。沈𫟹被贬广西柳州。宋若宪直接被赐死。牛党头面人物在朝中的只剩了一个代理左仆射令狐楚。

李德裕是被女人连累了，李宗闵则是连累了女人。

但事情还不算完，郑注和李训干脆把宦官和牛李二党捏在一块儿收拾，弹劾韦元素、王践言和李宗闵、李德裕"中外连结，受其赂遗"，还说杨承和曾经庇护宋申锡。文宗一锅烩，流放"三贵"于远州，并在途中将其赐死；牛党的杨虞卿、李汉、萧澣均由刺史降为司马。

不到一年的时间，郑注、李训以秋风扫落叶之势，连逐李德裕、路隋、李宗闵三相，扳倒牛李二党，震动了天下。

在清算牛李二党的同时，他们也走上了更高的位置。李训任兵部郎中、翰林学士、知制诰。郑注晋升工部尚书、翰林学士。

文宗想让郑注当宰相。但反对的声音太多，毕竟郑注先前的所作所为并不光彩。群臣反对，这个好办，谁反对，文宗就办谁。但当李训也表示反对时，文宗就只好放弃了。

都说郑注阴，其实李训更阴，他也想当宰相，自然不愿郑注捷足先登。并且，他也不想和郑注分享中兴大唐的功劳。所以，在打击牛李二党时，鸡贼的李训就已经组建起自己的团队了，朝中大臣有大理寺卿郭行余、户部尚书王璠、太府卿韩约、司农少卿罗立言、刑部郎中李孝本、御史中丞舒元舆等人，地方藩镇则有昭义节度使刘从谏。这些人或是李逢吉的旧部，或是李训的故交，或是他新收的党羽。

顺便说一句，老奸相李逢吉也在这一年去世了。李训当权后，曾一度想帮叔叔当上左仆射。可李逢吉垂垂老矣，又患有严重的足病，心有余而力不足，只能心不甘情不愿地致仕了。这一年，他终于以78岁的高龄死了。好人不长命，坏人活千年，这就是世情！

牛李党争，李逢吉实属罪魁祸首，他对"三俊"的打击，促使李德裕、李绅、元稹等人结成李党。他组建朋党，扶植牛僧孺和李宗闵，又为牛党提供了组织基础。从这个角度上看，李逢吉实为中唐第一大罪人。

第五章 甘露之变

01. 郑李当权

这一年多，朝廷的变化太大了，幸灾乐祸的王守澄一直作壁上观，眼看着牛李二党被打倒，眼看着死对头"三贵"被搞死，他是得意地笑。他以为他是幕后主使，郑注和李训是他的提线木偶，他说打就打、说停就停。可渐渐地，他感到有点儿不对劲儿，节奏怎么有点儿失控，敌人都除干净了，怎么小李小郑还没个停的意思?!

紧接着，文宗召山南东道监军陈弘志入见。九月二十一日，陈弘志行至蓝田青泥驿时，被文宗派来的人当场杖毙。

别人觉得无所谓，王守澄却心中一凛，难不成皇帝要给他爷爷报仇？

但形势快得让他来不及反应！二十五日，新晋宰相李固言因为反对重用李训、郑注，被外放山南西道。同日，郑注晋位凤翔节度使。王守澄更慌了，小郑去凤翔，他怎么没和我说啊？

不用和你说！

第二天，文宗给王守澄加了一个听着很拉风的头衔——左右神策军观军容使兼十二卫统军。至于他原任的右军中尉一职，则给了仇士良一伙儿的宦官鱼弘志。王守澄悔得肠子都青了，玩儿了一辈子鹰，这次被鹰啄了眼！

二十七日，文宗册拜李训、舒元舆为宰相。李训由流人复起，仅

用一年时间就成为宰相，权倾朝野。另外三个宰相王涯、舒元舆、贾
餗俨然就是他的小跟班，丝毫不敢违逆他的意思。"四贵"、神策军将
见到李训都得毕恭毕敬地迎拜叩首。

大权在握的李训马上提拔重用党羽，郭行余晋升邠宁节度使，王
璠升河东节度使，罗立言升京兆少尹、代行京兆尹职务，李孝本升御
史中丞，韩约升左金吾大将军。

十月初九，王守澄再也不用忐忑了。文宗派人赐酒给他，干了，
别犹豫！王守澄不想干，因为是毒酒，但不干也得干，没了兵权，他
就是一只待宰的羔羊。这位比吒三朝的权宦被鸩杀。

我们客观复盘，王守澄罪大恶极，确实该死，但他于郑注和李训
有提携的大恩。没有王守澄，这两人绝不可能爬到现在这个位置。说
句不该说的，谁都应该反王守澄，唯独他俩不应该。所以，当时的主
流舆论是这样的："人皆快守澄之受佞而疾训、注之阴狡。"世人为王
守澄死了而弹冠相庆，但同时也十分鄙夷郑注和李训的为人。

文宗追赠王守澄为扬州大都督，并宣布将于十一月二十七日在浐
水①旁为其举行葬礼。

四天后，郑注离京赴凤翔上任。

哎，这就奇怪了！文宗明明恨毒了王守澄，给他赠官已经够可以
的了，怎么还要大张旗鼓地为他发丧？！郑注是文宗的心腹，为何突
然被外放？

这里面隐藏着一个大计划。郑注已经和李训商量好了，要借王守
澄的葬礼，将所有宦官一网打尽。具体步骤是这样的：先由李训奏请
文宗，命所有宦官都去参加王守澄的葬礼。然后，郑注奏请文宗，由

---

① 浐，音产。浐水，关中八川之一，源出今陕西蓝田县西南秦岭山中，西北流至西安市，东入灞水。

他率领凤翔军担负葬礼安保任务。最后，由凤翔军干掉所有宦官。八水①绕长安，为什么不选别的河非选浐水呢？我想，取的就是铲除的意思。

文宗恨毒了宦官，区区一个王守澄算什么？杀了王守澄，将来还会有李守澄、赵守澄，他要斩草除根，使朝中无宦、天下无宦。

文宗这么想情有可原，但并不现实。宦官这个群体先秦时就有了，一直延续到伪满洲国才结束，起码在封建体制框架下有其存在的合理性，不是想除就能除得掉的，即便一时除了，后来还得有。并且这个群体有好有坏，既有李辅国、王守澄这样的大坏种，也有高力士、马存亮这样的贤宦。再说了，弄权的是高阶宦官，很多底层宦官都是受压迫的对象，他们无须为少数人的罪恶买单。文宗明显扩大化了。

但如果按这个计划实施，说不定文宗还真能完成铲除宦官的壮举，但事情坏在了李训身上。他和他的党羽另有盘算："如此事成，则注专有其功。"于是，他们秘密制订了一份B计划：

第一步，由韩约谎报左金吾卫衙门后院的石榴树上有甘露降临，然后让文宗当托儿，安排所有宦官去现场查验。

第二步，等宦官到齐后，埋伏好的金吾卫伺机杀出。随后，郭行余的数百邠宁军和王璠的数百河东军配合金吾卫杀光所有宦官。为保万全，还有罗立言的三百京兆府兵和李孝本的两百御史台卫兵作为预备队。

至于行动时间，就定在十一月二十一日，比A计划提早了六天。

---

① 八水，一泾，二渭，三灞，四浐，五涝，六潏（音遇），七沣（音丰），八滈（音号）。由于时代变迁，浐河成为灞河的支流，滈河成为潏河的支流，潏河与沣河的交汇。

李训密奏文宗。文宗早就急不可耐了，马上同意。但文宗并不知道，李训的计划还有个第三步：诛杀宦官后，即诛杀郑注一党。

李训野心大啊，不仅要独享根除宦官的丰功伟绩，还要独霸朝纲。

02. 甘露之变

一切依计划行事。

十一月二十一日朝会，百官刚刚列班站定，韩约便出班奏道："列位大人，昨夜我发现左金吾卫衙门后院的石榴树上有甘露降临，当即通过守门宦官向陛下作了汇报。此乃国泰民安的祥瑞之兆，吾皇文成武德，万岁万岁万万岁！"他这一带头，文武百官自然跟风拜贺。

然后，李训就出来带节奏了，说陛下应该亲往观露，以受天启祥瑞。舒元舆、韩约、罗立言、李孝本等人随声附和。文宗顺势答应，转场到含元殿，说为慎重起见，要李训、王涯、贾𫗧、舒元舆四相先去查验，若确认真是甘露，就昭告天下，普天同庆。

不一会儿，李训等人回来了，一脸严肃地说："陛下，我们查验过了，好像不是真的甘露，不宜昭告中外！"文宗故作吃惊："还有这种事儿？仇士良、鱼弘志何在？你们去看看，把所有宦官都带去，仔细看看。"

仇士良和鱼弘志应声而出。自打王守澄等旧"四贵"被搞死后，这哥儿俩就成了新贵，正处于刚提升、卖力表现的时候。宫中所有宦官跟在他俩身后，呼呼啦啦望左金吾卫衙门而去。

文宗给李训递了个眼色。李训马上退出来，招呼郭行余、王璠入殿接领密旨。根据预先计划，郭、王二人各从本镇抽调数百精兵，现已潜伏在丹凤门外，就等文宗一声令下了。

可事到临头，王璠不知真害怕还是假害怕，愣是没进去。这厮太滑头！时间紧迫，李训也不能干等他啊，只得带着郭行余入内接旨。文宗也很诧异，怎么只有一个郭行余，但形势千钧一发已无暇多顾，他匆忙向郭行余下达最高指示：勠力同心、为国除奸。郭行余领命而去。

再说左金吾卫衙门这边，仇士良带着一众宦官浩浩荡荡来到后院。一干人等左看右看上看下看，意见不一，有说是真的，有说不像真的。

身处一大群宦官当中，韩约不由得紧张起来，额头渗出了细密的汗水。仇士良无意中瞥见，就很纳闷了："将军为何如是？"他这一问，韩约更紧张了，支支吾吾半天也没解释清楚。

恰在这时，一阵风起，吹起了大堂的门帘。仇士良一眼瞥见堂内居然有许多手执兵刃的金吾卫。到底是老江湖了，电光石火间他就反应过来了，大呼："不好，快退！"

宦官们闻言大惊，争先恐后地向大门冲去。韩约急了，大呼"锄奸讨逆"。金吾卫一起杀出，疯狂砍杀宦官。刹那间，左金吾卫衙门变成了人间地狱，杀声震天，鬼哭狼嚎。

仇士良是练家子出身，三下五除二就冲到大门口。有两名金吾卫正要关门，仇士良怒目圆睁，大喝一声："你们干什么，把门打开！"这两名士兵也是尿货，居然被他的气势给镇住了，连门闩都没插好就跑了。仇士良推开大门，领着鱼弘志等人望含元殿狂奔。

仅从这一个细节我们就可以看出，至少韩约没有搞好金吾卫的思想发动。换我是金吾卫，对方又没有兵器，就算他们人多，我死扳着门闩不撒手，顶多挨顿打，怎么着也不能放了这帮家伙啊！

仇士良一阵风似的跑上含元殿，口喘粗气地向文宗报告韩约谋反。文宗和李训都惊呆了，他怎么活着回来了？

事到如今已无须遮掩，只能强推了，李训挺身而出，大呼："宦官造反，金吾卫速来保护陛下，每人赏钱百缗！"仇士良恍然大悟，原来李训才是幕后主使啊，今儿这局忒大了！这个仇一定要报，但不是现在，当务之急是带着皇帝躲入神策军营。只要皇帝在神策军手上，这事儿是黑是白，他仇某人说了算！所以，他当即扯住文宗的衣袖："事急矣，请陛下还宫！"鱼弘志等人已经备好软轿，仇士良拽起文宗，不由分说塞到轿子里。

李训急了，奋力攀住软轿："臣奏事未竟，陛下不可入宫！"宦官们着急逃命，顾不上扒拉他。仇士良挥刀劈开殿后的屏风，指挥众宦官抬起轿子，拖着李训就向北奔去。北面是神策军大营，只要顺利进入大营，这帮乱党有一个算一个，都得死！

这时，金吾卫已经冲进含元殿。郭行余的河东兵、罗立言的京兆府兵、李孝本的御史台卫兵随后赶到。诸军大肆砍杀殿内的宦官。百官不明就里，四散奔逃。

李训听见援军到了，越发起劲地呼喊，快来救驾！但殿内人声鼎沸，谁也顾不上他。李训把着软轿，硬是被一路拖到了宣政门外。

文宗的软弱在这时暴露无遗，他感到计划已经不可能成功，着急撇清关系，居然呵斥李训撒手。仇士良见已经安全了，递了个眼色给宦官郗[①]志荣。郗志荣上前，拎起醋钵大的拳头，对着李训的胸口就是几记重拳。李训吃痛，只能撒手。宦官们抬起软轿，飞也似的奔入宣政门，并立即关上大门。

[①] 郗，音西。

从这一刻起，李训等人诛除宦官的计划其实就已经失败了！

门内响起仇士良等人的欢呼声，李训痛心疾首，用不了多久，神策军就会杀过来，完了，全完了！为今之计，走为上！他揪住一个乱跑的小官，逼着人家互换了官服，抓过一匹马飞身而上，就向宫外奔去。一路上，他一边狂奔一边大喊："我有什么罪而被贬逐?!"路上的人都很纳闷，好端端的，李相怎么被贬官了呢？

李训的确聪明！

王涯、贾悚、舒元舆三相趁乱逃回政事堂。各省官员都跑来询问，宫里到底发生了什么事？三相也不知道啊！忽听宫内杀声震天，众人面面相觑。很快，就有人跑来报告："神策军从宫中冲出，逢人就杀。"朝臣们大惊失色，四散奔逃。

没错，仇士良、鱼弘志已经指挥神策军反攻了。李训作乱，文宗不可能不知情。仇士良一再逼问文宗是否知道李训的计划。文宗都戾了，承认了。仇士良大怒，指着文宗的鼻子数落他，话说得非常难听。宦官数落天子，这也就是在唐朝了！文宗脸红脖子粗，大气都不敢吭一声，只能受着。仇士良骂完文宗，就和鱼弘志一道调集左右神策军，并飞令各处宫门守门宦官关闭城门，诛杀乱党。有人问谁是乱党。仇士良恨恨地说："无须确认，逢人便杀就对了。"

神策军投入战斗后，很快就将含元殿上的金吾卫、河东军、京兆府兵、御史台卫兵杀光了。各省官吏及其余金吾卫一千余人被杀得只剩三百人逃出宫门。封锁皇宫所有城门后，仇士良又命神策军展开地毯式搜杀，只要不是宦官，逮住就是一刀。躲在宫中的一些官吏，还有参加宫市的百姓、商人，共计一千余人又被杀。郭行余、罗立言等人被擒。宫中死相枕藉，流血遍地，好似人间炼狱一般。

这是大唐南衙的一场浩劫。如此大规模屠杀中央朝廷，安禄山没办到，马重英也没办到，仇士良却办到了！

宫里的乱党杀完了，宫外还有乱党，神策军全城大索。仇士良这次发了狠，他觉得南衙朝臣没一个好东西，都应该干掉！舒元舆、王涯二相和王璠陆续被捕。王璠见了王涯，当着神策军的面儿撇关系："老王，你谋反为什么要牵连我？"王涯气愤地说："如果当年你没出卖宋申锡，哪会有今天这事？"把个王璠噎得脸红脖子粗，一句话说不出来。另一宰相贾𫗧原本已经躲起来了，但感觉没法逃脱，只能出来投降。李孝本逃到咸阳城西，也被拿下。

那么，此时李训又在哪里呢？人家已经安然逃出长安城，正躲在鄠县圭峰山的一座寺庙里。寺庙住持华严宗五祖宗密是李训的好友。宗密想将李训剃发藏在寺里，但遭到徒弟们的坚决反对。毕竟出家人也怕死不是？！李训觉得不安全，马上离开寺院向凤翔奔去，准备去投郑注。

他的反应速度真的很快，但再快也快不过朝廷的诏令。现在仇士良就是朝廷，已经矫诏飞书各地州府，要他们严加搜查盘问过往行人，缉拿乱党头目李训。李训走到盩厔被当地官吏认出，即刻解送京师。

他知道自己肯定活不成了，也不想多受皮肉之苦，行至昆明池时对押送他的人说："得我者则富贵矣！闻禁兵所在搜捕，汝必为所夺，不若取我首送之！"押送的官吏一听，哎，是这么个理啊，好人哪！于是就把李训杀了，割下首级送往宫中。仇士良命人将其首级献于太庙。

李训虽死，照样连累了宗密。仇士良将宗密下入大牢，威胁要处死他。得道高僧确实有个得道高僧的样子，宗密十分坦然："贫僧识训年深，亦知反叛。然本师教法，遇苦即救，不爱身命，死固甘心。"鱼弘志倒是很敬佩宗密的修养和为人，出面求情。宗密毕竟是高僧大德、佛门领袖，仇士良顾忌影响，又顺便卖鱼弘志个面子，这才没有为难宗密。

二十一、二十二日两天，"杀生除拜，皆决于两中尉，上不豫知"，帝都秩序完全崩坏，皇宫封闭式管理，百官被禁足，政府完全瘫痪，百姓窝在家里不敢出来，整个长安几乎成了一座死城。大臣们不知道皇帝还活没活着，皇帝也不知道某个大臣还在不在人世。

神策军借搜查乱党之机，大肆洗劫官民。城里的无赖恶少、地痞流氓也趁机杀人越货、互相斗殴。已故岭南节度使胡证、左常侍罗让、詹事浑鐬[①]、翰林学士黎埴等大臣家里被洗劫一空，扫地无遗，比请了保洁都干净。浑鐬虽然不知名，但他父亲可是浑瑊，连名门之后都不能免祸，何况普通百姓？

但这样乱下去总不是个办法。二十三日，仇士良宣布了最高指示：恢复上朝，但每名朝臣只能带一名随从。唐制，百官上朝须由宰相和御史大夫带队。但宰相和御史大夫已经被团灭，百官无人领队，队形混乱，不成班列。

终于见到皇帝了，他还活着！文宗面如死灰，有气无力地问："宰相为何不来？"他还不知道王涯等人已经被拿下了。仇士良接道："王涯等谋反系狱。"说着，就把王涯、舒元舆、贾餗三相的供词呈上，三人承认参与了李训策划的谋反，要拥立郑注为皇帝。李训拥立郑注为皇帝，这本子编得真是离离原上谱！大家可以脑补一下证词是怎么拿到的。

文宗内心当然是拒绝的，但他不敢不信，只能强忍悲痛，命左仆射令狐楚和右仆射郑覃上前查看证词。宰相和御史大夫都没了，朝堂之上就数令狐楚、郑覃官儿大了。二人当然不信王涯等人会造反，但也不敢多说一个字。文宗问："是涯手书乎？"二人只能说是。文宗长叹一口气："诚如此，罪不容诛！"

---

① 鐬，音会。

卖完王涯等三相，文宗努力扳回了一局，当场敕命令狐楚、郑覃到政事堂主持工作，又命令狐楚起草诏书，将长安宫变的情况昭告中外，以安人心。然后，他几乎是用请求的口吻问仇士良，能不能先把长安的社会秩序稳定下来？仇士良不耐烦地说行，随即号令三军停止搜捕，又象征性地杀了几个浑水摸鱼的地痞流氓。

长安粗定！

当天，仇士良就迫不及待地处死了王涯等人。神策军押着王涯、舒元舆、贾𫗧、王璠、罗立言、李孝本六人，与李训的首级一道献祭太庙太社①，游街示众，最后腰斩于独柳树下，七颗首级串成一串儿，挂在兴安门外示众。仇士良还逼迫百官全程观看，以儆效尤。七人亲族，男丁不分老幼全部处死，女眷全部没为官奴。

如此大规模处决宰相级重臣，最近一次还是在一百多年前的武则天时代。

现在就剩一个郑注了。

二十六日，文宗被迫下诏，免除郑注一切官爵，其节度使一职由左神策军大将陈君奕接任，并命令凤翔邻近各藩镇严密监视凤翔军的动向。文宗和仇士良还不知道郑注已经死了。

李训提前动手，郑注毫不知情，仍旧按照原定计划于二十五日率亲兵五百人抵达扶风。扶风县令消息可比他灵通多了，这是个明白人，两边都不得罪，既没有接待郑注，也没有发兵抗拒，而是带着官印和部下一溜烟跑了。

郑注很是吃惊，紧接着他就知道了长安宫变、李训被杀的消息。这个智多星也慌了，不知如何是好，只能先退回凤翔，从长计议。

但他这一进一退间，凤翔监军已经收到仇士良的密令。那还有啥

---

① 太社，古代天子为群姓祈福、报功而设立的祭祀土神、谷神的场所。

好说的，监军设计将郑注一党及其亲兵一千余人杀得干干净净。口才再好，也总有你迈不过的坎儿。一同被杀的还有写出"曲终人不见，江上数峰青"的节度副使钱可复。钱可复的父亲正是长庆制举主考官钱徽。

二十七日夜，郑注的首级送抵京城，也被挂在兴安门上示众。

二十八日，随着潜藏的韩约被捕杀，李训、郑注一党被彻底铲除。

后世史家给此次长安事变起了一个诗意浪漫的名字："甘露之变。"听着很甜很美好，实则很残酷很血腥。如果用八个字标注"甘露之变"的特征，那就是：骇人听闻、绝无仅有。当年东汉十常侍作乱，也不过只杀了何进一人而已。而仇士良、鱼弘志居然一次性屠杀朝臣一千余人，其中还有四名宰相。

汉朝和明朝的宦官再嚣张，也不敢指着鼻子数落皇帝。但仇士良就敢，不仅训文宗跟训孙子似的，而且不止一次想废黜文宗。一天夜里，仇士良忽然把翰林学士崔慎由喊来，命他起草废旧立新的诏书。崔慎由可不敢，说中尉你要是再逼我，我就死给你看。仇士良乐了，哟，你还挺把那个屄包当回事儿，来，跟我走。

然后，他带着崔慎由直奔文宗寝宫，指着文宗的鼻子又是一顿骂。文宗全程低着头，不敢回一句嘴。骂完后，仇士良还指着一旁的崔慎由对他说："要不是崔学士，你就别想再坐在这里了！"

由此我们也可以看出客观世界绝对是唯物的，否则太宗李世民的棺材板儿早压不住了。

临别之际，仇士良语带杀机地威胁崔慎由："不要泄露出去，否则灭你崔氏一门！"这件事对崔慎由刺激很大，他当然知道宦官专权，但经此一事他才真正见识到宦官跋扈的程度。回来后，他将这晚的经历写下来藏在枕头里，直到去世前才拿出来交给次子崔胤。

关于李训、郑注，官方的定性是乱政，说他们两个小人瞎搞胡搞才酿成了"甘露之变"。在我看来，这话说得挺不负责的，而且避重就轻，替真正的罪魁祸首宦官集团回护，反倒把主要责任甩给了李训、郑注。

首先，李训、郑注的人品未必就真的不堪。郑注确实有问题，毕竟他被杀后，有司抄没他的家产，光绢就抄出了一百万匹。但李训却没有类似问题。我觉得他们之所以被史书描写得如此不堪，就是因为他们的改革把各大利益集团都得罪遍了。

其次，李训、郑注是想干事、敢干事的人。他们想铲除宦官专权，还政于皇帝，还政于朝廷，这个大的出发点是对的。而且，二人以雷霆手段打倒牛李二党，又灭了王守澄等旧"四贵"，为宪宗报了仇，这也充分证明了他们的政治才干。朝野苦宦官久矣，但真正付诸行动的，除了元载、宋申锡和崔胤，也就他俩了。光冲这份担当，我们就应该给他们点赞。

最后，剖析一下他们失败的原因。我认为有三条：第一，不团结。李训为独占功劳，抢先动手。如果按 A 计划实施，说不定大事儿就办成了。第二，用人不当。看看韩约那个心理素质，怎么能担大任？王璠已经出卖过宋申锡了，李训、郑注却对他寄予厚望。干大事，选择合作伙伴至关重要。第三，谋事不周。事先没有进行彻底的思想发动，事中没有踩点、没有预案，实施起来漏洞百出，被仇士良钻了空子。

"甘露之变"的影响是深远的，经此一难，大唐皇帝和南衙朝臣从此胆寒。先前他们还敢和宦官对抗，时不时要搞一搞宦官，成不成再说。但在"甘露之变"后的半个多世纪里，无论皇帝，还是宰相，都不敢找宦官的碴儿了。

尤其是文宗，性情大变，喜爱的蹴鞠不踢了，即便宴会上人声鼎沸，他也总是耷拉着脸闷坐着喝酒。退朝后，他一个人徘徊眺望，眼中尽是迷茫之色，甚至于经常突发性地自言自语。

一次，文宗忽然对大臣们说："朕每次和卿等议论天下大事，都很发愁。"大臣们宽慰他："为理者不可以速成，陛下不要着急。"文宗说："朕每次读书，都觉得当一个平庸的帝王是可耻的。"他还说："我和你们商讨天下大事，有些事办不成，朕也只能喝酒买醉了！"大臣们还能说啥："此皆臣等之罪也。"

很明显，文宗的自信心已经被彻底击溃了！

03. 政局粗定

宰相都死绝了，得选用新宰相啊！

文宗想让郑覃和令狐楚接任宰相，动荡时期这两人发挥了定盘星的作用，大家有目共睹。仇士良同意任用郑覃，但坚决反对任用令狐楚，理由是令狐楚在起草公告李训、郑注、王涯等人谋反罪行的制书时，"浮泛而不切要害"，云里雾里、遮遮掩掩，似乎在回护王涯等人。

事实也确实如此，令狐楚打心底不相信王涯等人会谋反，而且的确非常同情他们。"甘露之变"促成了他思想境界的升华。之前的令狐楚就是一个追名逐利的政客，满脑子想的都是个人的利益、牛党的利益。但国家遭此大难，他大为震动，终于开始从国家大臣的角度来看待和认识问题了。他意识到党争误国，若非牛李二党内讧，李训和郑注怎么会崛起？没有李训和郑注，怎么会有"甘露之变"？没有

"甘露之变"，仇士良等阉宦又怎么会如此嚣张跋扈？悔恨之余，令狐楚心灰意冷，别说仇士良不想用他，就算想用他，他也不干了。

由于仇士良反对，文宗只能册拜郑覃和户部侍郎李石为宰相。李石是李唐宗室，襄邑王李神符的五世孙，此人人如其名，耿直不屈，像石头一样坚硬。现在是南衙最卑微、北司最嚣张的时候，郑覃和李石达成共识：要是不能扭转这个局面，那南衙将永远被北司踩在脚下了。所以，他们毅然决定开展斗争，使大政重归于南衙。尤其是李石，更是体现了一名宗室的担当，冲在了斗争的最前头。

仇士良根本就没把他们放在眼里，每次议事都拿李训、郑注说事儿，借题发挥地数落他们。郑覃和李石直接就回怼了："李训和郑注的确是乱首，但不知道是谁举荐的他们？"这是明知故问了，谁都知道李训和郑注是王守澄用起来的。这给仇士良噎得，只能痛骂王守澄误国。

仇士良为了制衡南衙，把派出去巡边的田全操等六名宦官召了回来。当初文宗赐书边境六道，要他们诛杀田全操等人。结果，"甘露之变"形势逆转，六道都不敢执行命令了。现在，六名宦官都要回来了。田全操在途中就扬言："等我回到长安，凡是穿儒服的，不分贵贱全部干掉。"他入京当日，"士民惊噪纵横走，尘埃四起"，各省官员四散奔逃，居然有袜子都顾不上穿就光脚跳到马背上的人。大家是真的被宦官杀怕了！

当时，郑覃和李石正在中书省办公。一看手下都跑光了，郑覃对李石说："老李啊，情形不对，咱也出去避避风头吧！"李石却很淡定："咱哥儿俩是宰相，别人都看着咱们呢，不能轻举妄动。如果咱们也跑了，这宫内外就又乱了套了。现在事情还不明朗，咱们就在这儿坐镇。再说了，如果真有祸乱发生，躲也没用。"郑覃一想，说得对啊！二人坐下继续办公，"沛然自若"。

事实证明，的确是虚惊一场。仇士良制止了田全操等人的报复行动，他也有他的考虑，再屠杀朝臣，只怕地方藩镇就不干了。

郑覃和李石迅速出台政策，规定：凡李训、郑注等谋逆者的亲属党羽，除此前已经被杀和朝廷指令收捕的外，其余一概不予追究。南衙各司官员当初都是被李训、郑注胁迫的，一概赦免。任何人不得再揭发或恐吓。停止对逃亡躲藏官员的追捕，限令必须在三天内返回工作岗位。这些政策一出，就断了宦官集团再株连的由头。

紧接着，他们开始反制神策军。新任京兆尹是个软蛋，说啥都不敢约束神策军。郑覃、李石马上将其外放，代之以司农卿薛元赏。此人是李党的成员。用薛元赏就对了，李石已经够硬气了，他比李石还硬气。

薛元赏一上任，就去找李石汇报工作思路。刚进院门，他就听见李石在和一个人争吵。薛元赏一打听，和宰相争吵的居然只是神策军的一个将领，顿时气不打一处来，一进堂就大声地斥责李石："宰相辅佐天子，纲纪四海，如今却连一个小小的神策军将都制服不了，将来靠什么镇服四夷?!"说罢，他命随从拿下神策军将。就这气势，连李石都瞠目结舌。

这当然就捅了马蜂窝了呗！不一会儿，仇士良就派人来召薛元赏了。薛元赏不慌不忙地把来人打发走了："我这儿还有公事要处理，一会儿就去见仇中尉。"来人刚走，他马上就将神策军将杖毙，然后穿着戴罪的白衣去见仇士良。

仇士良气坏了，厉声质问他："痴书生何敢杖杀禁军大将?!"薛元赏都不带怵的："中尉是国家大臣，宰相也是国家大臣。宰相的人如果对中尉无礼，肯定是要处置的。同理，中尉的人对宰相无礼，也不应该豁免。中尉你与国同体，应当为国惜法。我薛元赏现在穿着囚服前来，要杀要剐悉听尊便。"

这大道理摆得正啊，给仇士良整不会了，不好大做文章，只好自己找台阶下，安排人备下酒菜，和薛元赏喝了一顿大酒。

腊尽春回，文宗为了冲冲晦气，宣布改元"开成"①，大赦天下。

这时，地方又冒出一个和仇士良叫板的藩镇，便是李训的盟友——昭义节度使刘从谏。

"甘露之变"的影响已经超出了中央，地方藩镇看宦官如此跋扈就不乐意了，政权总不能让这帮没把儿的玩意儿把持着吧！刘从谏开了第一炮，于二月上表朝廷，质问李训、王涯等八名文臣究竟犯了什么罪？对啊，究竟犯了什么罪？他还要求朝廷给王涯等人平反，恢复名誉。刘从谏说："王涯等八人都是文臣，即便为了保全富贵，也决然不会谋反。如今他们已经被杀了，朝廷还称呼他们为逆贼，这说不过去。"

这明显是在将朝廷的军。朝廷还能咋办，只能不予答复。刘从谏派人将李训当初写给他的密信公然展示于朝堂之上，并再次上书，陛下如不为王涯等人昭雪，臣就要带兵入京清君侧了。

仇士良虽然恨毒了刘从谏，但也不敢用军事手段，神策军顶多也就是欺负欺负文臣和皇帝，打不过地方藩镇的军队，"沮恐"之下，只能让文宗加刘从谏为检校司徒，好堵住刘从谏的嘴。

三月，令狐楚提出收殓王涯等人的尸骨，"以顺阳和之气"。文宗当然同意，将李训、王涯等人安葬于长安城西，并各赐衣一袭。仇士良明着不反对，暗里却派人掘了王涯他们的坟墓，把尸骨都扔到渭水里喂鱼了。

刘从谏被彻底激怒，第三次上书："臣是在维护国家大体，如果说

---

① 开成元年（836年），开成二年（837年），开成三年（838年），开成四年（839年），开成五年（840年）。

得对，则朝廷应该为王涯等人昭雪平冤；如果说得不对，陛下就不该给我奖赏。古往今来，哪有死者不申而生者借之得官的道理呢?！"

实事求是地说，郑覃和李石的抵抗，作用很有限，仇士良压根儿不怕他们，但刘从谏的威胁却是实实在在的。仇士良不得不有所收敛。打这以后，"郑覃、李石粗能秉政，天子倚之亦差以自强"。

但仇士良大动作不敢搞，小动作却是不断。四月，忽有谣言说文宗想让宰相执掌神策军，而宰相们已经接受了任命。这下宦官集团不干了，蠢蠢欲动。长安市民也很恐慌，生怕神策军作乱，"不敢解衣寝者数日"。郑覃、李石赶紧汇报文宗，必须尽快安抚宦官，迟则生乱。文宗立即召见仇士良和鱼弘志，说让宰相执掌神策军是谣言，神策军还由你们宦官统领。

禁军的统帅权到底归谁？之前这个问题从来没有确定的答案，但从现在起，答案确定了：神策军就是由宦官掌管。只要大唐在一天，不管皇帝怎么变，宦官对神策军的掌控权绝不会变。此后，宦官还真就一直把持着神策军，谁也不敢剥夺这个权力，直到唐朝灭亡。唐朝宦祸之所以登顶中国之最，根由就在这里。

第六章 苦帝文宗

01. 党争再现

大好局面转眼逆转成这个熊样，文宗痛定思痛，进行深刻反思，他觉得这都怪他对牛李二党打压得太狠了！李宗闵和李德裕斗归斗，起码都是维护皇权的，不像宦官只把皇帝当傀儡，当初哪怕留二李任何一个在朝，"甘露之变"都不可能发生。出于补偿心理，文宗接连量移李宗闵和李德裕。

开成元年（836年）三月，李德裕由江西袁州量移安徽滁州，李宗闵由广东潮州量移湖南衡阳。四月，左仆射令狐楚和山南西道节度使李固言调了个过儿，李固言回朝复相，令狐楚转任山南西道节度使。

令狐楚是主动请求外放的。到了山南西道后，他整日与刘禹锡、白居易、李商隐等文士诗词唱和，日子过得好不快活。翌年，令狐楚病逝于任上，年72岁。临终前，他对儿子令狐绪和令狐绹说："我这一生没有为民造福，愧对祖宗，死后不要追加谥号。安葬时一切从简，不请鼓吹，不要声张，只用一辆普通的布篷马车拉去埋了就行。墓碑上也只写祖先源流，不谈政绩。"当然，他也确实没多少政绩可言。牛党中人虽然政见保守，但个人操守普遍较高，牛僧孺和令狐楚就是典型代表。

九月，李石提出给宋申锡平反，另外两位宰相郑覃和李固言也表态支持。

这事儿算扎着文宗的心了,"俯首久之",终于绷不住了,哭着说:"我很早就知道宋申锡是冤枉的!当初奸人逼我,我从江山社稷的大局出发,连亲弟弟漳王都不能保护,何况宋申锡呢?!最后,也就仅仅能保全他的性命而已。当时不光王守澄这些宦官诬陷他,就连朝臣中也有人帮腔。说到底,都怪朕不贤明,假使宋申锡遇到的是汉昭帝那样的明君,肯定不会含冤而死!"

文宗的情绪肯定是真的,但他说的话却避重就轻、推卸责任了。当初王守澄、郑注只是挑事,群臣百官几乎一边倒地反对,是他上蹿下跳非要办漳王和宋申锡。现在王守澄死了,郑注也死了,他意识到自己上当受骗了,又这么说。官字两张口,君王百张口,怎么说都是他有理。

不管怎么说,君臣就雪免宋申锡达成了一致。宋申锡随即得到昭雪,恢复官职待遇,遗骸归葬长安。

十一月,李德裕由滁州刺史提任检校户部尚书、浙西观察使。这已经是他第三次出镇浙西了,他这一生真是和浙西太有缘了。但这次他待的时间也不长,转过年就调任淮南,接了牛僧孺的班。

牛僧孺是一个有大智慧的人,维州事件后一看形势不对,不惜得罪文宗,主动避祸。他在淮南平平安安、高高兴兴地过了六年,躲过了李德裕上台后对牛党的清算,躲过了李训、郑注对牛党的打压,还躲过了"甘露之变",简直太划算了!

这时的牛僧孺年纪也大了,宰相他当过了,在政治上也没什么进取心了。前不久,他请求去东都养老。文宗同意了,调牛僧孺任东都留守,就让李德裕顶了他的缺。

文宗终究还是太文弱了,他的本意是好的,想补偿李德裕和李宗闵,但他好心却办了坏事。

宰相李固言看得很清楚，两党都量移，这朝廷肯定又要陷入党争了。李固言其人是当时少有的能同时在牛李两边都吃得开的人。他是元和六年的进士，家庭贫困，牛党天然对他有好感。但往根儿上讲，他又是赵郡李氏的子弟，与李德裕是同宗，李党也对他很有好感。李固言不想卷入党争，被文宗外放为西川节度使。随后，李党的工部侍郎陈夷行拜相。

算上郑覃，李党现在已经有两位宰相了。李固言和陈夷行、郑覃不合，临走前便向文宗推荐了两个牛党中人，户部尚书杨嗣复和户部侍郎李珏。

本来呢，郑覃、陈夷行加上李石，宰相是够用的。但开成三年（838年）正月，李石在上朝途中遭到刺客伏击，好在箭矢没有射中，坐骑受惊，将他驮向家中。没想到李府门外也埋伏着刺客，但李石的马蹿得太快，刺客没有砍中李石，只砍断了马尾。李石有惊无险地躲过了一劫。

上一个遇刺的宰相还是宪宗时代的武元衡。文宗大惊，又是派神策军保护李石，又是下诏缉拿刺客的，拿了半天也没拿到。百官惊惧，纷纷称病请假，居然只有九人来上朝。

虽然没有证据，但大家心知肚明，一定是仇士良派人干的！

李石虽然硬，也不想死啊，不敢在朝中待了，申请辞去相职。文宗无奈，只好让他挂相衔出任荆南节度使。

宰相不够用了。文宗想起李固言临走时的话，就在当月提拔杨嗣复和李珏为宰相。这下可好了，四位宰相刚好形成李党两位和牛党两位的局面，马上开始了大乱斗！

杨嗣复和李珏的目标很明确，就是要把大哥李宗闵搞回来。他们通过仇士良做文宗的工作，文宗就征求宰相们的意见："李宗闵已经外放很久了，朕想在朝中给他找个位置。"局面当然很明显，杨嗣复和李珏坚决拥护，郑覃和陈夷行坚决反对。

文宗只好退让，既然郑爱卿和陈爱卿都反对，那这样行不行，先不让他回朝，给他个州刺史当当。哎，郑覃、陈夷行仍旧反对。郑覃说了，李宗闵怎么配当刺史呢？给他个州司马就可以了。一旁的杨嗣复、李珏勃然大怒，说郑覃和陈夷行搞朋党，排斥异己。四人吵作一团。

不过，同样是吵架，给人的感觉却因人而异。郑覃和陈夷行都太过刚烈耿直，说话比较愣，甚至说出如果任用李宗闵，他们就辞职的话。而牛党的这两位情商就高多了，尤其杨嗣复口才了得，说话很有水平。文宗本就想用李宗闵，最终还是偏向牛党，授任李宗闵为杭州刺史。

第一次交锋，牛党胜，1:0。

八月，双方二次交锋。

这次的起因是牛党想给党徒陆洿①加官。郑覃和陈夷行不同意，还含沙射影地提醒文宗小心朋党。杨嗣复和李珏反过来指责郑覃和陈夷行搞朋党。这就是典型的乌鸦说猪黑了。双方都很强硬，都说受了污蔑，要辞职。文宗只能当和事佬，两头劝和。最终，陆洿的事不了了之。

这次交锋，双方打成了平手，总比分2:1。

牛党李党，大事大吵，小事小吵，搅得文宗十分郁闷。头上有宦官骑着，左右又没人依靠，唉，当个皇帝他咋就这么难呢？!

---

① 洿，音乌。

02. 丧子之痛

麻绳专挑细处断，厄运专找苦命人。在私生活上，文宗也屡遭打击。

文宗和德宗特别像，他们的人生当中都有一个小使命——找亲人，德宗找妈妈，文宗找舅舅。

文宗的母亲萧太后是福建人。萧氏出身贫寒，很小的时候父母就双亡了，剩下她和弟弟相依为命。适逢当地爆发战乱，姐弟二人在逃难途中失散。萧氏寻找弟弟无果，辗转到了长安。她长得漂亮，因缘际会之下被召入十六王宅，然后又是一个因缘际会，被穆宗看上了，临幸了，生下了文宗。

萧氏常常对儿子唠叨，说她有个弟弟流落在老家福建，叮嘱儿子：将来有力量了，一定要找到舅舅。文宗很孝顺，确实当回事儿了，即位后就命福建的官员寻找他舅舅。

皇帝缺个舅舅，多新鲜，这还不简单嘛！

福建没响长安响，太和二年（828年）的一天，有个姓赵的茶商带着一个叫萧洪的福建籍茶纲役人，敲开了萧太后亲戚徐国夫人的大门。但年深日久，记忆模糊，徐国夫人辨认了半天也拿不准，只好带着萧洪一起去见萧太后。

萧太后见到萧洪就已经不淡定了，又听萧洪说起姐弟离散的辛酸往事，感觉跟自己的经历和体会是一样一样的，马上认定眼前这个人就是失散多年的弟弟。她上前搂住萧洪，放声痛哭。一旁的文宗以为自己终于找到舅舅了，也非常高兴。

结果自然是皆大欢喜。赵茶商得了一大笔赏钱，萧洪更是凭借国舅的身份，很快就坐到了鄜①坊节度使的位置。

然而，这个萧洪其实是个李鬼。他和赵荼商搞的这点儿把戏也就骗骗文宗和萧太后，碰上大机灵鬼李训就该穿帮了。

李训从一开始就怀疑萧洪是个冒牌货，虽然没有证据，但他会诈啊！一次，他故意对萧洪说起一件冒充皇亲国戚的案子，说处罚如何如何重。萧洪大为恐惧，以为李训已经把他的底细查清了。为了堵住李训的嘴，他把李训的哥哥李仲京聘请到鄜坊工作。李训见这小子挺上道，也就没再言语。

但萧洪千不该万不该，不该得罪神策军。

神策军中有个不成文的规矩，凡神策军将提任藩镇节度使，全军将士都要出钱为他置办行装，但军将上任后要用三倍的财物偿还。大家凑份子给你充门面，你当了节度使，日进斗金，是该回馈大家，很公平啊！

萧洪的前任就是左神策军的一名将领，上任前花了大家一大笔钱，结果上任不久却死了，所谓的三倍偿还就成了坏账。

左神策军也是横，管萧洪要，说前任节度使欠的钱得后任节度使来还。萧洪觉得自己是国舅爷，这帮大头兵跑来勒索他，真是瞎了狗眼，不予理睬。然后，左神策军就去向前任节度使之子索要赔偿。这小子也没钱啊，又跑来找萧洪。萧洪给他出了个主意，让他去找已经是宰相的李训申诉。李训当时正要对付宦官呢，刚好借这个机会挫一挫神策军的气焰，判定这笔坏账一笔勾销，不用偿还了。

一般人还真奈何不了萧洪，可问题是左神策军的头儿是仇士良啊，他恨毒了萧洪。李训被杀后，仇士良就想收拾萧洪了。开成元年（836年），又冒出一个叫萧本的福建人，主动求见仇士良，说他才

---

① 鄜，音肤。

是真国舅。并且，这个萧本对萧家的来龙去脉、各种亲戚关系了然于胸。仇士良大喜，马上带萧本去见文宗，检举萧洪是假国舅。文宗大怒，将萧洪削职为民、流窜远边，还不解气，又在途中赐死萧洪。

一萧落，一萧升，萧本发达了，晋升为右赞善大夫。

没想到过了大半年，平地里又起风波。开成二年（837年）十月，福建忽然送来一个叫萧弘的晋江人，说此人自称是国舅。福建地方官绝对是个明白人，我不说这就是国舅，我说此人自称国舅，请皇上甄别。经过上次的教训，文宗明显谨慎多了，让御史台审查核实，证实是个赝品。这次文宗没生气，将萧弘遣送原籍了事。

找个舅舅都三番四次被骗，文宗这个郁闷啊！

紧接着，命运对他最沉重的打击来了，开成三年（838年）十月，太子李永死了。

文宗刚即位时想立哥哥敬宗的长子晋王李普为太子。官方的说法是文宗特别喜欢这个侄儿，所以想让他当储君。实际上，文宗就是想把皇位还给哥哥一家。

他们李家自打太宗起，就跟受了诅咒似的，父子算计，兄弟阋墙，为了皇位争得六亲不认、你死我活。睿宗李旦是这个家族的第一个大善人，三让天下。但即便是他，夺的也是侄子的皇位，最后还是传给了自己的儿子。文宗的境界可比他高多了，他不是没有儿子，他就是想把皇位还给哥哥家。

摊上文宗这么个叔叔，是李普的福气。但李普的福气又不够，在太和二年（828年）六月病死了。文宗悲恸不已，追封他为悼怀太子。

四年后，文宗册拜长子鲁王李永为太子。

李永绝对是全唐朝活得最轻松、最快乐的太子了。因为文宗只有两个儿子，一个是他，一个是他弟弟李宗俭。偏偏李宗俭还早夭了，李永就算躺平都能躺赢。他也意识到这点了，真就躺平了，"颇好游宴，昵近小人"。父皇，你爱用不用，反正就我一根独苗了，你看着办！

文宗既失望又自责，失望的是儿子不成器，自责的是对不起列祖列宗、江山社稷。很明显，他的身体不太好，过早地丧失了生育能力。否则，二十啷当岁的年纪，完全可以再生几个儿子。

一边是孱弱的父亲，一边是躺平的儿子，这就给中间的杨贤妃留下了缝隙。杨贤妃和李永的母亲王德妃是情敌，王德妃不敌，被杨贤妃谮死。然后，杨贤妃就打起了李永的主意，天天吹文宗的枕边风，说李永如何如何荒唐不成器，又说文宗八弟安王李溶如何如何贤明。

世界上最强的风不是龙卷风，而是枕边风。开成三年（838年）九月，文宗终于起了废掉太子的念头，并正式向骨干大臣征求意见。大臣们不分牛党李党，都不同意："太子年少，容有改过。国本至重，岂可轻动！"文宗死犟，群臣死谏。最后甚至连神策军都表态反对废掉太子，文宗才作罢。

眼看李永真要躺赢了，孰料，十月时他居然暴毙。可怜的文宗彻底绝了后！他非常伤心，追谥李永为庄恪太子。

03. 裴度去世

开成四年（839年）三月，四朝元老裴度没了。

自太和四年（830年）九月主动申请调任山南东道节度使后，垂垂老矣的裴度就淡出了政治核心圈。四年后，经请示文宗同意，他又调到东都任了留守。这就相当于彻底退出一线了。

裴度在东都建了个别墅，公事之余就和白居易、刘禹锡等文士酬畅宴饮，以吟诗、饮酒、弹琴、书法自娱。朝中的事情他已经不掺和了，别人自然也就不搞他了。裴度唯一一次关心朝政，是在"甘露之变"后上书保全、救活了几十名大臣。

文宗一直很关注关心裴度，每次有文士自东都来，他第一句肯定要问："你见到裴度了吗？"听说裴度小日子过得那叫一个舒坦，文宗吃醋了，朕还在苦水里泡着呢，你这老同志不能这么舒服啊，你得发挥余热继续干活儿啊！于是，开成二年（837年）五月，他让裴度兼任了太原尹、北都留守、河东节度使。裴度一再以年迈有病推辞。文宗就是不批："爱卿虽然多病，但年纪还不算很老，朕需要你坐镇太原。"裴度无奈，只得赴任。

但裴度在太原待了一年多点儿的时间就病倒了。开成三年十一月，他再次申请回东都养病。文宗不信，让裴度入京知政事，其实就是要亲眼看看他的身体状况。开成四年（839年）正月，裴度拖着病体回到长安，一进城就发病了，顾不上见文宗，直接回长安的家里躺下了。文宗这才意识到老裴没说谎，赶紧派人慰问。

三月初三上巳节①，文宗在曲江池大宴群臣，裴度因病无法参加。文宗写了一首诗赠给裴寂："注想待元老，识君恨不早。我家柱石衰，忧来学丘祷。"又随诗附了一封亲笔信："朕正在编一本诗集，想把这首诗放进去，爱卿你给把把关。你大病未愈，不要着急，慢慢看。朕很想你，你要保重身体，需要什么就跟朕说。"

第二天一大早，中使带着文宗的诗和信刚到裴度家门口，裴度就咽气了，享年75岁。在遗表中，裴度别的没说，就是希望文宗能够

---

① 上巳节，俗称三月三，是汉民族传统节日。上巳节是古代举行"祓除畔浴"活动中最重要的节日，人们结伴去水边沐浴，称为"祓禊"，此后又增加了祭祀宴饮、曲水流觞、郊外游春等内容。

尽早立储。

文宗悲痛万分，追赠裴度为太傅，赐谥号"文忠"，为他辍朝四日。

裴度其人堪称能文能武、出将入相的全才，他一生铁骨铮铮，与宦官、奸相、藩镇进行了不屈不挠的斗争。史书将他和郭子仪相提并论，评价他"以身系国家轻重如郭子仪者，二十余年"。确实，他俩都是应急的救火队员。裴度先后平定淮西吴元济，为"元和中兴"作出了突出贡献；举荐了李德裕、李宗闵、韩愈等文臣，重用了李光颜、乌重胤、李愬等名将，还保护了刘禹锡、柳宗元等人。如果没有他，穆、敬二朝的情况只会更糟。他在国际上的影响和威望也相当之高，外番每次接见唐使，肯定会询问裴度的情况。

裴度是解脱了，可文宗还泡在尘网里。

四月，牛李二党第三次交锋。这次的起因是文宗想重用牛党的杜悰为户部尚书。由于陈夷行和郑覃的反对，杜悰没能当上户部尚书。总比分打成了2∶2。

五月，文宗问延英殿议政的情况由谁记录和监修。李珏说是他负责。一旁的陈夷行就说了："由宰相记录，宰相一定会自我夸耀，圣德因此被掩盖。臣之所以多次进言，是不想君王的威权落在臣子的手中。"

这属于当场刨活儿了！李珏不干了："陈夷行这番话是怀疑宰相里有人在出卖威权刑赏。不然，他自己就是宰相，为什么说这种话？陛下，臣之前已经多次请求退职了，请陛下批准。"

郑覃转移话题："陛下在开成元年、二年的政事很好，三年、四年逐渐不如以前。"

杨嗣复当时就跪倒磕头了："元年、二年是郑覃和陈夷行做宰相，三年、四年则是臣和李珏主政。臣蒙圣恩忝居相位，不能尽心竭力做好本职工作。郑覃说'三年之后，一年不如一年'，这是臣的罪过。

臣今天向陛下告辞，不敢再进入中书省。"说完，他起身就要离开。

文宗急了："郑覃失言，爱卿哪里能到这种地步？"

这下轮到郑覃不高兴了："臣性格愚钝拙陋，说话没有顾虑。近日事情也渐渐变好，虽不免有些不公，但也没有特别不好的地方。臣也不是要单独斥免杨嗣复，他何至于此？陛下，其实是他容不下臣啊！"

杨嗣复那嘴儿叭叭的："陛下觉得臣还行，所以用了臣。时政不好，臣确实有责任。既然郑覃说时政一年不如一年，臣请求陛下另择贤能，准许臣退休！"

文宗急了："郑覃的话也不够全面，爱卿你何至于离朕而去？"

谈话不欢而散。

这次争论，郑覃确实失言了，失言之处就在于顺带脚把文宗也批评了。换你是领导，下属说你工作一年不如一年，你受得了吗？几天后，文宗就罢免了郑覃和陈夷行的相职，郑覃被降为右仆射，陈夷行被降为吏部侍郎，不久又被外放为华州刺史。

总比分 3 : 2。牛党，赢！李党，出局！

文宗没忘记裴度的临终遗言，于十月拍板册拜敬宗幼子陈王李成美为太子。

做出这个决定，对于文宗来说实属不易。因为，牛党的两位宰相李珏和杨嗣复意见也不统一。另外，文宗亲信的两位宦官头子——左右枢密使薛季棱和刘弘逸意见也不统一。李珏和薛季棱主张立陈王李成美，而杨嗣复、刘弘逸以及杨贤妃则主张立安王李溶。

杨嗣复为啥和队友李珏决裂呢？因为，他是杨贤妃亲亲的侄子。杨嗣复为啥能上位当宰相，又为啥能干倒郑覃和陈夷行？就是因为有杨贤妃这个大靠山。但不知文宗是怎么考虑的，最后居然采纳了李珏的建议，立了陈王李成美。

立储是国之大事，为了纪念这一盛事，文宗搞了一个大型宴会。

宴会上表演了很多节目。其中有个节目是杂技，表演者是一个小男孩儿，顺着杆子爬得老高老高。文宗发现杆下有个中年男人绕着圈子来回踱步，眼睛死死盯着上面的小孩，脸上尽是关切之色。文宗问近侍，这是何人？左右回答说是男孩儿的父亲。

说者无意，听者有心。文宗的心猛地被扎了一刀，顿时情绪失控，号啕大哭："朕贵为天子，不能全一子。"说罢，他就跟发了疯似的，命人将诋毁前太子李永的坊工、女倡等十余人全部拿下处死。在场的人无不大惊失色，皇帝这是怎么了？

宴会不欢而散，文宗也病倒了。

04. 文宗驾崩

新的打击接踵而至。

此前，刘从谏存心给仇士良添堵，表请文宗让萧本和萧弘当面对质，验明真伪。文宗当时同意了，让刑部、大理寺和御史台三司会审。十一月，会审结果出来了，萧弘的确是"六耳猕猴"，但萧本居然也不是"孙悟空"，两个都是冒牌货。萧本认识一个萧家的远亲，通过这个远亲掌握了萧家的来龙去脉和各种亲戚关系，然后冒名顶替国舅。

萧太后伤心欲绝，病入膏肓的文宗更加难过，将萧本、萧弘统统流放荒蛮之地。

经过这重重打击，文宗已是油尽灯枯。十二月底，他的病情偶有好转，强撑着一口气到思政殿问政，召当值的翰林学士周墀①入殿，还赏赐了御酒。

　　文宗问周墀："你觉得朕可以和前代哪个君主相比？"周墀当然要唱颂歌："陛下，尧、舜之主也。"文宗苦笑着说："朕岂敢比尧、舜！你看朕比周赧王、汉献帝如何？"周墀大吃一惊："那俩货都是亡国之君，怎么配和您比呢?!"文宗喟然长叹："周赧王、汉献帝不过是受制于强藩，如今朕却受制于家奴，远不如人家呢！"说罢，眼泪就跟断了线的珠子似的往下掉。周墀也跪伏流泪。

　　从这天起，文宗就再也没上朝了。

　　开成五年（840年）正月初二，文宗弥留之际，授意左右枢密使刘弘逸、薛季棱和宰相杨嗣复、李珏起草太子李成美监国的诏书。显然，他想绕开跋扈的仇士良、鱼弘志二人，确保李成美顺利继位。

　　但这纯属痴心妄想。文宗朝的储君更迭，仇士良和鱼弘志从未掺和。之所以不掺和，是因为他们不在乎，将来到底谁当皇帝，杨贤妃说了不算，枢密使说了不算，宰相们说了不算，皇帝说了也不算，非得我们哥儿俩说了才算！当此关键时刻，二人就说话了，太子年幼且体弱多病，怎么看都不像个当皇帝的料，换一个吧！

　　李珏都惊呆了："太子位已定，岂得中变！"仇士良和鱼弘志根本没把他放在眼里，直接修改诏书，将太子李成美降回陈王。但他们也没有支持安王李溶，而是将一个局外人——文宗的五弟、27岁的颖王李瀍②奉为皇太弟。

　　当天傍晚，神策军便将颖王李瀍迎入东宫，然后通知（注意我的措辞）百官连夜来谒见皇太弟。"甘露之变"才过去几年啊，百官哪

---

①墀，音迟。
②瀍，音缠。

有敢抗命的，麻利地都来了。

嗯，有时候立个储君就是这么简单！

随后，仇士良才向文宗通告了这一消息。气息奄奄的文宗泪落如珠，阉奴居然如此拨弄社稷！两天后，不甘心的他带着无限的惆怅和愤懑驾崩了，年仅31岁。

无论从哪个角度看，文宗都是一个好人，一个帝王堆里罕见的好人。

他心地善良，别人当皇帝，就想着怎么传给儿子、孙子。文宗不是，他始终觉得这帝位就该是哥哥敬宗一系的，所以才册拜大侄儿李普为太子。李普虽然夭折了，但末了文宗还是立了敬宗的另一个儿子李成美。帝王里头像他这样的好人太稀有了！

他不贪淫好色，见诸史书的女人只有王德妃和杨贤妃，儿子也只有两个。纵览中国的皇帝，且不说玄宗那样的色欲狂魔了，稍微正常一点儿的，哪个不是三宫六院，哪个不是儿女成群？

他还非常节俭。皇帝的衣服就没有洗这一说，穿脏了直接换新的。但文宗改变了这种规矩，一件衣服脏了洗、洗完了再穿。他不仅自己节俭，还带头倡行节俭之风，要求"四贵"以下宦官不得穿纱縠①绫罗。

一次，文宗看到驸马韦处仁戴了一条奢华的夹罗巾，当时就不高兴了："朕是欣赏你们京兆韦氏清高素雅的家风传承，所以才选你做驸马。像这样贵重的头巾，让那些达官贵戚去戴，你最好不要戴。"

文宗的爱好健康得可怕，他爹、他哥喜欢的那些玩意儿，他都不喜欢，他就喜欢读书。并且，他格外勤政，比穆宗、敬宗不知强多少

---

① 縠，音胡。古称质地轻薄纤细透亮、表面起皱的平纹丝织物为縠，也称绉纱。

倍。他压根儿就没想过会当皇帝，但形势把他推到了这个位置上，他认了。作为李家的子孙，他勇敢地挑起了这副沉甸甸的担子，为了中兴大唐殚精竭虑。

按理说，他应该会成为圣主明君，但中唐的政治偏偏在他手上坠到了谷底，比穆宗朝、敬宗朝还不如。藩镇依旧跋扈。宦官非但没被剪除，反而借助"甘露之变"攀上了顶峰。党争也在他这一朝进入了最高潮。

这究竟是为什么呢？

说到底，文宗的性格太仁弱了，心底软，耳朵根子也软，缺乏刚断的能力。太宗是好人吗？不是！玄宗是好人吗？也不是！但他们都是优秀的政治家。政治家必备的能力素质有很多，远不是善良所能涵盖的。在古代政治的修罗场上，百无一用是好人，马善被人骑，帝善被臣欺。所以，我们看到藩镇欺负文宗，朋党欺负文宗，宦官也欺负文宗。尽管他一心求治、宵衣旰食，但事情却越办越糟。

唐朝有三大苦帝：肃宗、文宗和昭宗。肃宗虽然苦，但他为帝的生涯只有六年。文宗则不同，当了十几年的天子，也煎熬了十几年，最终落得年纪轻轻就郁郁而终。不过，这对他未尝不是一种解脱。

第七章 鶻蕃衰亡

01. 武宗上台

穆宗共有八子，现在就剩了老五李瀍和老八安王李溶。

文宗去世当天，仇士良和鱼弘志就拥立皇太弟李瀍在文宗棺椁前即位，是为唐武宗。仇士良进言，说杨贤妃、安王李溶和陈王李成美祸国殃民，不能留。武宗马上赐死三人。

一朝天子一朝臣，剧烈的人事调整如狂风暴雨而至：杨嗣复降为吏部尚书，李珏降为太常寺卿。李党新贵——刑部尚书崔珙接任宰相。有拥立大功的仇士良晋封楚国公，拜开府仪同三司，升骠骑大将军。鱼弘志封韩国公。

如果不是文宗突然去世，有杨嗣复和李珏在朝中摆弄，牛僧孺和李宗闵迟早回朝，但牛党万万没想到，换了个皇帝，一切都变了！武宗最讨厌牛党，因为牛党不看好他，还支持他的敌人。很快，杨嗣复和李珏就双双外放了。

这期间，新任枢密使杨钦义不断向武宗推荐李德裕。

杨钦义入京前是淮南监军，而淮南的节度使正是李德裕。杨钦义在淮南时呼声就很高，人们都传他肯定要回京任枢密使。别人巴结杨钦义唯恐不及，唯独李德裕毫无表示。这让杨钦义十分不爽。

忽然有一天，李德裕单独请杨钦义，"置酒中堂，情礼极厚，陈珍玩数床"。一顿大酒过后，他居然把这几床财宝都送给了杨钦义。

这个老李挺会来事儿啊！杨钦义乐得笑纳。

结果，朝廷都征召杨钦义回京了，行至汴州，忽然又有诏敕来，说你不用来了，先回去吧！枢密使没当上，收人家那么大一笔钱，这不合适啊，杨钦义就想把财宝退还李德裕。岂料李德裕居然说："此何直！"哎呀，区区一点儿玩意儿，算个啥，老杨你收着吧！愣是推着不要。杨钦义很感动，老李讲究啊！

现在，杨钦义当上了枢密使。你们想吧，他对李德裕能差了嘛？向武宗花式推荐李德裕。武宗其实非常认同李党的政治主张，早就想重用李德裕了，与杨钦义一拍即合！

九月，武宗一纸敕书，李德裕回朝任相。不用过渡，直接给你个宰相！

在淮南待了两年，李德裕回京却啥特产也没带，没有祁门红茶，没有砀山酥梨，没有安徽板面，没有淮南牛肉汤，有的只是对牛党刻骨的仇恨。

君臣上次一对一问对还是在八年前。当时李德裕面对的是文宗，他只谈了一个内容——党争，但一句"方今朝士三分之一为朋党"却让文宗暗自不爽。物换星移，如今面对陌生的武宗，李德裕谈了两个内容：

第一，不能再纵容朋党了。"先帝文宗深知朋党为祸之大，可他用的还是朋党的人。正因为他摇摆不定，所以奸邪小人才有机可乘。"第二，君臣之间理应做到毫无猜嫌。"文宗在大臣面前很注意自己的言行举止，对于大臣们的小过，他总是忍着不说。但不说不代表不记着，日积月累，他最终还是会算总账。这实在是一大失误，希望陛下引以为戒。今后如果大臣有罪，陛下应该当面责问。如果只是小的过错，希望陛下能宽大为怀，允许大家改过自新。这样，君臣上下就不会猜嫌了。"

李德裕说得不错，文宗确实是这样的人。

武宗表态，说他就喜欢李相这种直来直去、有话不藏着掖着的人，又说朋党确实该遏制了，还说他用人不疑、疑人不用。嗯，大领导都会说这种场面话，李德裕听了也就听了，并未往心里去。

不管怎么说，他这一回来，李党的春天又降临了。

李绅接替李德裕任淮南节度使。开成三年（838年）八月，他在宣武军节度使任上编纂完成了三卷本的个人诗集《追昔游诗》，追叙平生遭遇和游历，抒发怀旧之情与盛衰之感。这本诗集在后世的评价很高。《四库全书总目》称："绅与李德裕、元稹号'三俊'。白居易亦有'笑劝迂辛酒，闲吟短李诗'句。今观此集，音节晖缓，似不能与同时诸人角争强弱。然春容恬雅，无雕琢细碎之习，其格究在晚唐诸人刻划纤巧之上也。"

但诗文上的"格究"却难以掩盖李绅在人品和官品上的不堪。

李绅发迹前和族叔李元将关系不错。他发迹后，李元将跑来套近乎，已经不敢拿长辈的架子了，自称为"弟"。李绅头都不抬。李元将赶紧改口自称"侄"。李绅还是板着脸不说话。李元将脑门儿上的汗都渗出来了，不得不自称为"孙"。李绅这才不耐烦地应了一声，哎，爷爷的好孙子！

巡官崔某是李绅发迹前的故交。一年，崔巡官带着仆人拜访李绅。刚到旅馆住下，仆人和当地百姓起了冲突，闹到李绅这里。李绅得知是故人的仆从后，居然把仆人和百姓都杀了，还把崔巡官抓来说："过去我曾认识你，今天你既然来到这里，为何不来相见？"崔巡官磕头如捣蒜，但李绅还是不依不饶地打了他二十大板。崔某被解送秣陵（今江苏南京江宁区秣陵街道）时，面如死灰。

时人都说："李绅的族叔反过来做了他的孙子，李绅的友人成了被他流放的囚犯。"

李党的崔珙已经是宰相了。李德裕还想把郑覃推上宰相宝座，但郑覃这时身体已经不太行了，足疾很严重，推辞了。李德裕转而去推陈夷行，将他从华州刺史任上调回朝中，出任御史大夫。其余李党分子也各有拔擢。

李德裕早年和武宗没有任何交集，并不了解武宗其人，刚回朝的他也在暗中观察武宗。

身材高大、相貌堂堂的武宗毛病似乎不少。穆宗、敬宗有的毛病——打猎、游玩、嗑药，这些他也有，此外他还爱养动物。早年做颖王时，他就在府中蓄养了各种各样的动物。并且，武宗还玩出了花样，玩出了心得，他将能够被人驯服的十种动物称为"十玩"，还命人绘制了一幅《十玩图》。武宗没有文宗那么文艺，一提读书就脑壳疼，想让他退朝后一个人关起门来读书，那你还不如杀了他。他也没有文宗那样的好脾气，性格大大咧咧，有时还十分暴躁，俨然就是一个暴躁、傲娇、桀骜不驯的霸道总裁。左右及大臣就没有不怕他的。

怎么看武宗都不像个明君！可武宗又有一些文宗所没有的优点。比如，"优柔寡断"这个词儿在他的字典里是不存在的，想到什么，只要觉得可以干，武宗就干了。他还是个有话憋不住的人，决不会像文宗那样把话憋在心里，有啥说啥，对大臣们直抒胸臆。哎，偏偏李德裕就非常喜欢他这种性格。

人和人相处，要说有秘诀也确实有秘诀，但最根本的还是气质相投。我看你就是顺眼，你说啥干啥，我都支持你，连你拉臭臭撅得脸红脖子粗的样子，我都觉得很可爱。但要是看不顺眼，你连呼吸都是错的。

李德裕和文宗就是气质不合，所以他俩不管怎么整都捏不到一块儿去。李德裕和武宗的气质就很相投。武宗虽然脾气暴躁，但对李德裕那绝对是尊重有加、言听计从，李相说东，他决不说西，李相唱黑，他决不说红。

如果把李德裕比作一台配置很高的电脑，那武宗就是他的 Wi-Fi，这两人一连接，好似行云流水，又如水银泻地。腊尽春回，武宗诏命改元"会昌"①。

中唐最令人振奋的时代来临了！

02. 回鹘崩溃

武宗刚即位，老天爷就连着给了他两个超级大礼包：大唐最强大的两个敌人——回鹘汗国和吐蕃王朝居然都崩了。

自太和公主下嫁后，回鹘这些年一直在走背字，内部乱成一锅粥，可汗嗖嗖地换，崇德可汗换昭礼可汗，昭礼可汗又换彰信可汗。同时，他们的外部形势也很不乐观，西边有吐蕃人，南边有沙陀人，北边又崛起了宿敌——黠戛②斯人。

按照我国史书的说法，游牧于今蒙古国叶尼塞河流域的黠戛斯人本是匈奴人的后裔，后来成为铁勒一部。但我对此持怀疑态度，因为史书记载："其国人皆长大，赤发绿睛，有黑发者以为不祥。"身高体壮，红头发，绿眼睛，这一看就不是匈奴人或者铁勒人，倒是像凯尔特人多一些。基因的乱账我解释不了，拉倒！

---

① 会昌元年（841年），会昌二年（842年），会昌三年（843年），会昌四年（844年），会昌五年（845年），会昌六年（846年）。

② 黠戛，音霞夹。

在不同的历史时期，中国对黠戛斯有不同的称呼，汉朝时叫坚昆，南北朝至唐初叫结骨，黠戛斯是现在的马甲。

黠戛斯最早和唐朝建立联系是在太宗贞观二十二年（648年）。是年，唐朝击灭薛延陀汗国，威震朔漠。当时的黠戛斯还叫结骨，其酋长主动入朝，以示臣服。唐廷于其地开设坚昆都督府。此后直到玄宗天宝年间，黠戛斯始终是唐朝的藩属。

回纥崛起后，以残酷手段征服黠戛斯，并长期实行高压统治。所以，黠戛斯非常仇视回纥。回纥改名为回鹘后，日薄西山、逐渐衰落，黠戛斯却种族滋生、日渐强大起来。

大约在宪宗、穆宗时代，黠戛斯终于独立建国，从此与回鹘连年交兵。黠戛斯酋长阿热甚至派人当面辱骂回鹘可汗："你们的国运到头了，我一定会拿下你的金帐！"

内忧外患之下，回鹘国运的下行趋势越发严重。

文宗开成四年（839年），回鹘又乱了，国相安允合想造反，被彰信可汗干掉了。安允合的同党掘罗勿收买了代北沙陀的新酋长朱邪赤心。老酋长朱邪执宜已经没了，朱邪赤心是他儿子。朱邪赤心发兵突袭回鹘，彰信可汗兵败自杀。掘罗勿把持政权，拥立阖馺①特勤为可汗。

偏偏这年还是草原的大灾年，夏天闹疫情，冬天闹雪灾，牲畜和人口大量死亡，回鹘国力大为削减。

掘罗勿的政敌句录莫贺趁此良机，于开成五年（840年）九月引黠戛斯十万骑入寇，一战大败回鹘军主力，杀了阖馺特勤和掘罗勿。黠戛斯阿热说到做到，一把火烧了回鹘可汗金帐。

偌大的回鹘汗国顷刻间分崩离析，除少数部落留在原地外，其余部落纷纷踏上逃亡之路。逃亡的大方向有两个，一个是向西，一个是

---

① 馺，音萨。

向南。西迁的部落有十五个，领头的是彰信可汗的外甥厐①特勤。南下的二十七个部落分两批涌向唐鹘边境。

第一批南下的部落直奔唐鹘边境的天德城（在今内蒙古巴彦淖尔市）。天德军的斥候很快发现回鹘人的队伍，"亘六十里，不见其后"。这阵势也太吓人了，不会是举国来入侵了吧?！天德军使温德彝立即上奏朝廷。

武宗大为震惊，赶忙命振武军节度使刘沔②屯兵今内蒙古包头市西北石门附近的云迦关，紧盯回鹘人的动向。

很快，回鹘人就来到天德城下。怪不得队伍长达六十里呢，原来是男男女女、老老少少全来了。但回鹘人并未攻城，而是争先恐后地向当地边民买吃的。可他们吃饱了似乎也没有要走的意思，就在天德城外过起了日子。

天德军很快就调查清楚了，来的这批回鹘人有十四个部落，分属国相赤心、国相仆固、特勤那颉啜以及彰信可汗之弟嗢③没斯领导的四个集团。嗢没斯致信温德彝，说他们是来归附的，求温德彝上表武宗，准许他们入关安居。

武宗犯难了，突然来了这么多人，往哪儿安置啊，安置的钱谁出？朝廷这边还达不成统一意见，只能拖着，这一拖就是小半年。会昌元年（841年）二月，武宗得到了一个新的情报：回鹘故地的十三个部落拥立彰信可汗的叔叔为乌介可汗。现在，乌介也率众南下了。

好嘛，跟植物大战僵尸似的，一拨后面还有一拨，这可咋整?！

又拖了半年，八月，新任天德军使田牟受不了了，请求出击。朝

---

① 厐，音忙。
② 沔，音免。
③ 嗢，音袜。

廷开会研究，大部分大臣都支持田牟，说嗢没斯等人是回鹘叛将，应该联合吐谷浑、沙陀、党项讨伐之。

细心的读者问了，吐谷浑不是已经灭了好久了嘛，怎么又冒出来了？是这样的，吐谷浑汗国确实早在唐初就没了，但吐谷浑人作为一个民族一直都在，而且就在青海老家。文宗开成年间，有个姓赫连的酋长因不堪忍受吐蕃人的统治，带着属下三千帐归附唐朝。其实，吐谷浑东归的事迹和沙陀东归如出一辙。但不知为何，唐史三大典都没有提到这位赫连酋长的名字。吐谷浑人东归后，被朝廷安置到了代北大同地区。没错，跟沙陀人、粟特人凑一堆儿了。

扯远了啊，扯回来。满朝上下，唯有李德裕一人主张招抚。兹事体大，连同为李党的宰相陈夷行也反对李德裕。是年三月，李德裕刚把陈夷行推上宰相之位。李德裕的意思是，优先考虑招抚，如果不成，也应该调集重兵攻击嗢没斯，而不是只让兵力微薄的天德军出击，万一失败，后果不堪设想。

武宗觉得不托底："爱卿你能为嗢没斯等人担保吗？"

李德裕如实回答："朝中之人，臣不敢保，况敢保数千里外戎狄之心乎！"但他强调：不宜称呼嗢没斯等人为叛将。如果回鹘有可汗，嗢没斯等人率众而来，我们于情于理都不该接纳。但回鹘崩的时候是没有可汗的，乌介是嗢没斯等人南下后才有的，彼此并无隶属关系，嗢没斯等人也不承认乌介。所以，我建议目前守住边境即可，如果嗢没斯等人真投降，我们就接纳他们。

武宗虽然很信李德裕，但在这件事儿上也不敢托大，最终部分采纳李德裕的建议，命河东、振武二镇严兵守卫；至于是否接收嗢没斯等人，再拖拖看。

李德裕没辙，只得同意。过了几天，他又请求武宗输送三万斛粮食给嗢没斯部落。这武宗就不大乐意了，不出兵打他们已经很不错了，还给他们粮食吃？他们得了粮食更不走了！于是召李德裕和陈夷行开会商讨。陈夷行坚决反对招抚，武宗想借助他驳倒李德裕。

　　果然，在等候召见的时候，李德裕和陈夷行就吵起来了。陈夷行说，给回鹘人粮食是在"资盗"。李德裕很不高兴，心想都是一个党的，你的宰相之位还是我给你争取来的，你怎么拆我台呢？他对陈夷行说，嗢没斯部落吃不饱肚子，万一他们饿疯了，攻击天德城怎么办？天德城如果丢了，责任算谁的，算老陈你的吗？

　　就这几句话给陈夷行唬住了。等见了武宗的时候，陈夷行当起了徐庶，一言不发。武宗那个无奈啊，这个老陈，叫你来是让你给朕助阵的，没想到你一声不吭。最终，武宗只能妥协，同意给嗢没斯部落粮食，但在数量上打了一个折，不给三万斛了，只给两万斛。行吧，先给点儿也成，李德裕也让了步。

　　唐廷的粮食运到，回鹘人总算吃了顿饱饭，但吃饱喝足后他们仍然没有要走的意思，反而和边民做起了买卖。哎，这可如何是好？李德裕出了个主意，派人请嗢没斯打听太和公主的下落，趁机查证他是否真有归顺之意。武宗同意了。

　　嫁出去的公主，泼出去的水。是啊，这回鹘乱成一锅粥，太和公主哪儿去了？

03. 乌介可汗

　　阖馺特勤和掘罗勿被杀时，太和公主落到了黠戛斯人手上。黠戛斯一直想和唐朝重新建立联系，马上派兵送太和归国。但很不凑巧，护送的队伍被乌介劫了，太和又落到了乌介手上。

这给乌介高兴坏了，正愁怎么勒索唐廷呢，天上就掉下个太和公主，马上带着部落南渡朔漠，也来到唐鹘边境。随后，他逼迫太和公主给武宗上表，让唐廷册封他为可汗。只要得到了唐朝的册封，那他就是正牌可汗了，离散的部众就会纷纷赶来投奔！唐廷还在犹豫呢，乌介又狮子大开口，说要借振武军一座城池给公主暂住。

武宗又不是傻子，你忽悠我，我还想忽悠你呢！回复说，大兄弟啊，我很同情你的遭遇，但你应该率部收复故国，飘在我们这边儿算哪门子事儿啊?！关于出借城池，我朝历史上并无先例，朕也不好开这个口子。这样，你先暂时在漠南待着，把公主派来见我，我当面向她了解下情况。如果你们确实有困难，朕也不是一个抠搜的人。

这番话看着很有温度，其实啥都没答应。借城？没说不行，但你得先派公主来见我，她来了以后，我还让不让她回去，你猜！至于册封的事儿，武宗更是提都没提。

不过，武宗也担心激怒乌介，所以也赐给乌介部落两万斛粮食。嗢没斯他们两万斛，你也两万斛，朕一碗水端得很平！

乌介才不上当呢，继续要名分、要粮食、要城池，至于公主嘛，全靠她讹你们呢，不能还！

忽悠不成，武宗只能表态了，借城肯定是不行的，但别的要求朕会满足你的。但满足这事儿也分即时满足和延迟满足。册不册封？册！给不给粮？给！但什么时候册、什么时候给到，这就没准儿了。比如，武宗确实派了册封乌介的使节，但他叮嘱使节，不着急，慢慢走，别累着！爱卿哪，出去一趟不容易，有什么景点儿可以去逛逛，回来朕给你报销。使节拖拖拉拉到了河东，又接到了武宗的指示，让他别走了，就在原地待着，说是等可汗的人选定了再说。也就是说，武宗要册封的是回鹘可汗，至于这个可汗是不是乌介，各位，还不一定呢！

乌介一看唐廷不同意借城就毛了，左等右等不见册封使，更是火上加火，当即命令部众袭扰唐境。两相对比，嗢没斯等人简直就是模范宝宝，而这个乌介难缠得很。武宗早有准备，已将刘沔调任河东。

恰在这时，第一批回鹘人闹起了内讧。赤心、仆固、那颉啜三人不是真心归降，想侵扰唐境。嗢没斯向田牟揭发了三人的阴谋，并设计诱杀了赤心和仆固。那颉啜大为恐慌，带着部落向东逃窜，在劫掠大同横水地区后，退屯中受降城（今内蒙古包头市九原区共青农场敖陶窑子）西北的释迦泊。

至此，南下回鹘分成了嗢没斯、乌介、那颉啜三个集团。

李德裕建议区别对待，灭了那颉啜，收了嗢没斯，最后干乌介。

会昌二年（842年）四月，嗢没斯所部正式投降。武宗册封嗢没斯为左金吾大将军、怀化郡王，并赐米五千斛、绢三千匹。

五月，那颉啜准备袭劫卢龙。但他运气不好，碰到了一个硬茬儿——新任卢龙节度使张仲武。

会昌元年（841年）入秋后，卢龙军连生动乱，先是牙将陈行泰杀节度使史元忠自立，紧接着另一牙将张绛又杀陈行泰。时任卢龙雄武军使的张仲武遣使长安，在取得武宗和李德裕的支持后，发兵平了张绛。二年正月，武宗正式任命张仲武为卢龙节度使。

这个张仲武可是武宗朝最能打的节度使之一。他以三万人马大败那颉啜。这支回鹘人或死或降，全军覆没。那颉啜在逃跑途中被乌介可汗抓住杀了。

这样，南下回鹘就只剩下驻牙于大同军北闾门山的乌介集团了。

乌介坐拥十万之众，依旧很跋扈，在继续向唐廷索要粮食、牛羊的同时，又提出了新的要求：把嗢没斯部落还给他。

不过，这时形势已经发生了深刻变化，武宗的腰杆儿倍儿直溜，明确答复：第一，粮食可以给，但不能白给，你们得拿马匹来换，并且总量控制，最多只能换给你们三千石，多了不给！第二，牛羊不给，我们唐人不杀牛，至于羊，那是你们的特产，你们应该比我们多啊！第三，嗢没斯部落也不给，人家早来了，而且都不承认你，我已经接受他投降了。说了这么多，其实就一个意思：兄弟，回去吧！

六月，武宗在嗢没斯所部设置归义军，以嗢没斯为左金吾大将军、归义军使。嗢没斯很上道，请求武宗将他的家属安置在太原，他愿意和弟弟们一同为大唐守边。武宗很高兴，赐嗢没斯兄弟国姓。

然后，臭不要脸的乌介又派人来了，说不给粮食、不给牛羊、不给嗢没斯都可以，但能不能借他兵马复国？另外，不借振武城也行，能不能把天德城借给他？

想多了啊，武宗答复，没门儿！

乌介大怒，于八月率军突入大同川，掳走边民牛马数万，又兵临云州（今山西大同）城下。

武宗大怒，下诏告诫乌介：自从你们国家被黠戛斯灭了，你们如丧家之犬一样来到我国边境。我们又是给粮食又是接收的，做得很地道了吧？但你不仅赖着不走，还侵我州郡、掠我边民。我跟你讲啊，已经有很多人请求我削你了，纯粹是我心善，才迟迟没有答应。你还是赶紧选个好去处吧，免得将来后悔！勿谓言之不预也！

以为武宗只是说说吗？不，这次他动真格了，诏令诸道人马分屯河东、振武、天德三地，待明年开春后武力驱逐乌介。

武宗已经很心急了，李德裕比他还急，陛下，既然都决定打了，何必等到明年开春，现在就干他呗！武宗同意了，于九月诏命刘沔为招抚回鹘使兼全军主帅、张仲武为东面招抚回鹘使、嗢没斯为回鹘西南面招讨使，合军于太原，择日出击。

04. 杀胡山之战

　　武宗一直都在极力避免和乌介撕破脸的这一天，因为他仍旧认为回鹘还是有很强的实力，怕两国一旦开战，后患无穷。对于唐鹘关系走到眼下这一步，武宗甚至对姑姑太和公主有点儿恼火，觉得她不仅没有很好地发挥作用，还沦为乌介要挟大唐的肉票。

　　十一月，武宗遣使至乌介处，说要赏赐太和公主过冬的衣物。乌介也没多想，同意让使者见太和一面。使者趁人不备，偷偷塞给太和公主一封信。

　　信是武宗口授、李德裕执笔的："先朝割爱降婚，义宁家国，谓回鹘必能御侮，安静塞垣，使边人子孙，不见兵革，射猎者不敢西向畏轩辕之台。今回鹘所为，甚不循理。蕃浑是朕之人，百姓牛羊亦国家所有，因依汉地，遂至蕃孳，回鹘托以私仇，恣为侵掠。每马首南向，姑得不畏高祖、太宗之威灵！欲侵扰边疆，姑得不思太皇太后之慈爱！为其国母，足得指挥。若回鹘不能禀命，则是弃绝姻好，今是已后，不得以姑为词！"

　　啥意思呢？说白了就是威胁太和公主。当年先帝穆宗让姑姑你和亲，就是指望你发挥作用，让回鹘为大唐抵挡外敌。现在乌介胡搞乱搞，犯我边境，你好歹也是一国之母，一点儿办法都没有，不怕列祖列宗怪罪你吗？如果回鹘还不听话，那两国可要刀兵相见了。从今个儿起，乌介就不能再拿你要挟我们了！

　　说实话，这轱辘话我看了很生气！第一，人家太和公主当年未必真想远嫁塞外，是你爹硬逼人家去的，别说你们父子了，整个大唐都欠人家一句"谢谢"。第二，她虽然是回鹘的可敦，但人家回鹘拿她这个外族人当回事可以，不当回事也可以。你们逼她有啥用？她要是真能发挥作用，还会沦落到这般田地？

其实，武宗完全没必要说这些酸话，因为他过高地估计了乌介的实力。会昌三年（843年）正月，刘沔在振武城（今内蒙古呼市和林格尔西北土城子）下大败乌介。

刘沔指挥得当那是肯定的，但主要是军中有良将石雄。

石雄本是武宁军的一名骁将，当初武宁军节度使王智兴讨伐横海李同捷时，打前锋的就是石雄。王智兴为人残暴，武宁军想驱逐他，拥立石雄为节度使。王智兴奏请文宗把石雄调走，然后杀了石雄的全部亲信，诬陷石雄谋反。文宗知道石雄是冤枉的，但又怕激反王智兴，只得将石雄流放广西玉林博白。后来，待王智兴不再注意时，文宗才把石雄调到了振武军。

李德裕在文宗朝就已经十分欣赏石雄了。自回鹘人南下后，他就不断向武宗推荐石雄。武宗当然相信他的眼光，提拔石雄为麟州（今陕西榆林神木市）刺史。

这场仗之所以能赢，用对了石雄是关键因素。

这日，石雄从振武城头眺望回鹘大营，无意中发现有几十辆毡车旁站着许多穿唐装的人。他略一思忖，便推定这些人应该是当年跟着公主出嫁的随从，毡车所在地应该就是公主的居所。为了求证，夜里他派间谍潜入大营，找到了这些人，一问，果然如他所料。间谍把石雄的嘱托带给太和公主：两军交锋后，你们千万不要动，我救你们回国！

经过周密策划，几天后的一个夜里，石雄率军从地道出城，悄无声息地向回鹘大营摸去。回鹘人压根儿想不到唐军会从地底下冒出来，毫无防备。石雄的大军都摸到乌介牙帐外了，回鹘人才发觉。乌介大惊，赶紧跳上马逃跑。都这个时候了，他居然还不忘带上太和公主这个饭票。

石雄真男人，对女人的许诺说到做到，率军穷追不舍。十一日，唐军在杀胡山（今内蒙古赤峰巴林右旗子罕山）追上并大败回鹘军，"斩首万级，降其部落二万余人"。乌介也被打伤，率数百骑遁去。这一次他再也顾不上太和公主了。

二月，太和公主终于回到了阔别23年的故乡长安。武宗诏命李德裕率百官于章敬寺前迎谒公主，并改封她为安定大长公主。宗室中有七个公主没有及时慰问太和公主，武宗罚了她们一大笔钱。

唐朝嫁出去的公主，大多死在了异域，有被蛮夷放回来的，比如宁国公主，至于靠武力迎回的公主，只有太和公主一人。

这一盛举极大提振了民族士气。诗人许浑[1]写了一首《破北虏太和公主归宫阙》，盛赞道：

毳[2]幕承秋极断蓬，飘飖[3]一剑黑山空。
匈奴北走荒秦垒，贵主西还盛汉宫。
定是庙谟倾种落，必知边寇畏骁雄。
恩沾残类从归去，莫使华人杂犬戎。

唐朝与回纥（鹘）和亲的四位真公主中，最幸福的当数永安公主，最惨的是咸安公主，宁国公主和太和公主相对好一点，都叶落归了根。宁国公主在回纥只待了一年多一点儿，太和公主则滞留回鹘23年。

杀胡山之战成了回鹘汗国的落幕之战。

---

[1] 许浑，润州丹阳（今江苏丹阳）人，与"诗圣"杜甫齐名。后人评论："许浑千首诗，杜甫一生愁。"
[2] 毳，音脆。
[3] 飖，音遥。

被打散的乌介残部陆续奔入卢龙境内投降，前后总计三万余人。武宗将这些回鹘人分散安置于各道，有些回鹘人甚至被发配到了江淮地区。乌介一路向东狂奔，投奔了东方属部——黑车子室韦。

再说投降的嗢没斯，这是个明白人，知道朝廷是不会允许自己裂土封疆的，主动申请入朝效力。武宗顺势取缔归义军，将嗢没斯部落也分散安置于各道。嗢没斯没意见，也不敢有意见，但他的部落中有三千余人很有意见，"连营据滹沱①河"，愤怒地宣泄不满情绪。刘沔直接挥军灭了这支回鹘人。

回鹘汗国分崩离析，黠戛斯成为大漠草原新的霸主。酋长阿热遣使入贡，请求册封。为了铭记这一盛事，李德裕专门命画师现场绘图。这幅画作就是与《步辇图》齐名的《黠戛斯朝贡图》。武宗倒是同意册封了，但他提了一个要求：待黠戛斯剿灭乌介残余势力和黑车子室韦后，再行册封。阿热同意了。

一看黠戛斯人的态度这么谦卑，武宗来劲了，想顺带脚把安西和北庭要回来。李德裕把他拦住了："安西去京师七千余里，北庭五千余里，借使得之，当复置都护，以唐兵万人戍之。不知此兵于何处追发，馈运从何道得通，此乃用实费以易虚名，非计也。"武宗一想，也是，国力不允许啊，算了吧！

其实，我认为不要是正确的。第一，你要了，黠戛斯未必就会给，一旦不给，那两国关系就破裂了，大唐很有可能又多了一个劲敌。第二，此时的大唐不比当年，在安西北庭那么大的地方驻军，国力确实负担不起。

---

① 滹沱，音忽驮。滹沱河是海河水系子牙河的上游支流之一，发源于山西忻州，经忻州、阳泉、石家庄、衡水、沧州，在沧州市献县与滏阳河交汇形成子牙河。

05. 吐蕃衰亡

就跟约好了似的，当回鹘汗国破灭之际，大唐的苦主——吐蕃王朝居然也衰亡了。

文宗开成三年（838年），彝泰赞普突然被弑，吐蕃大乱。

前文说过，佛苯之争是吐蕃内部最大的BUG，贯穿王朝始终。彝泰赞普和初代目松赞干布、五代目赤松德赞荣膺藏传佛教"护教三法王"。显而易见，他们仨不仅崇信佛教，而且为弘扬佛法作出了大贡献。

发展到彝泰时代，佛教在吐蕃达到了巅峰：政治领域，赤松德赞时代创设的僧相现在已经成了首相；社会领域，僧人成了超越法律的存在，各级政府无权缉拿涉案僧人，甚至还出现了"凡辱骂僧人者割其舌，以恶意指僧者断其指，怒视僧人者剜其眼"这样的恶法；经济领域，寺院经济体已经形成，僧人集团占有巨额财富，还不用缴一毛钱的税。

佛教的勃兴引起了苯教的反制。开成三年，王室贵族中拥护苯教的势力，趁彝泰醉酒将其绞死，拥立他的弟弟达玛即位。

这个达玛后来被佛教徒贬称为"朗达玛"，意为"牛转世的魔王"。不管藏地史书，还是汉人史书，对朗达玛的评价都不高，说他"嗜酒，好畋猎，喜内，且凶愎少恩"，"荒淫残虐，国人不附，灾异相继，吐蕃益衰"。但真正摧毁朗达玛的并不是这些毛病，而是他刚一上台就大张旗鼓地灭佛。

这场轰轰烈烈的吐蕃灭佛运动始于文宗开成三年，终于武宗会昌二年（842年），历时四年。好巧不巧，当时武宗也在灭佛。两个宿敌一东一西几乎同时灭佛，还真是有缘哪！

相比之下，吐蕃的灭佛运动要比唐朝激进。武宗灭归灭，但仍然保留了一些寺庙和僧人。而朗达玛的目标则是要在吐蕃境内完全消灭佛教信仰。因此，他对佛教三宝——佛、法、僧——进行了系统性的灭绝。

灭佛方面，他火烧噶琼寺[1]，沙埋桑耶寺[2]，关闭大昭寺神殿，将小昭寺改作牛圈。其他寺庙，已经建成的或拆除或改作他用，在建的立即停工。所有佛像均被拆除，钉上钉子，扔到河里。寺庙里的壁画都被磨掉，并报复性地画上僧侣饮酒作乐的图画。

灭法方面，官府几乎是清仓见底式地在全国抄没佛经，并集中焚烧。很多宝贵的梵文经典被付之一炬。只有少数典籍被一些虔诚的僧人偷偷藏到岩洞里，才得以保存下来。

灭僧方面，天竺、大唐、西域等外籍僧人纷纷逃离吐蕃。本地僧人能跑的也跑了，剩下的就惨了，不是被迫还俗，就是强迫改宗苯教。不愿意还俗或者改宗行不行？当然行，把你肉身灭了，灵魂爱去哪儿去哪儿。朗达玛这锤子买卖搞得太狠，以致在他死后一百多年，藏地都很难看到穿袈裟的僧人。

朗达玛灭佛的目的是为了拯救吐蕃，没想到他这一灭，不仅灭了自己，顺带脚把吐蕃王朝也给灭了。

会昌二年，朗达玛在大昭寺出席活动时，被拉隆·贝吉多杰等几个僧人当场刺杀了。

随后，两位王后各自支持两位年幼的王子为赞普，手握军权的

---

[1] 噶琼寺，藏传佛教名刹，系赤德松赞所建，为赞普驻跸及参佛之地。
[2] 桑耶寺，吐蕃第一座剃度僧人出家的寺院，第一座具备佛、法、僧三宝的寺院，在藏传佛教界享有崇高的地位。

将帅们纷纷选边站队。于是，内战不可避免地爆发了，并一发不可收拾。

这其中冒出了一个铁腕强人——落门川（今甘肃天水武山东南）讨击使论恐热[①]，他挟持了一位小赞普，一跃成为吐蕃最强大的军阀。鄯州（今青海海东乐都区）节度使尚婢婢不服，非要跟他叫板。会昌三年（843年），论恐热以二十万大军攻击尚婢婢，却被只有四万人马的尚婢婢打得大败而还。此后，双方在河陇地区展开了长达二十余年的拉锯战。

上天已经决意抛弃吐蕃了，当王室内讧、军阀混战之际，吐蕃沉默的大多数——奴隶们——终于不再沉默了，掀起了一拨又一拨的起义。

起义首先在河陇地区爆发，随后蔓延至吐蕃本部。起义军甚至攻陷了吐蕃历代赞普的王陵所在——今西藏山南琼结县，什么杜松芒波杰啦、赤松德赞啦、彝泰赞普啦，骸骨都给你挖出来，挫骨扬灰。唯有松赞干布因为威望高，其陵墓才得以幸免。

这场浩大的起义给了吐蕃王朝致命一击。受此打击，吐蕃再也无法重新整合，分裂成了古格、拉达克、亚泽、芒域贡塘、拉加里、唃厮啰[②]等数个小政权。所以，我国历史学界通常以朗达玛被杀作为吐蕃王朝覆灭的标志。

吐蕃自松赞干布立国至朗达玛被弑，传十位赞普，历210年，只比唐朝少了79年。它不仅是唐朝最强大的外敌，而且也是当时亚洲除大食和大唐之外的第三极。吐蕃与唐朝的兴亡时间高度重叠，几乎同时崛起，在鼎盛时代迎头相撞。二百余年间，两国八次会盟，但总

[①] 热，音弱。
[②] 唃厮啰，音姑思啰。

的来看战多和少、战长和短，大战一百八十余次，战殁者数以百万计。虽然吐蕃占据明显优势，但唐朝毕竟综合国力在那儿摆着呢，所以吐蕃先于唐朝崩溃。

第七章　鹘蕃衰亡

第八章 大唐武帝

01. 讨伐昭义刘稹

会昌三年（843年）四月，昭义节度使刘从谏病死。

为了讨好喜爱骑射的武宗，刘从谏进献了一匹良马，但不知何故，武宗没接受。刘从谏认定仇士良从中作梗，勃然大怒，但生气归生气，他千不该万不该，不该把这匹马杀了！武宗非常生气，给朕甩脸子呢？欠削啊？好在双方都比较克制，没有再激化矛盾。

现在刘从谏死了，他侄子昭义兵马使刘稹秘不发丧，逼迫监军宦官奏称刘从谏病重，请求朝廷任命他为留后。

武宗君臣开会研究。绝大多数人都主张授予刘稹节钺，理由主要有两条：第一，当年刘从谏接刘悟，朝廷认了，现在拒绝刘稹于理说不过去。第二，刘氏三代人经营昭义十年，兵强，马壮，财富，与之开战胜负难料。

唯有李德裕坚决主张用兵，因为昭义位处太行山东西两侧，东边是河北，西边是河东，由河北进取山西或是由山西进取河北，都得打这里过，战略位置太重要了。并且，天下藩镇中只有河朔三镇可以自立节帅，这是朝廷的底线，一旦让昭义成为第四镇，恐怕引起连锁反应。

武宗问了李德裕一个关键问题："从谏养精兵十万，粮支十年，如何可取？"

李德裕早琢磨透了,他说,昭义虽然实力雄厚,但仅凭它一镇的力量绝对无法与朝廷抗衡。刘稹势必会向河朔三镇寻求支持。卢龙的张仲武是陛下一手提起来的,肯定不会帮他。所以,我们只要不让成德和魏博支持昭义就可以了。

顺便说一句,成德和魏博节度使都换人了。

文宗太和八年(834年),成德节度使王庭凑终于死了。从穆宗到文宗,王庭凑是最让朝廷头疼的藩镇节度使。没想到他儿子王元逵上来后,画风就变了,王元逵俨然田弘正附体,对朝廷恭顺有加。文宗高兴坏了,不仅承认了王元逵,还把六叔绛王李悟的女儿寿安公主许配给王元逵。成德总算不添堵了!

武宗即位时,魏博节度使何进滔也死了,牙兵推立其子何重顺为留后。河朔三镇自治这时已经是天之经地之义了,武宗都没带犹豫的,立即承认何重顺。这年二月,他又赐给何重顺一个新的名字——何弘敬。

听完李德裕的话,武宗的腰杆儿就硬了,因为他自信可以拿捏王元逵和何弘敬,当时就拍了板:"吾与德裕同之,保无后悔。"

随后,朝廷诏命成德、魏博二镇,明白无误地告诉王元逵和何弘敬:"昭义的情况和你们不同,你们只要不掺和,肯定会有好处。"

这就够了,只要不动他们的底线,河朔藩镇才不会和朝廷翻脸呢!王元逵和何弘敬吃了定心丸,"悚息听命"。

五月十三日,武宗下诏削夺刘从谏、刘稹的官爵,调集成德、魏博、河中、河东、河阳、忠武等邻近藩镇讨伐昭义。

之前,对于河北藩镇自立节帅,朝廷有固定的处理程序:先派吊祭使吊唁已故节度使,再派册赠使、宣慰使去打探军情。如果判定朝廷须得承认,朝廷就授予新人节钺;如判定不能,朝廷才会调兵讨伐。瞅着工作似乎形成了闭合回路,但这里面的时间成本太大,沟通来沟通去，等最后形成决议，至少半年过去了。而这时那些想依靠武力强行上位的野心家，已经把军事准备工作做到位了。因此，朝廷出兵往往讨不到便宜。

李德裕吸取之前的教训，说不能再墨守成规了，说干咱就干了！武宗拍板之后，他当即要求各镇迅速出兵。

晋绛行营节度使李彦佐行动迟缓，李德裕大为不满，把石雄调过来当副使。李德裕就欣赏石雄，对武宗说："之前潞州（昭义军治所）有个男子在市集上唱歌，歌曰：'石雄七千人至矣！'刘从谏觉得他祸乱民心，把他给杀了。依我看，此乃天意，最终攻破潞州的必是石雄！"

石雄马上率部出击，接连攻破昭义军五座大营，俘斩数千人。朝廷赏赐的财物，他都分给了部下。武宗很高兴："如今将帅有义节又勇敢的首推石雄。"马上就让石雄当了晋绛行营节度使。

当然了，刘氏三代割据昭义，还是有些实力的。前期，官军也吃了一些败仗。这时，朝中的反对派又冒头了，要求雪免刘稹。

武宗问李德裕啥意见。李德裕不屑一顾："小小进退，兵家之常。愿陛下勿听外议，则成功必矣！"武宗马上对宰相们说："为我语朝士：有上疏沮议者，我必于贼境上斩之！"这下反对派就没人敢说话了。

会昌四年（844年）正月前后，河东军爆发了兵变。

事情的经过是这样的：前宰相、河东节度使李石派大将杨弁率一千五百精兵讨伐刘稹。河东军有惯例，军士出征，每人赏绢两匹。杨弁率部来到太原请赏。当时河东府库不足，李石只得说现在财政紧张、军用不足，每人给不了两匹，只能给一匹。杨弁就不干了，悍然兵变，驱逐李石，随后倒向刘稹。

老宰相李石黯然落幕，被打发到东都养老去了。第二年，这位铁骨铮铮的直臣就去世了，终年62岁。

李德裕马上调集重兵征讨杨弁。驻榆社（今山西晋中榆社县）的河东军在监军带领下，攻克太原，将杨弁一党全部诛杀。

官军不断前进，经过大半年的战斗，刘稹终于走向覆灭。

八月，昭义军内讧，刘稹被杀，首级被送往长安。歌谣果然变成了现实，石雄七千大军开入潞州。武宗诏命掘出刘从谏的尸体，就在这儿晒，晒足七十二小时。曝尸三天后，石雄又在球场上将刘从谏斩首并碎尸万段。

长庆削藩失利，河朔三镇重归自治，昭义、横海、武宁也成了事实上的独立藩镇。文宗灭了横海李同捷。武宁王智兴虽然跋扈，最终也没敢迈出造反这一步，死于文宗开成元年（836年）。现在，武宗又灭了刘稹。至此，朝廷又基本恢复了对藩镇的控制。

能够取得这样的成就，李德裕的坚持和策划至关重要。武宗发自内心地感谢李德裕，要加封他为太尉、赵国公。李德裕一再推辞。武宗急了："朕只恨再没什么官爵可以赏给你！如果不是你应得的，朕绝不会赏赐予你。"李德裕只好接受。

我一直在想，到底是武宗足够幸运遇到李德裕，还是李德裕足够幸运遇到武宗？

刘从谏被暴尸，刘稹被杀，谁最开心呢？当然是仇士良！但他已经看不到了，讨伐刘稹期间，这个老奸宦病死了。

02. 仇士良倒台

会昌之初，仇士良可谓头顶一日、足踏千峰，想蘸红糖蘸红糖，想蘸白糖蘸白糖。

李德裕那么豪横的一个人，也不敢招惹仇士良和鱼弘志。一次，仇士良想走门荫的路子，给儿子谋个千牛备身的职务。文件转到给事中李中敏这儿，被李中敏顶了回去，批文是这么写的："依律，开府仪同三司荫及子孙当然没问题，但仇士良是宦官，怎么可能有儿子呢？"这就是哪壶不开提哪壶了，给仇士良臊得哟！李德裕是怎么处理的呢？他当即将李中敏外放为州刺史。

然而，尽管他小心翼翼，终究还是把仇士良给得罪了。

仇士良、鱼弘志非常痛恨两枢密——刘弘逸和薛季棱，以及牛党的两位宰相杨嗣复和李珏。文宗之末，这四个人背着他俩想立储君，殊为可恨！所以，他一再怂恿武宗诛杀四人。

武宗本就对这四个人很有意见，在仇士良的一再挑唆下，火儿终于被拱上来了。会昌元年（841年）三月，他赐死刘弘逸和薛季棱，并派中使分赴湖南、广西诛杀杨嗣复和李珏。

牛党的杜惊急了，也顾不上什么门户之争了，直接来求李德裕："天子年少，新即位，兹事不宜手滑！"李哥，天子年少，又刚刚即位，做事孟浪，你可是老江湖了，这时候可不能手滑啊！

杜惊其实是提醒李德裕，牛李两党斗这么多年了，虽然斗得很凶，但毕竟还有一条底线存在：只搞倒，不搞死！不信大家可以回顾一下，两党每次更迭，无非就是一党入京一党外放，从来没见将谁迫害致死。

李德裕意识到了问题的严重性，如果他不阻止武宗杀杨嗣复和李珏，那么牛党就会把这笔血账算到李党头上。这个先例一开，往后双方就得刺刀见红、性命相搏了，将有无数人头落地。

他马上联合崔珙、崔郸（武宗初即位提拔的宰相）、陈夷行三相，外加两位新枢密使杨钦义和刘行深，一起向武宗进言："杨嗣复、李珏毕竟是宰相，即便有罪，从重贬黜就可以了。如果陛下非要处死他们，那也得按照程序来，先调查审讯，证据确凿了才能处置。现在陛下不和我们商量，直接派中使去诛杀杨嗣复和李珏，舆情很汹涌啊！希望陛下登临延英殿，与众大臣商决此事。"

这么多重臣进言，武宗只能召集朝臣在延英殿商议此事。

会议讨论得很激烈，武宗罕见地与李德裕针锋相对，说啥都要弄死杨嗣复和李珏。李德裕急得都哭了："陛下宜重慎此举，毋致后悔！"

武宗死硬："朕不悔！"

大臣们还是不肯屈服，站着不退。武宗急了，三次让他们坐下。哎，大家就不坐，就这么杵着。李德裕说了："臣等希望陛下能够免除二人死罪，如今圣旨未下，我们不敢坐。"

得，看这个形势，不赦免杨嗣复、李珏，大臣们是不会屈服的。武宗沉默良久，终于松了口："行吧，看在你们的面子上，朕赦免他们。"李德裕等人"跃下阶舞蹈"。注意这个"跃"字，充分表现了主人公们狂喜的心情。

等大臣们都坐下后，武宗就开始真情大告白了："朕即位前，李珏和薛季棱想推陈王，杨嗣复和刘弘逸想推安王。陈王好歹还是文宗的意思，安王则完全是杨贤妃那帮人强推的。你们也知道，杨嗣复是杨贤妃的侄子，他给他姑写信，劝杨妃仿效则天皇后临朝称制。如果让安王得了志，朕哪还有今天?！"

李德裕等人这才知道武宗的真实想法。但武宗说的这些话，别人都不知道，更不清楚是不是真的。所以，李德裕只能说："兹事暧昧，虚实难知。"武宗虽然仍旧坚持自己的看法，但确实修改了诏命，追还诛杀杨嗣复和李珏的中使，改将杨嗣复贬为潮州刺史、李珏贬为昭州（今广西桂林平乐县）刺史。

李德裕这次出手相助，守护的不是杨嗣复和李珏，而是党争的底线，闹归闹，斗归斗，别杀人！

但他坏了仇士良的好事，仇士良就很不高兴了，要办他！

会昌二年（842年）四月，武宗宣布将登临丹凤楼，接受群臣所上尊号[①]，并大赦天下。有人跑到仇士良面前搬弄是非，说李德裕起草的赦书里有削减神策军衣粮和马料的内容。仇士良可算逮到机会了，煽动神策军闹事："如此，至日，军士必于楼前喧哗！"

好在李德裕的消息很灵通，马上就知道了，并在第一时间向武宗作了汇报。神策军闹事可不是玩儿的，万一再来个"甘露之变"就麻烦了。武宗十分恼火，马上派中使到左右神策军中宣谕："赦书里没你们传的那些事。再说了，赦书表达的都是朕的意思，和宰相无关，仇士良你胡扯什么?！"仇士良偷鸡不成蚀把米，只能"惶愧称谢"。

作为一个刚断的帝王，武宗早就对处处掣肘的仇士良不满了。仇士良也感觉出来了，但他现在已经拿武宗没办法了。仇士良不想步王守澄他们的后尘，转年就以年老多病为由，申请退居闲职。

武宗顺势拿走他的中尉职务，只保留了一些虚衔。仇士良事实上被退休了。

宦官和神策军将们一直将仇士良送回长安广化里家中，并向他请教固宠之道。仇士良还真就"传帮带"了："不要让天子闲着，应该常常以奢靡来掩住他的耳目，使他沉溺于宴乐中，没工夫管别的事情，这样咱们才能得志。另外，千万不要让他读书，也不要让他接近读书人，否则他知道前朝兴亡后就要疏斥我辈了。"这绝对是"真经"！众人拜谢而去。

一个月后的六月二十三日，仇士良病死于家中，年63岁。武宗辍朝两日意思了一下，追赠其为扬州大都督。

[①] 尊号是指古代尊崇皇帝、皇后的称号。皇帝的称号有四种：尊号（徽号）、谥号、庙号、年号。

在唐朝宦官专政史上，仇士良是一个承前启后的关键人物。他一生历德、顺、宪、穆、敬、文、武七朝，掌握宦官集团最高权力近十年，酿成"甘露之变"，挟文宗，立武宗，累计杀了一妃（杨贤妃）、二王（安王李溶、陈王李成美）、四宰相（李训、王涯、舒元舆、贾𫗋），不仅将江山社稷和君王玩弄于股掌之间，还一手将宦官推上了权力的巅峰。如果非要从唐朝奸宦中挑一个最跋扈专权的，非仇士良莫属！

此等罪恶就是千刀万剐也不为过！唐朝弄权的宦官大多结局凄惨，但弄权弄到极致的仇士良却反而得以善终，这真是一个让人极感无奈的现实。

仇士良有五个儿子，除次子仇亢宗外，其余四个都入了宦官行，并且任的都是要职。但仇士良一死，鼎盛的仇氏家族就哗啦啦倒台了。会昌四年（844年）六月，有宦官检举仇士良家里私藏武器。一搜，这厮果然私藏了兵仗数千。武宗下诏削除仇士良一切官爵，并籍没其家。

鱼弘志记载不详，据我推测，他应该在仇士良退休前就死了。

03. 会昌法难

这才几年的工夫，武宗已经干了多少大事儿、实事儿，件件桩桩都值得大书特书。但真正让他名扬历史的，既不是大破回鹘，也不是讨平刘稹，更不是扳倒仇士良，而是以雷霆手段灭佛。

汉传佛教有"三武一宗之厄"的说法，代指佛教发展史上的四次法难。所谓法难，是指由政府发起的有计划、有组织、系统性的灭佛运动。"三武"指北魏太武帝拓跋焘、北周武帝宇文邕和唐武宗，"一宗"指后周世宗柴荣。这四次灭佛的原因大同小异，本质上都是佛教的过度兴盛危害了经济安全、社会安全、政治安全，引起了世俗政权的强力压制。

武宗灭佛的原因大体也如此：

首先是他个人的原因。武宗是道教的虔诚信徒，勤于"道术修摄之术"。即位后，他马上将敬宗宠幸的赵归真等八十一名道士召入禁中，并在宫中修建金箓道场，经常亲往受法箓。虽然都是崇道，但武宗明显比爷爷宪宗走得更远。宪宗只是单纯想长生不老而已，所以他并不排斥佛教，还迎奉过佛骨，而武宗在迷信道教的同时却极为排斥佛教。

其次是道教名流的鼓动。武宗身边云集了当时道教的头面人物，有敬宗朝国师赵归真、衡山道士刘玄靖、罗浮道士邓元起和轩辕集等。吐蕃有佛苯之争，大唐有佛道之争。这些道士为了弘扬道教，极力怂恿武宗灭佛，"每对，排毁释氏，言非中国之教，蠹耗生灵，尽宜除去，帝颇信之"。

会昌元年（841年），武宗过生日，在宫中宴请佛道二教代表，顺便搞了一场宗教辩论赛。他存心要佛教难堪，判定道教获胜，并重赏了道教辩手。佛教徒们就不干了！有个叫宝月的天竺僧人居然冲闯宫门，公然指责武宗蔑视佛教，还扬言要回天竺老家，不在大唐待了！武宗命人棍棒伺候，将宝月一路打了出去。

经过此事，武宗对佛教和僧人越发厌恶。此消彼长，道士们自然越来越受宠信了。赵归真甚至获得了随意出入宫廷的特权。李德裕曾经委婉提醒过武宗："陛下，赵归真是敬宗朝的罪人，您不宜与他走得过近！"武宗不以为然："爱卿多虑了，宫中无事的时候，朕才和赵归真谈谈道法以洗濯烦恼。至于国家大政，朕肯定是要和爱卿你们商酌的。哪怕有一百个赵归真，也不能蛊惑朕。"

当然了，促使武宗灭佛最根本的还是政治经济原因。

自玄奘取经归来，中土佛教一直处于上升趋势，且速度越来越快。太宗敕令开示佛骨，高宗首次迎奉佛骨，武则天第二次迎奉佛骨，肃宗第三次迎奉佛骨，德宗第四次迎奉佛骨，宪宗第五次迎奉佛骨。统治阶级的带动，使得佛教一日千里、狂飙疾进。

这种快速发展直接体现为"三多"：

第一，佛教的人越来越多了。许多青壮年出家为僧为尼，这些人遁入空门就不再从事生产劳动了，而且也无须向政府缴纳赋税。除了僧尼，寺院还蓄养了大量的奴婢。

第二，佛教的钱越来越多了。光是信徒们进奉的香火钱就是很大的一笔，何况当时的寺院还能做金融生意，类型五花八门，质举、借贷等应有尽有。

第三，佛教的土地越来越多了。总店要开分店啊，开一家就占一大块土地。分店越开越多，土地也越占越多。寺院还不断兼并百姓的土地，当时长安的"良田美利多归僧寺"。首都尚且如此，地方可想而知。

整个国家是个大盘子，佛教的人多了、钱多了、地多了，那朝廷的人、钱、地肯定就少了。所以，就出现了这样一种怪相：朝廷穷哈哈的，一直勒紧裤腰带过日子；而寺院却富得流油，"十分天下财，而佛有七八"。起初朝廷只是眼红，后来这种剪刀差到了一定程度，朝廷就急眼了。寺院过得比朝廷都舒服，住持的小日子比皇帝还舒坦，你佛教还想安稳吗，不搞你搞谁?!

李德裕虽然看不上赵归真，但在灭佛的问题上，他们的立场是一致的，一个从意识形态上煽风点火，一个从政治经济安全的角度劝说。最终，武宗拿定了主意：得了，毁灭吧！

搞是肯定要搞的，问题是怎么搞，从哪里入手搞？简单，从佛教身上找毛病。由于追求快速发展，自身建设没跟上，当时的寺院很不成体统。比如，一些僧尼仗着自己是出家人，不受世俗法律约束，肆意违法犯罪，什么调戏妇女了、抢劫百姓了，常有的事儿。还有一些僧尼纯属是大混子，不遵守佛教徒基本的戒律。一些寺院搞得跟公关公司似的，结交达官权贵，媚俗世间潮流。

既然有问题，那搞整顿总没错吧？！

整顿说来就来！会昌二年（842年），武宗颁诏：僧尼中的犯罪者和违戒者必须还俗，并没收全部财产，"充入两税徭役"。这就正式拉开了会昌灭法的序幕。以后一年比一年扩大，一年比一年激进。

会昌五年（845年），灭佛运动进入最高潮。三月，武宗敕令严禁天下寺院建置庄园，并清查全国所有寺院及其僧尼、奴婢、财产的数量，这是要掌握一手数据。四月，规定僧尼无论中国籍还是外国籍，不论有牒①或无牒，必须全部还俗。七月，捣毁全国佛寺，两京各留两寺，每寺只留僧尼三十人，地方上只有大州可以保留一所寺院，其余全部拆除。拆下来的金、银、铜等贵金属，一律上缴国家盐铁部门回炉铸造钱币，铁器则由本地州府重铸为农具。还俗僧侣放归本籍，如果是外国人，遣送出境。

武宗甚至还下令捣毁法门寺珍藏的释迦牟尼指骨舍利。韩愈如果还活着的话，肯定高兴得蹦高高了。寺僧们搞了几件仿制品，将真品藏于别处，才算躲过了一劫。唐代存放佛祖舍利的寺庙有四所，除了宝鸡法门寺，还有泗州（今安徽宿州泗县）普光寺、代州武台山和终南山五台寺。代州武台山和终南山五台寺的佛指舍利就毁于武宗灭佛

---

① 牒，由官府发给僧人的度牒，相当于僧侣证。

时。清康熙十九年（1680年），泗州普光寺被洪泽湖水淹没，佛指舍利沉入湖底。因此，法门寺佛祖真身指骨舍利是中国现存唯一的佛指舍利。

武宗灭佛时，日本佛教天台宗山门派创始人圆仁和尚正在大唐求法。他亲身经历、亲眼看到了会昌法难。这段经历后来被他写入了日记《入唐求法巡礼行记》。根据此书记载，经过武宗灭佛，山东、河北一带到处"僧房破落，佛像露坐"，"寺舍破落，不多净吃；圣迹陵迟，无人修治"，江南地区也是"刹宇颓废，积有年所"。可见会昌灭法对佛教打击之沉重！

武宗不仅灭佛教，顺带脚还把大部分外来宗教都灭了。彼时在中土流行的外来宗教，除了佛教，还有景教、祆①教、摩尼教和伊斯兰教。景教其实就是基督教的聂斯脱里派，在唐代传入中国后被称为大秦景教。祆教又称拜火教、琐罗亚斯德教，是波斯、回纥的国教，早在北魏时就已传入中国。摩尼教脱胎于祆教，但又融合了基督教、佛教的一些教义。顺便说一句，这个摩尼教正是金庸武侠小说《倚天屠龙记》中记载的明教。以上三教这次都被灭了，"凡国中所有大秦寺、摩尼寺，一并撤毁；斥逐回纥教徒，多半道死；京城女摩尼七十人，无从栖身，统统自尽；景僧、祆僧二千余人，并放还俗"。由于这三教在中原生根日短，经此打击后便一蹶不振，渐渐式微了。外来宗教里，只有当时还小弱的伊斯兰教没有受到冲击。

八月，武宗昭告天下，主要讲了两个方面的内容：一是灭佛的原因，将灭佛举动定性为"惩千古之蠹源，成百王之典法"，正义得要

---

① 祆，音先。

要的；二是灭佛成绩单：总计拆除寺院4600余所和招提①、兰若②4万余所，收缴土地数千万顷，还俗僧尼26万余人，解放奴婢15万余人。

这一拨操作下来，对佛教的打击可太沉重了，算是比较好地解决了崇佛之祸。虽然后来懿宗、僖宗一度扶植过佛教，但佛教毕竟元气大伤，短时间内恢复不到从前了。再加上唐末乱世兵荒马乱的，佛教在中国陷入了一段较长时间的低迷期。

武宗灭佛的确起到了增加纳税人口、收回优质良田、增加财政收入的积极作用，但过于激进也是不争的事实。比如，五台山的僧徒拒绝还俗，纷纷逃向卢龙。李德裕勒令张仲武封锁边境，不得放游僧入境。张仲武直接送了两把刀给居庸关守将："有游僧入境则斩之！"

佛教过度兴盛该管，但这么管也确实太简单粗暴了！这也成了后来宣宗清算武宗、李德裕、赵归真的由头。

04. 打压牛党

别看李德裕紧锣密鼓地办了不少正事，但这几年里党同伐异的事他也在干。

会昌元年（841年）夏，由于连降大雨，汉水暴涨，山南东道治所襄州（今湖北襄阳襄州区）遭遇洪灾，冲毁民居无数。李德裕趁机弹劾节度使牛僧孺赈灾不利，致使牛僧孺被罢为太子太师、东都留守。

---

① 招提，指民间私造的寺院。
② 兰若，佛门经官府批准建造的寺院。

但这正遂了牛僧孺的心愿。老牛年纪大了，对政事已经没什么兴趣，回到东都后他乐得清闲，专注于自己的爱好——写作和品石。

作为牛党中最有才的一个，牛僧孺年轻时候就是笔杆子。退居二线后，他醉心于写小说，一个不小心，写出了唐传奇的代表作——《玄怪录》。这本书其实和蒲松龄的《聊斋志异》差不多，也是写牛鬼蛇神、妖魔鬼怪、人间怪事的，而且文笔很流畅，语言很生动，读来引人入胜。后世文人对老牛的《玄怪录》评价很高。比如鲁迅就曾评价道："造传奇之文，荟萃为一集者，在唐代多有，而煊赫莫如牛僧孺之《玄怪录》。"

老牛还是中国品石第一人。在他以前，达官贵人、文人墨客还没有玩石头的，牛僧孺首开了这个先河。他购买收藏了很多奇石，尤其喜欢太湖石，"游息之时，与石为伍"。他把太湖石按大小分为甲乙丙丁四类，每类又评出上中下三等，刻在石头上。白居易在《太湖石记》中，说老牛对石头"待之如宾友，亲之如贤哲，重之如宝玉，爱之如儿孙"。这已经不是普通爱好者了，简直就是石痴。

武宗想用白居易为宰相。李德裕当然不能接受，说年老多病的白居易已无法胜任，不过他有个堂弟白敏中，此人也很有才学，陛下用他也就等于是用白居易了。当然了，白敏中还年轻，当宰相还不够格，需要蹲苗培养。武宗就同意了，让白敏中当了翰林学士。

然后，李德裕就把淮南节度使李绅推上了宰相宝座，顺带脚还把牛党的杜悰踢到了淮南。

李绅回朝拜相，封赵国公，官居一品。

唐代诗人，官至一品的只有李绅和张说两人。杜甫才六品，李白更惨，只有八品。还是那句话，人比人得死、货比货得扔啊！

这时，李党已经有三位宰相了：李德裕、李绅和陈夷行。

因为反对招抚回鹘嗢没斯，陈夷行把李德裕给得罪了。会昌二年

（842年）六月，陈夷行被罢相，降为尚书左仆射。接替他任宰相的当然还是李党中人，右仆射李让夷。同年，郑覃申请致仕，并很快去世。

李让夷和同党的另一宰相崔珙不合，诬陷崔珙保护刘从谏，使得李德裕和崔珙反目。会昌三年（843年）二月，崔珙被罢相，一路贬为恩州（今广东江门恩平市）司马。

甭管宰相怎么换，反正都得是李党的，这就让武宗不爽了。

会昌三年五月，他突然任用牛党的崔铉[①]为宰相。为什么说突然呢？因为武宗事先完全没有和宰相、枢密使商量，夜里让人起草了任命崔铉的制书，第二天一大早就发布了。

紧接着，会昌四年（844年）七月，武宗又任命淮南节度使杜悰为宰相。

接替杜悰的又是李绅。李绅这些年作威作福作得太猛了，把身体弄坏了，申请辞去相位，继续回淮南当节度使去了。紧接着，李党的陈夷行又病逝于河中节度使任上。

牛党接连上来两位宰相，己方连失郑覃和陈夷行两位元老，李绅又走了，这下李德裕坐不住了，他怕崔铉和杜悰站稳脚跟后，会想方设法把牛僧孺、李宗闵召回朝中，便心生一计。

十月，李德裕上书弹劾东都留守牛僧孺和杭州刺史李宗闵，说："刘从谏占据昭义，文宗太和年间他曾经入朝，牛僧孺、李宗闵作为执政不仅没有设法留下他，还给他加了宰相衔放走了，所以才有了今日的祸患。这都是他们两人的罪过呀！"

这事我前面讲过，当年牛僧孺和李宗闵的确也是朝中高官，牛僧孺还是宰相，但刘从谏能接掌节度使，主要是走了王守澄和李逢吉的门路，与牛、李关系不大。李德裕就是想借昭义这把火烧一烧牛僧孺

[①] 铉，音炫。

和李宗闵。

武宗当然不会轻信李德裕的片面之词。但人家李德裕准备工作做得很充分，证据链条早打好了，要多硬有多硬。昭义孔目官郑庆得了李德裕的授意，说刘从谏每次收到牛僧孺和李宗闵的书信，阅后即焚。武宗让御史台讯问郑庆。御史台早被李党把持了，武宗得到的调查结论当然是实有其事。紧接着，李德裕又献上了河南少尹吕述的书信。吕述说了，当朝廷讨平刘稹的捷报传到东都，牛太傅居然"出声叹恨"，似乎对刘稹极为同情。

武宗大怒，这两个老家伙果然和刘稹蛇鼠一窝，连下敕书，将牛僧孺一路贬为循州（今广东惠州市）长史，李宗闵则被削职为民，长流封州（今广东肇庆封开县）。

李德裕这拨操作太狠了，自然引起了牛党的反弹。

会昌五年（845年）正月，淮南节度使李绅上报了一个案子。按李绅的说法，案情是这样的：有百姓举报扬州江都县尉吴湘贪污公款，强娶民女阿颜。李绅经调查属实，奏请依律处死吴湘。牛党中人则纷纷说这是一起冤案，内有隐情。

武宗派监察御史崔元藻和李稠前往扬州复查。崔、李的调查结论还是很客观公正的：吴湘确实贪污公款来着，但所谓强娶民女则不实。一来阿颜的父母都是士族，并非一般百姓；二来吴湘并不存在强娶行为。因此，吴湘虽然有罪，但罪不至死。

令人匪夷所思的是，李德裕居然设法将崔元藻和李稠贬为远州司马，案件也被他定性为没问题，无须复审，直接依照李绅的结论，判处吴湘死刑。牛党的谏议大夫柳仲郢和敬晦依旧表示反对，但完全没用。二月，吴湘被送上了断头台。

事后不久，李德裕推荐柳仲郢出任京兆尹。柳仲郢十分诧异，因为他是牛党的人，如今却受到李德裕的举荐，出任要职。满怀感激的他专程登门致谢李德裕。

一些历史研究者把这个故事当作李德裕公正无私、不搞党争的证据。这是非常可笑的！李德裕这么做，其实是为了堵住柳仲郢的嘴。

从古至今，很多人复盘这个案子时都有共同的疑问：李绅为什么迫害吴湘？李德裕又为什么不惜代价地力挺李绅呢？

各种版本的解释很多：

第一种是后来翻案时的调查结论。说扬州都虞候刘群已经和士族颜悦的女儿阿颜定下了婚约，不料颜家却悄悄把阿颜嫁给了吴湘。刘群气不过，就告了吴湘。这种说法当然是真的，但回避了一个重要问题：李绅为啥要帮刘群泄愤，而且力度还这么大，连李德裕这种级别的关系都动用了。

第二种是《北梦琐言》[①]的说法。说李绅想纳阿颜为妾，被吴湘捷足先登了，所以李绅就抓吴湘的小辫子，要搞死他。这种可能性是有的，毕竟李绅的人品不是一般的差，这种事儿他的确干得出来。但还是存在着上面的BUG：李德裕为啥出那么大的力气帮李绅，仅仅是出于同气之情吗？

第三种是《册府元龟》[②]的说法。说李绅本想把阿颜送给李德裕，结果被吴湘截胡了，李绅和李德裕很不爽，联手搞死了吴湘。这个说法显然是不成立的，因为李德裕并不好色。

我认为，《资治通鉴》里的说法才是最接近真相的。当年李德裕他爹李吉甫节度淮南，和吴湘的叔父、牛党元老、翰林学士吴武陵不睦。李德裕当上宰相后，借故整过吴武陵，致使吴武陵被贬为潘州

[①]《北梦琐言》，宋初孙光宪撰写的关于唐朝的史料笔记汇编。

[②]《册府元龟》《太平广记》《太平御览》《文苑英华》合称"北宋四大部书"。《册府元龟》是政事历史百科全书性质的史学类书，其中唐、五代史部分具有史料校勘价值。

（今广东茂名高州市）司户参军，郁郁而终。不管李绅出于何种动机，只要是搞吴家人，那李德裕肯定是要出手相助的。

　　看来牛党还是很有势力的，必须得再收拾收拾了。经过周密策划，五月，李德裕又出手了，牛党的两个宰相——杜悰和崔铉同日被罢免。几天后，李党的户部侍郎李回出任宰相，杜悰和崔铉则被外放。李党的另一个骨干成员——刑部郎中郑亚被提拔为谏议大夫、给事中。

　　李德裕这拨操作太紧凑、太猛烈、太明显了，连武宗都对他不满了。哦，不是你们李党的人，朕就不能用了呗?! 宦官们就更别提了，要不是会昌朝的"四贵"不给力，他们早就要闹了。介于牛李二党之间的大臣们也很不满意，给事中韦弘质上疏武宗，说宰相权力过大，应该把财权抽离出来。李德裕直接将韦弘质贬官。

　　一个人的优点往往也是他的缺点，李德裕生性耿直、雷厉风行，这种性格用在办事上当然是极好的，但用来处理人际关系特别是官场关系，就是一个大大的缺点了。即便武宗不短命，十年二十年干下去，以李德裕的性格，多半也没有好下场。

05. 惜哉武宗

　　唐朝有个很有趣的现象：平庸的皇帝大多迷信佛教，英明的皇帝则无一例外都是道教的信徒。这也从侧面印证了一个道理：平庸的人都想躺平摆烂，而能干的人还想向天再借五百年。太宗、玄宗、宪宗、武宗都想长生不老。武宗尤为疯狂，年纪轻轻就开始服用仙丹。

据我推测，武宗服用仙丹可能还有一个说不出口的原因——壮阳。

和禁欲系的文宗不同，武宗是色欲系的，特别好色。他最宠爱的妃子是河北邯郸人王才人。王才人样貌出众，擅长舞蹈，13岁时被选入宫中。穆宗将她赏赐给了当时还是颍王的武宗。好家伙，二人金风玉露这么一相逢，就好比天雷勾了地火。

王氏不仅色艺双绝，还极富政治智慧。文宗去世前，各派势力围绕储君人选明争暗斗，宫中暗流涌动。王氏积极为武宗谋划，争取到了仇士良和鱼弘志的支持，最终将武宗送上了皇帝宝座。

武宗即位后即册拜王氏为才人，甚至一度想立她为后。但李德裕明确反对："才人无子，家族又不显贵，恐怕使天下议论。"武宗只得作罢。

按我们现在的话，王才人和武宗就是那种特别有夫妻相的CP，两人身形极为相似。武宗每次去禁苑打猎，王才人都会随行。由于两人的装扮、身形差不多，别人远远望去，都分不清到底哪个是皇帝、哪个是才人！

既是伴侣，又是助手。所以，尽管后宫佳丽三千，武宗却独宠王才人一人，有时在过度劳累之后，腰酸腿疼，精神不振，好像身体被掏空。在那个没有汇仁肾宝片、蓝色小药丸的年代，武宗只能服用重金属小药丸。

王才人倒是很贴心，不止一次地劝过武宗，哦，我的陛下，您还是少吃点儿小药丸吧！但武宗很固执！王才人忧虑万分地对侍女说："陛下天天炼丹，说要长生不死，可他现在形容枯槁，我非常担心！"

接下来就是熟悉的味道、熟悉的配方了，重金属吃多了，会昌五年（845年）武宗就病倒了。本来还是能救的，可赵归真等术士们却说，陛下，不碍事儿的，这是成仙前的"换骨"，就该这样，您不用治，等熬过这段时间，您就脱胎换骨、涅槃重生了！

渐渐地，武宗上朝的频率越来越低，甚至连最喜欢的禁苑狩猎都停了。起初，大臣们也没多想，深宫里的事情他们是很难知道的。但当武宗宣布停罢会昌六年（846年）元旦的大朝会时，大家意识到了事态的严重性。

宰相们想面圣，武宗一概不见，连李德裕也不见。三月初一，他突然下诏改名，将李瀍改为李炎。在文宗以前，唐朝皇帝轻易是不改名的。当王时可能会改，但当皇帝后就不会再改了。从文宗起，出现了一条不成文的规矩，即位即改名，但改名后决不再改。武宗即位时改了一次，现在又改了一次，这也使他成为唐朝第一个在位期间改名的皇帝。

事出反常必有妖。武宗之所以要改名，是因为术士们对他说，大唐属土德，但他姓名里的"瀍"字带水，土能克水，大唐克他，所以他的身体才不好。术士们建议他改名为"炎"，"炎"有两把火，火能生土，不仅能够滋养大唐，也能够滋养陛下。这都扯的什么淡?!但武宗信了！

名字倒是改了，但没用，武宗的病情还是一天天地恶化下去了。终于，他认输了，悲怆地对王才人说："朕气息奄奄，情虑耗尽，要与你诀别了。"王才人泪落如珠："陛下大福未尽，怎能说如此不祥的话呢？"武宗问她："真如我言，如何？"王才人毫不犹豫地说："陛下万岁后，妾得以殉葬。"武宗滚下两行热泪，命宦官拿出一条三尺白绫给王才人。

三月二十三日，武宗驾崩，年仅33岁。王才人将所有财物分给宫人，自缢于武宗卧榻前。

武宗虽然在位只有六年，但他这六年一点儿也没虚度，办了很多大事、正事、实事，太光华夺目、太振奋人心了！他重用李党，对外，击破回鹘残余势力，宾服黠戛斯汗国；对内，拿下了"甘露之变"的罪魁祸首仇士良，剿灭了割据昭义三代的刘氏家族，还以空前力度灭佛，将宦官专权、藩镇割据、过度崇佛这三大祸乱控制在历史最低水平，史称"会昌中兴"。如果上天再多给他一二十年，又或者多给几个武宗，唐朝复兴绝不是空谈。

武宗和李德裕君臣相知如一人，堪称大唐绝唱。但我认为李德裕其实对不起武宗，因为他关心关爱武宗很不到位。

武宗是他的权力来源，对他又很信任，无论从情感角度还是利益角度来说，李德裕都应该经常关注领导的爱好和健康状况。好几个皇帝都是吃丹药吃死的，这李德裕都是知道的，可我们却没看到他说过一句劝谏武宗的话，就那么听之任之。这是其一。

其二，任何一个帝王在位期间的头等大事都是立储。武宗可能觉得自己还年轻，立储的事儿不着急。但李德裕作为宰相，也这么想就不应该了。所以我们看会昌朝的史料，从未看到过李德裕建议立储的记载。并且，武宗驾崩后，身为首相的他也没有及时站出来推立储君。

这就给了宦官们上下其手的空间。左神策军中尉马元贽召集亲信们开了个会，决定撇开武宗的五个儿子，拥立武宗的叔叔、宪宗第十三子、时年37岁的光王李怡为皇太叔。

为什么选择这个光王呢？原因有二：

第一，李怡的母亲正是宪宗朝镇海军节度使李锜的侍妾郑氏。李锜叛乱被处死后，郑氏被籍没入宫，做了郭贵妃的侍女，后来因缘际会受到宪宗临幸，诞下了李怡。李怡虽然是敬宗、文宗、武宗的叔叔，但年龄比敬宗和文宗还要小一岁。

第二，这位光王是个傻子。李怡生得呆头呆脑的，从小就不爱说话，八竿子打不出一个屁来。宫里上上下下，连宦官宫女都嘲笑他是个傻子。

文宗和武宗哥儿俩特别喜欢捉弄这个叔叔，管他叫"光叔"。文宗经常跑到十六王宅，让诸王逗李怡说话，这是他为帝生活中为数不多的快乐之一。性格大大咧咧的武宗更过分，根本就不把李怡当叔叔看，经常公开嘲笑他傻。

反倒是他们的父亲穆宗特别喜欢这个弟弟。李怡十多岁时得了一场重病，当所有人都觉得他不行了的时候，忽然有一束光落在他身上，李怡一跃而起，站得笔直，拱手作揖。奶妈觉得他得了心病。穆宗过来探望，却摸着弟弟的后背说："这孩子是我李家的英物，他才没有心病呢！"后事证明，最了解李怡的恰恰是穆宗。

马元贽等人推立李怡，就是看中了他出身寒微，没有强大的母族做靠山，又是个傻子，容易受他们的摆弄。

宦官们说干就干，伪造并公布了武宗的遗诏："皇子冲幼，须选贤德，光王怡可立为皇太叔，更名忱，应军国政事令权句当。"从这一刻起，李怡变成了李忱，同时也成为历史上第一个正经八百的皇太叔。

在唐朝以前，叔叔继承侄子皇位的例子还是有的，比如东晋的简文帝就是继承了侄子晋废帝的皇位，但因并未经过册封的程序，所以简文帝不能算作皇太叔。唐睿宗和少帝李重茂也是这种情况。

别人认了也就罢了，而李德裕居然也认了。我搞不懂他是真的信了遗诏，还是不敢和宦官们正面对决？不管哪种原因，他很快就要为自己的疏忽付出惨痛代价了。

第九章 党争落幕

01. 逢武必反

皇太叔李忱随即监国。

在所有人的印象里，这位光王就是个呆头呆脑的傻子，连句完整的话都说不利索。说句不该说的，他都能上台，大家是真的要为帝国的前途命运感到担忧了！

然而，皇太叔第一次与诸大臣议政却震惊了所有人。什么牛党李党，什么宦官"四贵"，全都被震到了！万万想不到啊，李忱说话非但不磕巴了，而且条理清晰、口齿伶俐，言谈举止也十分得体。

哟，这还是那大傻子吗？

是，如假包换！那些当他是傻子的人才是真傻。小时候的李忱的确口笨，但那是贵人语迟。成年后，他生活的全部任务就只有一个：装傻！

这都是被逼的！光王母子出身卑微，也就宪宗活着时过了几年好日子。从穆宗到武宗的这 26 年间，他们母子过的是低眉顺眼、天天看人脸色的生活。少年时代的李忱就悟出了一个道理：既然说话会惹来注意、招来蔑视，那还不如不说呢！苦难的生活逼着他早熟了，越成熟他就越不想说话。但不说话不代表他傻，不代表他就没想法。恰恰相反，这是一个相当内秀的人。

童年时，李忱曾梦到自己骑着一条巨龙飞上九霄。他妈郑氏听后，扳着他的肩膀，认真地叮嘱道："这个梦决不能对任何人说起！"

武宗去世的第三天，三月二十六日，李忱旧梦成真，即皇帝位，是为唐宣宗。他真的乘龙上了天！

登基大典上，首相李德裕奉上宝册。宣宗时不时瞟他几眼，神情很不自然。李德裕还纳闷儿呢，皇帝怎么一会儿精一会儿愣的，瞅我干啥呀，我脸上有字啊?！他肯定想不到，仪式结束后，宣宗对左右说了这么一句话："适近我者非太尉邪？每顾我，使我毛发洒淅。"

看来李德裕的气场是真的强大啊！可是，一个让皇帝感到害怕的宰相能长久吗？

四月初一，宣宗亲政，尊封母亲郑氏为皇太后。

郑氏这辈子就没做过当皇太后的梦，她出身微贱，又是罪臣的女人，能活着就已经很不错了，没想到命运造就，七拐八拐地，居然逆袭成大唐的皇太后了。这人啊，如果倒霉起来，喝凉水都塞牙，放屁都能砸到脚后跟，可要是走起运来，椰风都挡不住。最让郑氏感到扬眉吐气的是，现在她终于可以平视当年的主子——郭太皇太后了。

初二，宣宗又下了一道诏书。这道诏书震惊了中外！宰相李德裕居然被外放为荆南节度使。李德裕"秉权日久，位重有功"，谁能想到他突然倒台呢？但宣宗就这么干了！

风暴并非只为李德裕一人而起。之后的数天里，在朝的李党骨干纷纷遭到外放或贬黜。工部尚书薛元赏和京兆少尹薛元龟兄弟俩被外放远州。李让夷罢相，改任太子宾客，分司东都，不久病死。

一眨眼的工夫，李党三相居然只剩一个李回了！

很明显，宣宗是在打击李党！这事儿怪就怪在这完全是宣宗个人的意思，与牛党、与宦官没有半毛钱关系。所以，各方势力都很震惊，不仅朝中的马元贽等宦官脑瓜子嗡嗡的，就连远在广东的牛僧孺、李宗闵听说后都瞠目结舌。

别急，更猛的还在后面呢！四月底，宣宗清算了武宗宠幸的道士们。赵归真等人被杖毙。轩辕集流放岭南。

五月初，宣宗大赦天下，同时又宣布了一个震惊世人的决定：恢复佛教。武宗灭佛时，长安、洛阳两京仅保留了两所寺庙。现在宣宗大笔一挥，两京分别再增置八座寺庙。所有被夺走僧牒、勒令还俗的僧尼，由祠部发给度牒，准许他们再次出家。不久，他又下诏：会昌灭佛时拆除的所有寺庙，只要僧尼们愿意重建，就由他们建，中央和地方有司不得禁止。

武宗重用李党，宣宗打击李党；武宗灭佛，宣宗兴佛。瞅这意思，宣宗是要和武宗逆着来呀！但他为什么要这么做呢？

宣宗最大的问题在于得位不正、法统有亏。穆、敬、文、武四帝是一家人，并且穆、敬、武三帝都有子嗣健在。按理说，这皇位怎么轮都不该轮到宣宗头上。宣宗是靠着宦官扶持，以庶子加皇叔的身份继承了大统。这种行为在礼法上，说好听点儿叫悖逆纲常，说不好听点儿就是谋朝篡位！

为了解决这个问题，宣宗的思路就是"两个必须"：

一是必须得和穆、敬、文、武四帝切割，将他们推到对立面、踩到尘埃里。因为只有彻底否定了穆宗这一支，他才能牢固树立起"宪宗正统接班人"的牌子。穆宗和敬宗本就不咋地，文宗又太暗弱，真正有作为的也就是武宗了，所以就得集中反武宗，把武宗所有的举措都说成是错的，这样宣宗干啥都是拨乱反正。

二是必须得贤明，这样世人才会肯定他，进而承认他。所以，宣宗学了两位先帝，一个太宗，一个宪宗。他把太宗的《帝范》作为枕边书，时不时就拿出来翻看；把《贞观政要》书于屏风之上，天天正色拱手拜读。用人时，只要是宪宗元和旧臣子孙，宣宗一定优先考虑。

理解了以上这两条底层逻辑，我们就能理解宣宗的一切行为了。

李党要人悉数外放，空出来这么多位置，得提拔新人啊！宣宗第一个想到的就是白居易。可这时的白居易已经病入膏肓、时日无多了！宣宗想，这个"白"不成，还有那个"白"。白敏中捡了大便宜，居然出任宰相了。

没想到这个白敏中是真好使！他看出宣宗逢武必反的决心，便积极迎合宣宗，卖力地推动对武宗旧政及旧臣的清算。李德裕一直以为白敏中会念他的好，殊不知他当年对白敏中的推荐却是引狼入室、养虎为患。

02. 清算李党

李党的末日到了！

七月初三，淮南节度使李绅病逝，年75岁。

李绅节制淮南两年，可谓坏事做绝。

他有个怪癖，喜欢吃炒鸡舌头，每顿饭必须得有这道菜。炒一盘鸡舌头需要耗费活鸡三百只。后院宰杀的鸡堆成了山，李绅不吃，也不给穷人们吃，直接当垃圾扔掉。他一餐的费用高达几百缗，够一个普通人家半年的开销了！

一年冬天，李绅的爱妾说想喝蛤蜊汤。数九寒天，哪儿有蛤蜊?!李绅可不管这么多，强令扬州全城百姓出动凿冰河，给他爱妾挖蛤蜊。听听，这是人干的事儿？哪朝哪代的贪官污吏能干出这种事儿?!

淮南人不堪忍受，宁肯撇家舍业地出去当流民，也不愿意留在老家受折磨。下属向李绅汇报，说百姓流失太多，应当予以重视。可李绅却说："你捧过麦子吧？留在下面的才是饱满的。至于上面的那些秕糠，就让它们随风飘散吧，不必挂怀！"

一次，苏州刺史刘禹锡应李绅之邀到扬州做客。当他见识过李绅妻妾成群、玉食珍馐的奢华生活后，大为感慨，写了一首《赠李司空妓》：

高髻云鬟宫样妆，春风一曲杜韦娘。
司空见惯浑闲事，断尽苏州刺史肠。

美女如云，歌喉曼妙，李司空您是见惯这些大场面了，可我刘某人看了却肝肠寸断，于心不忍呀！成语"司空见惯"就是这么来的。

李绅的女人岂止是多，都多到送人的地步了。

当年他和李逢吉一党不睦，尤其和李逢吉麾下"八关十六子"中的头牌张又新针尖对麦芒。这个张又新其实也是个难得的人才，人送外号"张三头"。为什么叫"张三头"呢？因为他在乡试、省试、殿试中都是第一名，即"解元""会元""状元"，谓之"连中三元"。整个古代中国，"连中三元"仅有十七人。李逢吉死后，失去庇护的张又新主动向李绅道歉，赢得了李绅的谅解。

二十年前，张又新任广陵从事时，曾经有一位当歌伎的情人。二十年后的一天，他在李绅府上喝酒，无意中看到了这位歌伎。两人四目相对，百感交集。趁着李绅换衣服的机会，张又新用手指蘸着酒，在木盘上写了一首诗给歌伎看。李绅换完衣服回来，看到刚才还高高兴兴的张又新此刻却愁容满面，就让歌伎唱歌解闷。歌伎唱了刚才张又新写的诗："云雨分飞二十年，当时求梦不曾眠。今来头白重相见，还上襄王玳瑁筵。"以李绅的文学水平，还能听不懂诗里的意思?! 当场就把歌伎送给了张又新。

李绅写了一辈子的麦子，贩卖了一辈子的情怀，作了一辈子的威福，他以一己之力拉低了李党整体的道德水平。牛李党争，在政治上我是支持李党的。但以私德来论，牛党的牛僧孺、令狐楚能甩李绅几条街。苍天无眼，这种坏人居然还能善终！

八月初三，唐廷为武宗发丧，葬于端陵。为了表彰王才人的节义，宣宗追赠她为贤妃，特许葬于端陵旁的柏城之内。虽然葬礼上的宣宗极尽哀荣，展示了他们叔侄间血浓于水的"真情"，但他的内心肯定都笑出声了。

葬礼刚刚结束，宣宗就发布了一道史无前例的量移诏书：当年武宗贬黜过的五位老宰相，循州（今广东惠州）司马牛僧孺量移衡州（今湖南衡阳）长史，封州（今广东肇庆封开县）流人李宗闵量移郴州（今湖南郴州）司马，恩州（今广东江门恩平市）司马崔珙量移安州（今湖北孝感安陆市）长史，潮州（今广东潮州）刺史杨嗣复量移江州（今江西九江）刺史，昭州（今广西桂林平乐县）刺史李珏量移郴州刺史。

五相同日北迁，盛况空前绝后！五人中，除了崔珙是李党的，还是被李德裕打击过的李党分子，其余四人都是牛党的。牛党中人喜大普奔，希望的春天就要来了！

但病重的李宗闵等不到春天了，还未离开肇庆就去世了。

同为牛党领袖，李宗闵和牛僧孺有三点不同：

第一，牛僧孺雅好文学，也喜欢结交文士，白居易、刘禹锡等文化界大咖都是他的座上宾、好朋友；而李宗闵只好政治，他喜欢扒拉人、扒拉事，迷恋那种翻手为云、覆手为雨的感觉。

第二，李宗闵不在乎名声，想怎么干就怎么干，外界的评价他从不放在心上；牛僧孺则非常珍惜自己的羽毛，有时还会主动避祸。

第三，李宗闵的脑袋里只有权力，眼中只有个人利益和本党的利益，至于是非曲直、国家利益他根本不介意；而牛僧孺有时还能为国家考虑一下。

总的来说，牛僧孺还算一个政治家，而李宗闵就是一个彻头彻尾的政客。因此，不管在唐朝，还是在后代，牛僧孺的风评远在李宗闵之上。

同月十四日，一代文宗白居易病逝。

从穆宗到文宗，朝廷的庄家基本上都是牛党，中间李党和郑注、李训短时期雄起了一阵子，但也没来得及搞白居易。并且，白居易的大舅哥杨嗣复又是文宗爱宠杨贤妃的亲侄子。因此，这些年白居易不仅未受到冲击，官职还不断提升。可提升归提升，他的政治理想在政客扎堆的朝堂上得不到任何共鸣，始终没能走上政治的核心舞台。

长庆削藩战争期间，白居易上书发表对成德王庭凑战事的看法，观点不被采用，心灰意冷之下申请外放。长庆二年（822年）七月，白居易赴任杭州刺史。他给杭州办了不少实事，修筑西湖堤防，疏浚古井，解决了长久以来的民众饮水难问题。这时的白居易已经放弃了冲击高位的念头，在杭州待了不到两年，就调到洛阳任了一个闲散的太子左庶子。

没想到穆宗突然驾崩，敬宗不让他躺平摆烂，又调他去苏州当刺史。诗意的人果然和人间天堂有缘，任职的都是好地方。在苏州刺史任上，白居易为了便利苏州水陆交通，开凿了一条长七里、西起虎丘东至阊门的山塘河，这就是著名的"七里山塘"。

文宗雅好文士，久闻白居易的大名。所以他上台后，白居易跟着也起来了，于太和元年（827年）回到长安任秘书监，配紫金鱼袋，穿紫色朝服。也就是说，他已经享受三品的待遇，这在唐朝诗人中算是很高的成就了。

然后，这对君臣就开始了极限拉扯。白居易不想卷入牛李党争，意思意思了两年，于太和三年（829年）申请调回洛阳当闲差。文宗给他打了个折，洛阳可以回，但不能撂挑子，河南尹你得兼着。白居易对付了四年，又以患病为由，请辞河南尹。文宗以为他真病了，给了他一个太子宾客分司东都的闲职。可不久后，他就听说白居易在洛阳履道里家中，整日与文士饮酒作诗，小日子过得比他这个皇帝舒坦多了！文宗吃醋了，白老师你怎么这样，领着那么高的俸禄，好歹给朕干点儿活儿啊！于是，太和九年（835年）他又调白居易去同州当刺史。白居易死活不干，各种理由一大堆。文宗只得改任白居易为太子少傅分司东都，封冯翊县侯。

开成四年（839年），白居易又说他病了，但这次是真的，确实中风了，申请退休。文宗没同意，病了就病了吧，职务得挂着，不能退休。直到转年文宗驾崩，这两人才结束拉扯。

武宗上台，李德裕当权，白居易就更没心思干了，于会昌二年（842年）以刑部尚书致仕，领取半俸。

这么算下来的话，从太和三年到会昌二年，这13年间白居易实际上就没离开过洛阳，离风暴中心长安远远的。远离是非的好处，就是是非也会最大限度地远离你。白居易急流勇退，躲过了文宗朝的党争，躲过了李训、郑注专权，躲过了仇士良大杀朝臣的"甘露之变"。他在履道里的生活要多舒服有多舒服，日常与同在洛阳的裴度、令狐楚、牛僧孺等人保持着密切往来。这老爷子其实也很风流，蓄养了多名姬妾。他曾经赋诗道："樱桃樊素口，杨柳小蛮腰。"樊素和小蛮是他最宠爱的两名姬妾。后世称赞美女的"樱桃小口""杨柳细腰""小蛮腰"就是从白老爷子这里来的。晚年的白居易尤其笃信禅宗，当了洛阳佛光寺高僧如满的座下弟子，自号"香山居士"，所以后世称他为"白香山"，又因为他字乐天，又称"白乐天"。后人觉得他的诗作水平是李、杜之下的第三人，称他为"诗魔"。

宣宗悲痛万分，追赠白居易为二品尚书右仆射，谥号"文"，并亲自作诗悼念：

缀玉联珠六十年，谁教冥路作诗仙？
浮云不系名居易，造化无为字乐天。
童子解吟长恨曲，胡儿能唱琵琶篇。
文章已满行人耳，一度思卿一怆然。

白老师你写作锦绣诗文长达六十年，如今却离开我们去冥界当诗仙了。你一生兜兜转转、居处不定，却以居易为名。你崇尚造化无为，以乐天为字。你的作品闻名天下，小孩子都会背诵《长恨歌》，甚至连胡人都会咏唱《琵琶行》。朕一想起你，就不由得怆然泣下。

上一个受到皇帝如此宠遇的诗人还是玄宗朝的贺知章。整个大唐诗人圈，能到这一步的只有贺知章和白居易。

新乐府运动三大领袖——元白、短李，李绅品行低劣，元稹私德有亏，唯有白居易人品、作品、官品三品皆全、俱佳。元稹、李绅均为李党骨干，白居易则被视为牛党。他和元稹虽然政见不同，却保持了一生的友谊。相比之下，晚年的白居易和李绅别说诗文唱和了，连普通交往都没有。以白居易的性格，不大可能是他的问题，大概率是李绅为了向李德裕表示忠诚，主动断绝了和白居易的来往。

白居易是唐代最高产的诗人之一，现存诗作仍有三千首之多，并且他的影响力已经超越了国界。大家可能想不到，在日本，白居易是知名度最高的唐代诗人，比李白、杜甫的知名度都高。与白居易同时代的嵯峨天皇总是随身携带着一本《白氏文集》，还经常用白居易的诗句考大臣。平安时代的醍醐天皇、村上天皇甚至邀请文人大江唯公开讲授《白氏文集》，并亲自出席听讲。大江唯在其编著的《千古佳句》里收录了一千多首唐诗，其中有507首是白居易的作品。菅原道真、紫式部、清少纳言等日本文豪均在作品中大量引用白居易的诗句。

九月，宣宗连节度使都不让李德裕当了，由荆南调任东都留守，同时剥夺宰相衔。

腊尽春回，宣宗宣布改元，"大中"①的时代到了！

二月，白敏中又指使党羽弹劾李德裕。宣宗又将李德裕降为太子少保、分司东都，留守还是实职，分司纯粹就是个闲官了。在白敏中的举荐下，刑部尚书崔元式、户部侍郎韦琮等一大批牛党中层走上了宰相宝座。

牛党全面得势！

03. 击破北狄

五月，张仲武向宣宗献上了一份大礼。

是年春，他以卢龙一镇之力北伐山奚。所谓山奚，字面意思是指卢龙北面山区里的奚人，其实也包括了奚人的近亲契丹人。

两番脱离我们的视线很久了。自玄宗时代后突厥汗国覆灭、两番重归大唐后，唐朝与两番之间大规模的战争就没有了。但两番其实一

---

① 大中元年（847年），大中二年（848年），大中三年（849年），大中四年（850年），大中五年（851年），大中六年（852年），大中七年（853年），大中八年（854年），大中九年（855年），大中十年（856年），大中十一年（857年），大中十二年（858年），大中十三年（859年）。

直都在，还在不断地繁衍滋生。玄宗设立范阳和平卢两镇的主要目的就是防御、遏制两番。安史之乱后，回纥崛起，两番转而臣服回纥。从此，唐廷就不再册封两番酋长了。武宗击破回鹘后，两番短暂归附大唐，但不久又恢复了独立状态。

这时的两番虽然人口比当年多，但凝聚力和战斗力大不如前，非常不扛揍！卢龙军大破两番，擒获多名酋长，焚毁帐落二十万，缴获的战利品不计其数。张仲武具表报捷，并将两番酋长的面皮耳朵三百个、辎贮五百乘及七万头牛羊，一并送往京师。

这是继武宗时代大破回鹘残部之后，唐廷对北方游牧民族取得的又一次重大军事胜利。可能是因为对手太弱了，所以官史中居然没有对此次大胜的评价。但卢龙掌书记李俭在《清河张公①神道碑铭》中高度评价了这件事："破獯鬻②之众，帐盈七千；拓鲜卑之疆，地开千里。万狄稽颡③，百蛮投诚。"用词确实溢美了，但属实很提气！多少年了，大唐只有内卷，没有外卷，突然来这么一下子，很振奋人心有没有？！

这次军事行动还有意外收获。

会昌三年（843年）杀胡山一战后，回鹘乌介可汗穷途末路，投奔了黑车子室韦。起初他还是有点儿想法的，琢磨着怎么复兴回鹘汗国。但在草原上游荡了两年多以后，他的部众日渐稀少，只剩下不到三千人了。宣宗即位当年夏天，国相逸隐啜在阿尔泰山把乌介干掉了，改立其弟为遏捻可汗。遏捻带着残部五百人投奔了奚王石舍朗。

张仲武此次大破两番，奚人自己都快过不下去了，哪儿还顾得上

---

① 张公，即张仲武。
② 獯鬻，音熏玉，是匈奴在夏朝时的名称。
③ 稽颡，音起嗓。

遏捻?！遏捻只好又去投奔室韦。好巧不巧，室韦遣使入唐，祝贺唐廷大破两番。使者途经卢龙，在谒见张仲武时，无意间说起遏捻在他们部落。张仲武当时就让他回去，赶紧把遏捻绑送过来。遏捻还是有点儿门道的，提前收到消息，连夜带着老婆孩子一共九人九马向西方奔去，从此不知所踪。

剩下的五百多回鹘人可就惨了，上天无路，入地无门，"相与大哭"。两天后，黠戛斯七万大军又来了，大破室韦，将这些回鹘人大部分抓走，只剩下侥幸脱逃的几个家庭，"潜窜山林，钞盗诸胡"。

至此，南迁回鹘彻底下线。

再说西迁回鹘，他们在途中又分成了三支队伍：一支走到河西走廊①就不走了，留在了当地，这部分回鹘人从此被称作"河西回鹘"。余下的在庞特勤的带领下继续西进。走到高昌故地西州，也就是今新疆吐鲁番地区时，又有一部分回鹘人留了下来，他们被称作"西州回鹘"（又叫高昌回鹘）。庞特勤带领余部继续赶路，最终落脚于中亚七河流域，也就是今哈萨克斯坦、吉尔吉斯斯坦与我国新疆交界地区。

遏捻败亡后，余下的回鹘人公推庞特勤为可汗。庞特勤奉行对唐友好政策，经常遣使进贡。大中十一年（857年），宣宗承认了庞特勤的地位，册拜他为怀建可汗。但庞特勤这个可汗有名无实，实际控制力很弱。他去世后，西迁回鹘就分裂了。

河西回鹘先受吐蕃人统治，后受沙州归义军（此归义军非嗢没斯归义军）统治。晚唐时，他们摆脱归义军的控制，建立了甘州回鹘政权（又叫沙州回鹘）。甘州回鹘后来亡于党项人建立的西夏。河西回

---

① 河西走廊，地处甘肃省西北部，黄河以西、祁连山和巴丹吉林沙漠中间，主要涉及甘肃省武威、金昌、张掖、酒泉、嘉峪关等城市，是一个呈北西—南东走向的狭长地带。因位于黄河以西，又形如走廊，故名河西走廊。河西走廊自古以来便是沟通中国中原地区与西域的交通要道。

鹘是今裕固族的祖先。

西州回鹘则实际占有西州，并逐渐扩张，最终在唐末建国。他们后来自称"畏兀儿"。1935年，这个名称被改作"维吾尔"。没错，西州回鹘人就是维吾尔族的祖先。

相比之下，中亚回鹘在当时的处境是最好的。黑衣大食已经衰落，对中亚的统治非常薄弱。回鹘人击败了已经衰落的葛逻禄，建立了喀喇汗王朝。极盛时期，这个王朝的版图囊括了今乌兹别克斯坦、吉尔吉斯斯坦、塔吉克斯坦、哈萨克斯坦南部以及我国新疆的中西部。喀喇汗王朝后来被西部新兴的花剌子模王朝灭亡。

回纥本为铁勒一部。玄宗天宝三载（744年），回纥酋长骨力裴罗与拔悉密、葛逻禄等部联合破后突厥，建立了回纥汗国。安史之乱成就了回纥称霸大漠草原的大业。二代目英武可汗曾派军帮助肃宗平乱。三代目牟羽可汗就很不地道了，趁火打劫，侮辱德宗，支持仆固怀恩叛乱，怎么给唐朝添堵他就怎么干。但从四代目武义可汗开始，唐纥关系重回正轨。武义将国号改为"回鹘"。此后，回鹘一直对唐朝称臣纳贡，直到武宗开成五年（840年）汗国崩溃！在两国一百多年的交往中，友好是绝对的主流。回纥还独中四元，是唯一一个娶了四位大唐真公主的强番。

回鹘覆灭，两番挨削，北疆之王毫无悬念地花落黠戛斯。武宗当年答应过阿热，只要剿灭了乌介残余势力和黑车子室韦，就册拜他为可汗。可武宗还没来得及张罗这件事就驾崩了。不过，宣宗认领了这件事，就在张仲武大破山奚的次月，他遣使黠戛斯，正式册拜阿热为可汗。

晚唐不幸中的一大幸，就在于黠戛斯人从未产生过南下入侵的念头。要不然，唐王朝崩溃得只会更早！

东北两番被打残，正北回鹘烟消云散，西方吐蕃一朝覆灭，大唐从东北到西北一线再无边患。

宣宗赶上好时候了！

04. 李党垮台

册拜黠戛斯可汗当月，宣宗提拔已故牛党大佬令狐楚之子令狐绹为考功郎中、知制诰。

提拔的原因很简单，那还是27年前五月的一天，宪宗入葬景陵时天降大雨，殡仪队伍四散奔逃。一个死皇帝，谁还会费心照顾他?！唯有一个长胡子老头儿坚守岗位，在飘摇的风雨中守护着宪宗的灵柩。这种景象别人看了无所谓，甚至可能还会嘲笑老头儿傻，但一个10岁的小孩子却牢牢记在了心里。这个孩子就是当年的光王、现在的宣宗。

宣宗追忆前尘往事，不知道那老头儿叫啥，只知道他当时是山陵使。白敏中告诉他，陛下，先帝出殡时的山陵使是前宰相令狐楚。宣宗赶忙问，老人家还在吗？不在了！那他还有子嗣吗？白敏中说："他的长子令狐绪现任随州刺史。"宣宗直接就问了："这个令狐绪干得了宰相吗？"白敏中都惊呆了，用个宰相这么随意的吗？他如实回道："令狐绪少病风痹，身体不大好，当宰相有点儿悬！不过，令狐楚还有一个次子令狐绹，之前是湖州刺史，此子有才器，可以为相。"宣宗大悦，马上授任令狐绹为考功郎中、知制诰。

从令狐绹开始，宣宗选拔高官只有一个标准：是不是当年追随宪宗的老臣们的子弟？只要是他认为的元和子弟，哪怕再平庸，也是他任用的对象。杜黄裳的儿子杜胜、裴度的儿子裴谂[1]等一大批元和子弟因此走上高位，尽管他们普遍能力泛泛。

八月，李党再遭打击。唯一在朝的宰相李回被外放为西川节度使。谏议大夫郑亚也被贬为桂管观察使[2]。至此，李党在朝中的势力被彻底肃清。

紧接着，牛党党魁牛僧孺病逝。年初，宣宗将他由广东调回洛阳，仍旧任太子少师。但垂垂老矣的牛僧孺已是油尽灯枯，在病床上躺了几个月后去世了，年69岁。

世所公认，牛僧孺这个人有文才、有道德。我们甚至可以说，把牛李二党都算上，老牛的道德水准也是最高的。但私德归私德，政治能力和政治表现又是另一回事儿。好人不一定是好政治家，坏人不一定就不是好政治家。老牛是个好人，但在政治上他属实表现一般。

他有两件事办得不太好：一是姑息藩镇，硬是劝说文宗承认了卢龙杨志诚，结果杨志诚嘚瑟得很，不仅扣押朝廷使节，还向文宗索要仆射的职务；二是因私废公，忽悠文宗把战略要地维州归还吐蕃，直接害死了悉怛谋所部三千人。这两件事让朝廷和皇帝的尊严扫地，也让牛僧孺受到了时人和后人的诟病。

只要不是傻子，都能看出新皇帝在清算李党。那还有啥好说的，有仇的报仇，有怨的报怨。

九月，吴湘的哥哥前永宁（今河南洛阳洛宁县）县尉吴汝纳一纸诉状递到了宣宗案头："李绅与李德裕相表里，欺罔武宗，枉杀臣弟，乞召江州司户崔元藻等对辨。"吴汝纳这是要给弟弟吴湘翻案呢！一个县里退休干部的告状信能放到皇帝的案头，要说没有牛党帮忙，没

---

[1] 谂，音沈。
[2] 桂管观察使，全称为桂管都防御观察处置等使。

有白敏中帮忙，怎么可能？

宣宗正愁没由头继续收拾李党呢，马上诏命三法司重审吴湘案。结果可想而知，重审证实确实是冤案。

狂风暴雨又来了：已故的李绅首当其冲，被认定为酷吏，削除一切官爵，子孙永远不得入仕。这是相当严厉的惩罚，只要大唐朝还在，他的子孙就永远别想当官了，政治生命被世世代代地剥夺了。太子少保、分司李德裕被贬为潮州刺史。西川节度使李回被贬为湖南观察使。桂管观察使郑亚被贬为循州刺史。

就连与李德裕交好的名将石雄也受到了牵连。他的凤翔节度使一职被革除。石雄跑到中书省自陈他为大唐立下的赫赫功勋，希望朝廷能让他当一镇节度使，以颐养天年。但白敏中却说："没错，你是为国立过功勋，但朝廷已经让你当过河中、河阳、凤翔三地的节度使了，对你的回报已经够了！"最终，石雄只得了一个有名无实的神武统军。大中二年（848年），这位剿灭刘稹、大破乌介的名将郁郁而终。

石雄的遭遇其实和明朝的戚继光很像。张居正一倒台，戚继光就黯然落幕了。对于一个将军来说，最危险的敌人不在外面，就在朝中，其他战场都是次要战场，朝廷才是主战场。

这次对李党的清算太强太激进，以致很多无辜的人也受到了牵连。有个叫丁柔立的官员，当年有人推荐他出任谏官，遭到李德裕的拒绝。宣宗听说丁柔立和李德裕有过节，马上让丁柔立当了谏官。这次贬李德裕的官，丁柔立觉得有点儿过，上书替李德裕求情。宣宗大怒，非说丁柔立是李德裕一党，将他贬为县尉。更有甚者，宣宗觉得中书舍人崔嘏[①]起草的李德裕贬官诏书"不尽言其罪"，竟将崔嘏贬为远州刺史。

---

① 嘏，音假。

谁不追随朕收拾李党，朕就收拾谁！宣宗态度这么决绝，李党就彻底玩儿完了。

李党下线，是不是牛党就该雄起了？想多了，斗了这么多年，牛党的头面人物也都成老头子了，李宗闵和牛僧孺已经不在了，杨嗣复和李珏也都步入了暮年。杨嗣复倒是还想干，宣宗也给了他吏部尚书的美差，可他身体不争气，在回京途中病死于岳阳。李珏稍好一点，又干了七年，死于淮南节度使任上。

倾半生之心力斗来斗去，到头来还不是黄土一抔，图个啥？！

05. 郭后之死

当外朝风云变幻、飘摇动荡之际，后宫也放炮了：大中二年（848年）五月，郭太皇太后突然去世。

郭氏的身份太尊贵了，她是代宗的外孙女，德宗的外甥女，郭子仪的孙女，太傅郭暧和升平公主的嫡女，宪宗的发妻，穆宗的亲娘，敬宗、文宗、武宗三帝的奶奶。郭氏一生历经顺宗、宪宗、穆宗、敬宗、文宗、武宗、宣宗七任皇帝，其中在穆、敬、文、武、宣五朝居于太后之尊，史称"七朝五尊"，空前又绝后！

整个穆、敬、文、武四朝的26年间，郭太后过的都是神仙一般的日子。虽然皇帝走马灯似的换，但怎么换都是她的子孙。然而，人生的苦乐是守恒的，老太太的幸福生活在宣宗上台后戛然而止。

一方面，宣宗不是她的儿子，并且宣宗和他妈郑太后都非常仇视她。尤其是郑太后，当年是郭老太太的使唤丫头，没少受老太太的气，估计挨打也是常有的事儿，恨毒了老太太。更为严重的是，宣宗一直怀疑郭老太太和她弟弟郭钊当年参与了梁守谦、王守澄、陈弘志等人谋害宪宗的行动。在他眼里，郭老太太既谋害他爹，又迫害他娘，是世间最恶毒的女人。

另一方面，郭老太太也非常仇视宣宗母子。因为宣宗以庶夺嫡，窃据大宝，事实上剥夺了她的子孙们入承大统的机会。

所以，后宫的空气很紧张。郑太后翻身农奴把歌唱，开始抖起来了，言谈间丝毫不把昔日的主子放在眼里。宣宗更是"待郭太后礼殊薄"。郭老太太心情非常郁闷，情绪非常激动。

五月二十一日，她突然死了，年70岁。

关于郭后之死，有两个版本：

第一个是《资治通鉴》版。说当天郭老太太带着几个侍女登临勤政楼，突然就要跳楼，被侍女们给拦住了。宣宗听说她要自尽，非常不高兴。当天晚上，郭后就在兴庆宫去世了。

第二个是《宣宗实录》版，记载完全不同。说郭后去世头一天就已经病重弥留了。宣宗很是关心，"权不听政，宰臣帅百寮问太后起居"。郭氏去世当天上午，宣宗还"复问起居"来着。但天不假年，郭氏还是因病去世了。宣宗十分悲恸，为之废朝。

两相对比，我还是相信第一个版本。

第一，宣宗决不会对郭老太太这么好，他连装都懒得装。我们进一步腹黑一下：我相信郭老太太跳楼是真的，但既然还有力气跳楼，就说明身体状况还行，怎么可能当晚就突然没了呢？宣宗很有可能借着她跳楼这事儿，派人把她弄死了。大唐虽然是法制社会，但那都是对宫外官宣的时候说的，宫里从来就没有法制过，弄死个人跟碾死个蚂蚁一样简单。

第二个直接证据就是之后的祔葬之争。

有司秉承宣宗的意思，议定郭后的谥号为懿安皇后，葬于宪宗景陵外园。此议引起了轩然大波。因为郭后可是宪宗的正妻，依礼制铁定是要和宪宗合葬的，怎么能单独葬在外园呢？显然，宣宗是想将来让母亲郑太后和宪宗合葬。

此外，宣宗还有更深层次的考虑：他这个皇帝的合法性一直备受质疑，但只要老娘和父亲合葬，坐实了正妻的位置，那他的合法性也就坐实了。

说句实在话，郭老太太葬哪儿，一般人才不关注呢，谁操那闲心？但有些人却非常在乎，这些人就是礼官。礼官以维护礼制为天职，在他们的价值观里，皇权再大，也大不过礼制。郭后是正妻，郑后是侧室，郭后就该和宪宗合葬。因此，宣宗的意思遭到礼官们的激烈反对。

宣宗就拿郭老太太参与谋害宪宗说事儿。结果，礼官很不给面子，太常官王暤①直接上书回怼："先帝确实死得有些不明不白。但太皇太后已经是五朝的天下之母，怎么能因为暧昧不清的猜测，就不按正妻的礼仪安葬她呢？！"宣宗都气得冒烟了，但也不好发作，就让白敏中和周墀两位宰相去做王暤的工作。

可面对两位宰相，王暤依旧不屈不挠。白敏中都发火了，王暤仍然不惧，别以为你是宰相我就怕你，礼制不可违，天王老子都不行！宣宗暴怒，第二天就把王暤贬为句②容（今江苏镇江句容市）令。

最终，郭后就是被葬在了景陵外园。宣宗甚至都没让她的牌位进宗庙。

宣宗得实惠，白敏中却吃了挂落。朝野上下都觉得郭后应该和宪

---

① 暤，音浩。
② 句，音勾。

宗合葬。大家不敢骂宣宗，就都去骂白敏中，谁让他最积极、最卖力呢?!

反倒是王暤，虽然被贬了官，却赢得了朝野的高度赞誉，成了政治明星。懿宗咸通年间，王暤回朝再任礼官。刚一上任，他就提出翻案。懿宗同意了，让郭后与宪宗合葬，将郭氏神主放入太庙。

郭老太太的一生真是太戏剧化了，比小说还小说。她的死也意味着中唐第一豪门——郭氏家族的时代终结了。

紧接着，另一个人的死也终结了一个时代——党争的时代。这个人就是李德裕。

06. 最后的德裕

吴湘案翻案后，李德裕被贬潮州。人为刀俎，我为鱼肉，李相其能奈何，只好带着老婆和未成年的六个孩子，一家八口由洛阳南下广东。

出发时，他就对此行充满了悲观情绪，写下了《离平泉马上作》。这里的"平泉"不是今河北承德平泉，而是李德裕在洛阳的私宅，位于今洛阳伊川县梁沟村。诗曰：

十年紫殿掌洪钧，出入三朝一品身。
文帝宠深陪雉尾，武帝恩厚宴龙津。
黑山永破和亲虏，乌岭全阬跋扈臣。
自是功高临尽处，祸来名灭不由人。

十年功名一朝幻灭，李德裕的心如死灰跃然纸上又力透纸背。

山高水长，路上就走了大半年，大中二年（848年）九月，李德裕一家才抵达潮州。

就跟掐好了时间似的，他前脚刚到，气儿还没喘匀呢，圣旨又到了，将他贬到了一个更远的地方。这次直接都过了海，到海南岛任崖州（今海南海口市东南）司户参军。而且，宣宗在诏书中明确说了："纵逢恩赦，不在量移之限。"将来不管大不大赦天下，大赦多少次，你李德裕都不在量移之列，你就等着老死孤岛吧！都不用猜了，宣宗不是整李德裕，他是要整死李德裕。

一同受贬的还有湖南观察使李回，被贬为贺州（今广西贺州）刺史。

消息传出，举世震惊，李德裕即便有罪，也罪不至此。一些出身贫寒的读书人对李德裕遭受的不公待遇既同情又愤慨。有人作诗云："八百孤寒齐下泪，一时南望李崖州。"这句无名氏的诗创造了成语"八百孤寒"，形容人数众多、处境贫寒的读书人。这么多的孤寒子弟为李德裕喊冤叫屈，不正说明他并不蔑视孤寒吗？

短短一年间，李德裕从一品大员被降为从八品下参军。这已经是他第五次被贬官了，好在是最后一次了。

参军在内地州郡可能还算一级官员，但在崖州这种荒蛮小州，实际地位等同于村长。他是罪臣，崖州当地的官员也不敢接近他、救济他。当年给杨钦义送礼出手就是几床珠宝的李德裕，终于过上了杜甫一样的困窘生活，一家经常连饭都吃不饱。

我们在李德裕写给表弟姚邰的《与姚谏议郃书》中，可以看到这样的记载：

大海之中，无人拯恤，资储荡尽，家事一空。八口嗷然，往往绝食。块独穷悴，终日苦饥。惟恨垂殁之年，顿作馁而之鬼。自十月末得疾，伏枕七旬，属纩者数四。药物陈袭，又无医人，委命信天，幸而自活。羸惫至甚，生意方微，自料此生，无由再望旌棨。

身处茫茫大海中的孤岛，没有人来接济我，带的盘缠也用完了，家徒四壁。全家八口人嗷嗷待哺，经常饿肚子。这些我都可以忍受，只恨行将就木却要当饿死鬼了。自十月底患病，我卧病在床已经两个多月了。药物短缺，连医生都没有，只能听天由命了。我想，这辈子是不可能再复起了！

《与姚谏议郃书》何尝不是李德裕的《伤心太平洋》：往前一步是黄昏，退后一步是人生，风不平，浪不静，心还不安稳，一个岛锁住一个人。我等的船还不来，我等的人还不明白，寂寞默默沉没沉入海……

受穷挨饿之余，李德裕主要干了两件事：一是登高北眺帝都长安。"独上高楼望帝京，鸟飞犹是半年程。青山似欲留人住，百匝千遭绕郡城。"二是编书。为了"叙平生所志"，他在贬官途中就开始写文章了，到崖州后接着写，最后一共写了四十九篇。李德裕将这些文章结集，定名《穷愁志》。在序言中，他写道："予顷岁吏道所拘，沉迷簿领，今则忧独不乐，谁与晤言？偶思当世之所疑惑，前贤之所未及，各为一论，庶乎箴而体要，谓之《穷愁志》。"大唐已经不需要他了，他还念着大唐。

李德裕一家都是中原人士，适应不了海南湿热的气候，难免会生病。而生病在缺医少药的崖州可是个大事情，有可能一个小小的感冒就能要了人的命。短短一年内，李德裕就失去了一儿一女和妻子三位亲人。

尤其是大中三年（849年）八月妻子刘氏的去世，对他的打击太沉重了。李德裕满怀愧疚地在墓志铭中向亡妻致歉：

> 以余南迁，不忍言别，绵历万里，寒暑再朞①，舆峤拖舟，涉海居陋，无名医可以尽年，无香稻嘉蔬可以充膳，毒暑昼烁，瘴气夜侵，几及三时，遂至危极……终于海南旅舍……为余伤寿。

得了病没有名医看，想吃点儿好的补补营养吧，却连像样的粮食蔬菜都没有。

44年前，顺宗朝宰相韦执谊在"永贞革新"失败后被贬死崖州。久病不愈的李德裕明白，他也要死在这里了。同病相怜之下，他强撑病体写了一篇《祭韦相执谊文》，和老前辈隔着阴阳两界唠唠嗑。

> 倘知公者，测公无罪；不知我者，谓我何求？其心若水，其死若休；临风敬吊，愿与神游。

韦老哥啊，你去世前好歹被昭雪了，而我眼瞅时日无多，也不知道将来能不能昭雪？后人又会如何评价我？今天我祭一祭你，你且等我几天，我很快就下去陪你了。

大中三年十二月十日，李德裕含冤病逝，年63岁。宣宗居然不许他归葬故乡。

李德裕的一生不能说无过，但功大于过，而且是远远大于过。他是中唐屈指可数的几个政治家之一，最主要的建树集中在武宗时代，外击回鹘，内平昭义，禁毁佛教，加强相权，裁汰冗官，抑制宦官，

---

① 朞，音几。

桩桩件件都是利国利民的好事儿。

历朝历代都对其评价甚高。李商隐在为《会昌一品集》作序时，称赞李德裕是"万古良相"。近代国学大师梁启超将李德裕与管仲、商鞅、诸葛亮、王安石、张居正并列，称他是中国六大政治家之一。

可就是这么一号人物，居然遭到了宣宗的残酷迫害，生时不许量移，死后不许归葬。

直到三年后宣宗坐稳帝位，才下诏准许李德裕归葬。李德裕的儿子李烨随即前往海南。这时，当年南下崖州的八口之家已经死得只剩两个人了。李烨带着父母弟妹的灵柩北归，安葬于洛阳。

我一直在想，剩下的那两个李家人最终的宿命是什么，是不是也死在了当地？可惜历史没有记载。名臣之家居然落得如此惨状，至今读来催人泪下。

咸通元年（860年），懿宗终于为李德裕平了反，恢复他少子太保、卫国公的官爵，追赠为尚书左仆射。但李家已经出局，李烨到死也不过就是一个小小的县尉而已。李烨的一个女儿嫁给了宰相，一个儿子后来当了宰相。但那时的"大唐朝"已经是一个历史名词了。

清光绪十五年（1889年），海南人民为了纪念唐宋两代被贬谪来琼的五位历史名臣，兴建了五公祠。排第一的就是李德裕。

以李德裕客死海南为标志，牛李党争终于宣告结束。

两党倾轧，植根于宪宗元和制举，始于穆宗长庆制举，盛于敬宗、文宗、武宗三朝，而终结于宣宗朝，前后持续近四十年。这四十年间，双方以朝廷为支点压跷跷板，斗得难分难解。

都说牛李党争危害巨大，危害究竟在哪里？我想，主要是两个方面：

第一，严重损害了国家利益。

中唐太难了，藩镇、宦官、党争、崇佛四祸尖锐交织，困难重重，危机四伏。皇帝要想解决这些问题，只能倚仗朝臣。如果皇帝和朝臣拧成一股绳，我相信起码藩镇问题和宦官问题能被限制在最低程度。但历史没有假设，两党罔顾江山社稷，为了一党私利互相拆台，挖国家的墙脚，使得大唐错失了大调整、大改革的机会。这四十年是唐朝失去的四十年，如藩镇问题、宦官问题非但没有解决，反而日趋恶化。最终，这个伟大的王朝只能走向灭亡。

第二，毁了大批优秀人才。

一方面，因为党争，牛李二党内的人才不能充分发挥作用。两党内确有一部分庸人，但人才更多。这些人单独拿出来委以重任，都是一把好手，都能胜任。但频仍的权力斗争和岗位更迭，使他们无法充分发挥个人才能。有的人遭对方打压，始终上不了合适的岗位，空有一身才学，只能抱恨终生。有的人虽然上了合适的岗位，但上去后主要精力都投到打击对立党派上去了，没用到正地儿上。还有的人有岗位也想干事，但干不了多久又被打倒。

另一方面，很多党外人才被迫卷入党争，成了两党斗争的牺牲品。

比如白居易，本来无党，就因为元和三年（808年）时迎娶了牛党大佬杨虞卿的堂妹，从此被李党视作牛党。武宗和宣宗都很喜欢他，都想用他当宰相，但被李德裕挡得死死的。

比如与颜真卿齐名的书法巨匠柳公权。这也是个天才，12岁能作辞赋，30岁状元及第。他和哥哥兵部尚书柳公绰都是牛党成员，与李宗闵过从甚密。终会昌一朝，柳公权始终都是政治的边缘人。等到宣宗上来后，他已经是七十多岁的老人了，即便宣宗想大用他，吏部也不会同意。但柳老爷子其实身体相当之好，他熬死了宣宗，直到懿宗咸通六年（865年），才以88岁的高龄去世。

又比如继"李杜"之后最有名的唐诗CP——小李杜。

07. 小李杜落幕

咱们书接上文，接到杜牧到扬州给牛僧孺当幕僚。

扬州是古代著名的花柳繁华地、温柔富贵乡，最是红尘中一二等风流之地。杜牧此去扬州好比龙归大海，在男女关系方面越发肆无忌惮。唐代虽然不曾明令禁止官员狎妓，但毕竟有伤风化，通常大家都很低调，从不声张。杜牧则不同，完全不知遮掩，还很高调。因为纵欲太过，他年纪轻轻就须发早白。白居易少白头是读书读的，杜牧少白头则是泡妞泡的。

牛僧孺十分反感杜牧的浪荡做派。在职场中失去大佬器重，其影响往往是致命的。牛僧孺作为牛党领袖，他对杜牧的看法就等于牛党全体对杜牧的看法。杜牧的起点很高，年纪轻轻就搭上了吴武陵、沈传师、牛僧孺等牛党元老，牛党如果肯捧他，将来弄个宰相当当真是小事一桩。可他却高开低走，在高层圈边儿上转了几转，就被甩到外围去了。究其原因，就是因为他生性渔色且不知遮掩。说实话，就杜牧这个揍性，他应该入李党，尤其应该和李绅交好。

太和九年（835年），牛僧孺推荐杜牧回朝当监察御史。说是推荐，其实就是把杜牧踢走，省得他玷污了老牛的清誉。在告别晚宴上，牛僧孺还笑眯眯地提醒杜牧要爱护身体。大领导做事真够圆润啊！

等杜牧兴冲冲地回到长安，才发现现实和他想的不一样，确实是监察御史，但不是长安的监察御史，而是东都的监察御史，含权量差太多了。杜牧满怀郁闷之情，于八月赶赴洛阳上任。没想到三个月后长安爆发了"甘露之变"，杜牧因祸得福，躲过了这场血光之灾。

然后，他在洛阳浑浑噩噩地待了三年，中间就干了一件拿得出手的事儿，又给一个女人写了一首诗。

某日，杜牧闲来无事到东城游荡，无意间看到了一张熟悉的面孔，仔细辨认，呀，这不是当年南漪湖畔的张好好嘛？！此时距离他们初次见面不过六七年的光景。老情人重逢，自然要说说这些年的过往。原来，沈述师吃干抹净玩腻了，把张好好给弃了。可怜一代佳人只能流落他乡，以当垆卖酒为生，有点儿卓文君的意思。

杜牧"感旧伤怀"，当场写了一首诗送给老情人。这就是著名的《张好好诗》。别看他在诗里一副情深义重的样子，"朋游今在否，落拓更能无？门馆恸哭后，水云愁景初。斜日挂衰柳，凉风生座隅。洒尽满襟泪，短歌聊一书"，可他也没收留张好好呀！文人的嘴，哄人的鬼。

开成二年（837年），为了找出路，杜牧离开洛阳回到宣州，在宣歙观察使崔郸帐下当了一名团练判官。

除了吴武陵，真正帮到杜牧的也就是崔郸了。他用了杜牧两年，于开成四年推荐杜牧回朝任左补阙、史馆修撰。接下来的两年，杜牧一年一提，到武宗会昌元年（841年）时官至五品比部员外郎。

可这时大形势又变了，文宗下线，继任的武宗重用李党，牛党中人接连遭到贬黜。李德裕可没忘了杜牧，转年就将他外放为黄州刺史。

黄州在唐初又叫齐安郡，其地大致相当于今湖北武汉新洲区，别看现在很好很不错，但在唐代却是一个荒凉的"鄙陋州郡"，通常都是朝廷放逐罪臣的地方。杜牧频频写诗，抒发郁结之气。

在《题齐安城楼》中，他说：

呜轧江楼角一声，微阳潋潋落寒汀。
不用凭栏苦回首，故乡七十五长亭。

江楼上响起了呜咽的号角声，残阳的余晖洒在寒冷的沙汀上。我都不用靠在栏杆上苦苦眺望故乡，因为我早数过了，从这里到故乡足足有七十五个驿亭。

在《齐安郡晚秋》中，他写道：

> 柳岸风来影渐疏，使君家似野人居。
> 云容水态还堪赏，啸志歌怀亦自如。
> 雨暗残灯棋散后，酒醒孤枕雁来初。
> 可怜赤壁争雄渡，唯有蓑翁坐钓鱼。

连他这个刺史的官邸都破烂得跟个野人窝似的，当地条件之差可想而知。至于青楼，就更不可能有了。回想当年在洪州、在宣州、在扬州、在洛阳的快乐时光，杜大浪子不禁慨叹：

> 落魄江南载酒行，楚腰纤细掌中轻。
> 十年一觉扬州梦，赢得青楼薄幸名。

当年我虽然落魄飘零江南，可那时却有无数的细腰妹子。回眸过去十年，简直就跟在扬州做了一场梦似的。到头来，我只落得一个风月场所薄情郎的名声。

有人解读这首诗，十年风流空余薄情郎的名号，说明杜牧浪子回头，深刻反思了，得原谅他了。其实想多了，杜牧生平两大爱好，一个写诗，一个嫖娼，你让他戒色，还不如直接弄死他。

因为没有青楼可逛，杜牧在黄州总算干了一些正事儿。他扩建了孔子山上建于西汉时期的孔庙，取玄宗给孔子的封号"大成至圣文宣王"，将其更名为"文宣庙"，并在庙中开设学堂教化子弟。为了发挥领导带头作用，杜牧还经常到学堂中讲课。不承想这个传统居然被当地继承了下来，文宣庙后来变成了著名的问津[①]书院。

干出点儿成绩，杜牧就赶紧向领导汇报，写了《黄州刺史谢上表》，"独能不徇时俗，自行教化，唯德是务，爱人如子，废鞭笞责削之，用忠恕抚字之道"，"使一州之人，知上有圣仁二天子，所遣刺史，不为虚受，熏其和风，感其欢心，庶为瑞为祥，为歌为咏，以裨盛业，流乎无穷"。

有用吗？没用，李德裕记着他呢！其实，杜牧也尝试过修复与李德裕的关系。会昌三年（843年）朝廷讨伐刘稹时，他曾上书李德裕，提了一些很有建设性的措施办法。李德裕确实也采纳了，据说效果很不错，但采纳归采纳，你跟牛僧孺好，再有才我也不用你。

会昌五年（845年），李德裕支持武宗禁毁佛教，已经调任池州刺史的杜牧马上表态拥护。这次倒不是政治投机，作为正统儒生，杜牧确实衷心支持灭佛。

随后，武宗暴毙，宣宗上台，牛党重新掌权，杜牧在堂兄杜悰的帮助下，于大中二年（848年）回朝了。但此时的杜牧已经看淡了，在朝中低眉顺眼混日子不是他想要的生活，便请求外放杭州刺史。朝廷不同意。他又接连三次请求外放湖州刺史。朝廷拒了两次，最后一次同意了。在湖州工作一年后，杜牧调回了长安，转年又升迁为中书舍人。他重新整修了祖上的樊川别墅，闲暇之时在此以文会友。世人因此称他为"杜樊川"。

大中六年（852年）冬，杜牧去世，年仅50岁。他这一生，除了少年时期吃过三年物质上的苦头，贬黜黄州受了两年精神上的折磨外，其余时间过得可舒坦了。之所以寿命短，我想与他纵欲过度大有

---

① 问津，因"孔子使子路问津"登此山，故名。

关联。

以他的门楣和才华，仕途发展算是很一般了。这其中固然有党争的因素，但杜牧浪名太盛且不知收敛，也是一个重要原因。好色和太过好色区别很大，偶尔好色，别人会夸你才子风流；总是好色，人家就觉得你管不住裤腰带，活得太兽性。所以，牛党不敢用杜牧，李党则借好色攻击他。

但是，杜牧的才华则像地心引力一般毋庸置疑。《山行》中的"停车坐爱枫林晚，霜叶红于二月花"，《泊秦淮》中的"商女不知亡国恨，隔江犹唱后庭花"，《江南春》中的"南朝四百八十寺，多少楼台烟雨中"，《秋夕》中的"天阶夜色凉如水，卧看牵牛织女星"，《过华清宫》中的"一骑红尘妃子笑，无人知是荔枝来"，《赠别》中的"蜡烛有心还惜别，替人垂泪到天明"，《赠别二首》中的"春风十里扬州路，卷上珠帘总不如"，《赤壁》中的"东风不与周郎便，铜雀春深锁二乔"，《紫薇花》中的"桃李无言又何在，向风偏笑艳阳人"……都是千古传诵的绝句。

有一个细节是很多历史研究者不曾注意到的。太和八年（834年）十月，文宗将李德裕又贬回浙西任镇海军节度使。李德裕延请杜𫖮当节度巡官。杜𫖮同意了，杜牧也支持弟弟的决定。临别之际，他写了《送杜𫖮赴润州幕》叮嘱弟弟：

少年才俊赴知音，丞相门栏不觉深。
直道事人男子业，异乡加饭弟兄心。
还须整理韦弦佩，莫独矜夸玑瑁簪。
若去上元怀古去，谢安坟下与沉吟。

李相欣赏你，这是你的荣耀。你就好好谋事业去吧，人在他乡要更加爱护自己，记得多吃饭，哥哥想着你呢！你要向西门豹学习，时刻提醒自己办事要从容不迫。另外，一定要学会守拙，不能骄傲，不能风头外露。如果你在上元节时怀古，可以顺便去缅怀一下东晋名相谢安。这位先贤泉下有知，一定会赞扬你的高风亮节。

从"少年才俊赴知音，丞相门栏不觉深"二句来看，杜牧内心其实对李德裕既认可又尊重。所以，我总在想，有没有这样一种可能：兄弟俩一个入牛党、一个入李党，是他们精心筹划的结果。牛党和李党压跷跷板，如果把宝都押在一个党上，风险太大，一次不慎，全部完蛋。干脆，哥哥一个党，弟弟一个党，分篮装鸡蛋，图个兜底。

李商隐专门写了一首《杜司勋》吊祭杜牧：

高楼风雨感斯文，短翼差池不及群。
刻意伤春复伤别，人间惟有杜司勋。

高楼上之所以风雨如晦，是因为老天爷被杜司勋的诗文感动到了。他羽翼短小，即便如何奋飞，也赶不上同群的人，可他倾注心力写了那么多优秀的诗文。我认为，这人世间值得推崇和赞誉的只有杜司勋！

李商隐同情杜牧，可他的遭遇几乎就是杜牧的2.0版，甚至更惨。

太和制举后不久，李商隐搬家到了洛阳。洛阳在当时是文人雅士、退休官员扎堆儿的地方。李商隐靠着出众的诗文，很快结识了白居易、令狐楚等大咖。

白居易看过他的诗文后赞叹不已，由衷地说道："我死后，得为尔儿足矣。"哎呀，我死后如果能投胎给你当儿子，那就足够了。以白居易的人品和水平，能说出这样的话，可见李商隐才器之重。李商隐记住了，大儿子出生后，他果然给孩子取小名为"白老"。没想到

"白老"完全不像"老白",又蠢又笨,反倒是李商隐的小儿子聪慧异常。亲朋好友们开玩笑,说小儿子才是白居易投胎。

不过,称赞归称赞,以白居易的能量和资源,他帮不上李商隐什么忙。真正帮到李商隐的是牛党大佬令狐楚。

令狐楚不仅在生活上"岁给资装,令随计上都",还亲自教授李商隐写骈文。李商隐学得非常好,一个不小心,学成了当时的骈体文第一人。《旧唐书·文苑传》说李商隐"尤善为诔①奠之辞"。他曾将自己的骈文编纂成《樊南甲集》《樊南乙集》各二十卷共832篇,可惜已经失传。当代史学家范文澜在《中国通史简编》中说,如果李商隐的《樊南文集》留下来的话,那么就算唐代的骈体文全部遗失了也不可惜。

在幼年失怙的李商隐眼中,令狐楚于他亦师亦父,他甚至在私下里称呼令狐楚为"四丈",也就是四大爷。令狐楚的儿子令狐绹和李商隐处得就跟异父异母的亲兄弟似的。我们可以从李商隐在太和四年(830年)写给令狐楚的《谢书》中,窥探出他对这位四大爷的感激之情:"微意何曾有一毫,空携笔砚奉龙韬。自蒙夜半传书后,不羡王祥有佩刀。"四大爷,得到您的恩遇这么多、这么深、这么厚,可我现在却无力报答您,只能空拿着笔砚受领您的虎略龙韬。自从您传授我写骈体文的方法后,即便是王祥得到佩刀②也不会让我心生羡慕了。

李商隐现存的交际诗中,有相当一部分是写给令狐父子的。比如写给令狐楚的《谢书》,写给令狐绹的《酬别令狐补阙》《寄令狐郎中》

---

① 诔,音垒。
② 王祥,三国曹魏至西晋时大臣,为二十四孝中"卧冰求鲤"的主人公。吕虔有一把佩刀。工匠看过后说,有此刀的人一定会登上三公之位。吕虔对王祥说:"我不是可以做三公的人,这刀对我说不定还有害。而您有公辅的器量,我就把它送给您吧!"后来,王祥果然位列三公。

《酬令狐郎中见寄》《寄令狐学士》《梦令狐学士》等。

因此，李商隐早期就是跟着令狐楚，给令狐楚当幕僚，令狐楚去哪儿，他就去哪儿。公事之余，李商隐参加了几届科举，都失败了。

这其实是极不正常的。令狐楚是牛党元老，在牛党中的声望、地位都极其尊崇，况且科举这块儿本身就是牛党的权力自留地，他如果肯帮忙，李商隐总不至于一再落第。有人说了，可能那几年牛党对科举的影响力下降，令狐楚说了不算呢？可问题不是呀，就在李商隐写《谢书》当年，令狐绹就高中了进士。

剖析原因，无外乎两条：第一条，令狐楚用李商隐用得太顺手了，舍不得放。第二条，令狐楚压根儿就没替李商隐打过招呼。从后事来看，第二种可能性更大。

那么，令狐楚既然如此器重李商隐，为什么不帮他说话呢？原因很简单，干儿子再优秀，终究不是亲儿子不是？！再说了，令狐楚虽然有能量，但他向别人打招呼也不是白打的，即便不用掏钱，将来也得出资源还人情。以他这样的官场老狐狸，怎么可能不知道这个有才华的年轻人跟着自己是图啥？！但李商隐是个典型文人，脸皮子嫩，以为我做到位了，老前辈你应该懂的。问题是老前辈深谙他们这种年轻人的心思，好呀，你不开口，我就一直装傻充愣，感情上拉拢你，但实事儿你不提我也不提，你最好别提。

起初，李商隐还不在乎，一是自觉跟随令狐楚的时间还不够长，张不开那个嘴；二是觉得自己还年轻，机会大把的有。可随着落第次数增加，他难免焦躁起来。

太和七年（833年），令狐楚由太原留守回朝任吏部尚书、代理右仆射。这次李商隐没有跟，回洛阳参加考试去了，结果还是一样，又落第了。这给李商隐气的，在《送从翁从东川弘农尚书幕》中，将当年的主考官比作小人："鸾皇期一举，燕雀不相饶。"

太和九年（835年）十一月，京师长安爆发了震惊中外的"甘露之变"。一贯反对宦官专权的李商隐写下了《重有感》：

> 玉帐牙旗得上游，安危须共主君忧。
> 窦融表已来关右，陶侃军宜次石头。
> 岂有蛟龙愁失水，更无鹰隼与高秋。
> 昼号夜哭兼幽显，早晚星关雪涕收。

公开同情文宗，抨击各地手握兵权的军将坐视不理，致使君王受欺于宦官。

开成元年（836年），李商隐终于抹开面子，写信给令狐绹："尔来足下仕益达，仆固不动。"令狐公子，你看你都提了多少级了，可我连个进士都没中。

令狐绹肯定和他爹说了。这一说就管用，开成二年（837年）科举，李商隐就及第了。

文人到底吃亏在脸皮嫩，为什么不早说？幸亏说得及时，转年令狐楚就去世了。

及第的李商隐还指望四大爷继续提携他呢，不想四大爷说没就没了。当时令狐绹还没起来呢，李商隐感到前途灰暗，急于寻找出路。

恰在这时，泾原节度使王茂元向他投来了橄榄枝，要请他当幕僚。李商隐没多想就同意了。王茂元非常看重这位有才华的新科进士，不久就把女儿王晏媄许配给了李商隐。爱情事业一炮双响的李商隐还搁那儿美呢，殊不知正是这段婚姻将他拖入了党争的旋涡。因为，王茂元是李党的人。牛党一片哗然，纷纷斥责李商隐"背恩""无行"。令狐绹尤为激愤，跳着脚大骂李商隐。

很快，李商隐就被牛党使绊子了，当年铨选考试，他初审已经过了，却在复审中被刷了下来。第二年，在岳父的帮助下，李商隐跌跌撞撞地通过铨选，但也只得到了一个正九品上秘书省校书郎的职位。并且没过多久，他就被外放为弘农（今河南三门峡灵宝市）县尉了。

在弘农县尉（相当于县公安局长）任上，李商隐的工作也很不顺利，因为让一个死囚减刑，他遭到了上司的训斥。文人脸皮薄，李商隐气不过，啪一道《任弘农尉献州刺史乞假归京》，谢谢，我请长假探亲，不伺候了。一般领导可没那么大的涵养，上司正要收拾他呀，巧了，弘农刺史换人了。新上任的刺史做李商隐的思想工作，可李商隐脾气倔，还是在开成五年（840年）辞了职。

这是一个极其错误的决定，因为就在他辞官几个月后，文宗去世，武宗上台，李党领袖李德裕回朝任相了。李商隐但凡多隐忍几个月，只要岳父出面，李德裕把他划拉回朝中，再给个要职，轻松得跟玩儿似的。可他受不了一时之气，十分冲动地辞了职，其直接影响就是再想入仕还得考。

人在屋檐下，有时要受得了委屈，你赚的工资里不仅有窝囊费，还有委屈费。

因为这次辞职事件，李商隐和岳父王茂元的关系也亮起了红灯。当初王茂元之所以聘任他，乃至于下嫁女儿，都是看中他一身才华又考中了进士，前途应该不可限量。但几年下来，李商隐的那股子酸腐文人气，以及在政治上极其不成熟的表现，令王茂元大为失望。翁婿关系因此陷入低谷。

会昌二年（842年），居家一年多的李商隐又通过书判拔萃科考试，回到老单位秘书省当了一名正九品下正字。折腾一圈又转回了老单位，而且职级不升反降，何必呢?

偏在这时，命运又给了他一个重大打击，他的老母亲去世了。按照礼制，李商隐只能离职回家守孝三年。其间，王茂元也在讨伐昭义刘稹时病故。这下李商隐就彻底没依靠了。

整个会昌朝都是李德裕执政，可问题是会昌朝一共才六年，等李商隐于会昌五年（845年）底复出时，李德裕已经到了执政晚期。紧接着，会昌六年三月，武宗突然驾崩，新上台的宣宗逢武必反，李党哗啦啦倒台，牛党重新执了政。

李商隐心如死灰，他知道牛党是不会善待自己的。

大中元年（847年）初，李党的郑亚被贬为桂管观察使，邀请李商隐做幕僚。李商隐都没带犹豫的，于五月跟着郑亚来到了桂林。然而，才一年的工夫，郑亚又被贬为循州刺史。显然，郑亚下一步还有被收拾的可能，李商隐没法跟，只好辞职回长安。

中年失业是最惨的，穷困潦倒的他迫于无奈，只得写信向令狐绹求助。此时的令狐绹已经被宣宗提拔为考功郎中、知制诰了。

其实，这些年来李商隐一直试图修复与令狐绹的关系，但令狐绹始终不予理睬。某年，李商隐登门拜访令狐绹，可令狐绹又不在家。失落的李商隐就在客厅墙上题了一首诗："曾共山翁把酒时，霜天白菊绕阶墀。十年泉下无消息，九日樽前有所思。不学汉臣栽苜蓿，空教楚客咏江蓠。郎君官贵施行马，东阁无因再得窥。"当年我和令尊我四大爷曾在重阳节把酒言欢，当时的情景至今历历在目。如今令尊已经没了十来年了，今年的重阳节我格外想他。可令狐公子你不待见我这个故人，我只好在这里留诗抱怨了。现在的你位高权重，门前连拒马都安了。我想，你我是再也不可能在你家中我们曾经读书交谈的那个东阁里见面了。

令狐绹回来看到后又气又羞，本想铲掉墙上的诗句，但由于里面有他父亲的名讳"楚"字，只得作罢。但他还是气不过，干脆命人将这间客厅锁起来，终生不开。李商隐一首诗废了人家一间客厅。令狐绹因此更加嫉恨李商隐。

这次也一样，李商隐的来信石沉大海。

没办法，接着考编吧！考试对李商隐来说已经驾轻就熟了，顺利通过，然后得到了一个盩厔县尉的小职位。

颇具戏剧性的是：十年前，他任弘农县尉。十年后，他还是一个县尉。兜兜转转十年整，居然又回到了起点，李商隐的落寞无法想象。

大中三年（849年）九月，武宁军节度使卢弘正发来聘书。李商隐觉得这是个机会，告别妻儿，又去了徐州。但他的运气比杜牧都差，也就一年多点儿的时间，卢弘正居然病死在了任上。可怜李商隐又失业了，不得不再谋出路。

没多久，他妻子王晏媄也病死了。

结婚十二年来，尽管因为妻子的身份遭到牛党的打压，尽管和岳父关系不睦，但李商隐对妻子的感情始终如一。无题诗系李商隐首创，大多以爱情为题材。不明就里的人看了，还以为李商隐也很元稹、很杜牧呢！其实，我们的情诗王子恰恰是一个相当专情的人，他的无题诗大多是写给老婆王晏媄的。

春心莫共花争发，一寸相思一寸灰！

怀春之心还是不要和春花争发竞放吧，因为寸寸相思最终只能带来失望，化为点点灰烬。

直道相思了无益，未妨惆怅是清狂。

虽然深知沉溺于相思无益于健康，可我就是管不住自己，痴情到底，落了个终身清狂。

> 相见时难别亦难，东风无力百花残。

咱们见面难，离别更难。暮春时节，东风疲软无力，百花残谢一地，真是叫人伤感呀！

> 身无彩凤双飞翼，心有灵犀一点通。

虽然我们不能拥有凤凰一样的翅膀，无法比翼齐飞，但你我的内心却像灵犀一样息息相通。

李商隐写给妻子最感人的诗句当数《夜雨寄北》：

> 君问归期未有期，巴山夜雨涨秋池。
> 何当共剪西窗烛，却话巴山夜雨时。

你问我什么时候能回家，我真是说不准。巴山连夜暴雨，秋水已经涨满了门前的池塘。唉，什么时候才能回家，和你在西厢的窗下一同剪烛花呢，再说说这一年这一天这一夜巴山的这场雨。

这样的词句好似糖衣炮弹，让王大小姐她怎么遭得住？！

李商隐有家，可长年漂泊在外的他似乎又无家，总是孤零零的一个人。他与妻子情投意合、举案齐眉，却总是聚少离多。现在妻子没了，他是真的有家又无家了。从此，再也没有人一脸崇拜地听他读自己写的诗了，再也没有人和他在西窗下一起剪烛花了，再也没有人陪他共度春秋与冬夏了。

埋葬完妻子，当年秋天，李商隐又接受了东川节度使柳仲郢的邀请，南下梓州当了一名参军。这次没事儿，柳仲郢既没有被贬，也没有暴毙，活得好好的。李商隐难得稳定地在梓州生活工作了四年。大中九年（855年），柳仲郢调回朝中任职。这人还不赖，同时带走李商隐，并给他安排了一个盐铁推官的职务，品级虽然低，但待遇却比较丰厚。人到中年的李商隐这才过上了安稳日子。

虽然没有任何证据表明大名鼎鼎的《乐游原》是李商隐此时的作品，但我执拗地将其设定在了他人生的这个时期。那天傍晚，诗人结束了一天的繁忙公务，驱车来到了长安近郊的一片原上。面对残阳如血的凄美景色，联想起自己的人生遭际，李商隐悲从中来：

向晚意不适，驱车登古原。
夕阳无限好，只是近黄昏。

在另一诗作《春日寄怀》中，李商隐的落寞与无奈越发力透纸背：

世间荣落重逡巡，我独丘园坐四春。
纵使有花兼有月，可堪无酒又无人。
青袍似草年年定，白发如丝日日新。
欲逐风波千万里，未知何路到龙津。

世事荣枯变化无常，而我却在这座园中呆坐了四年。哪怕有香花明月，可我身边却没酒也没人。身上这套八品青色官袍年年都一样，可头上的白发却越来越多、越来越亮了。唉，我这辈子做梦都想追逐风波千万里，却不知走哪条路才能直达天听。

如此过了两三年后，李商隐辞职回到了老家郑州，原因是病了，这跟他长期抑郁有直接关系。不久，这位大诗人就病逝了，去世时还不到五十岁。"锦瑟无端五十弦，一弦一柱思华年。"可叹他都没活过一把琴。

我们回头看看李商隐的职场轨迹，北边到过太原，西北到过泾州，东边到过徐州，西边到过梓州，南边到过桂林，半个大唐都被他跑遍了，怎一个折腾了得?! 这就是一个寒门子弟的坎坷人生。

当年李商隐吊杜牧，如今有崔珏吊李商隐：

虚负凌云万丈才，一生襟抱未曾开。
鸟啼花落人何在，竹死桐枯凤不来。
良马足因无主踬，旧交心为绝弦哀。
九泉莫叹三光隔，又送文星入夜台。

空有凌云万丈的高才，却一生不得施展，如今人已经没了。我的好知音啊，地府再也不用慨叹阴阳相隔了，因为他们把你这样的文曲星送入了坟墓。

"虚负凌云万丈才，一生襟抱未曾开。"这确实是李商隐一生的写照。李商隐的诗很美，但往往是一种凄美。"春蚕到死丝方尽，蜡炬成灰泪始干。"谁能想到，一个名扬千古的大诗人在他所处的时代居然活得如此卑微?!

像白居易、柳公权、杜牧、李商隐这样的遭遇，在当时还有很多很多。这些青年才俊都想修齐治平，干一番大事业。但他们所处的政治环境实在太恶劣了，根本就没得选，要么入牛党，要么入李党。可你入了牛党，就得罪了李党；入了李党，就得罪了牛党。偏偏牛党李党还压跷跷板，今天你跟着这个党吃香的喝辣的，明天就得跟着吃挂落。不得已，就只好在两党中摇摆。这一摇摆更完蛋，哪个党都视你为投机分子，两边不落好，两边都挨整。

难不难? 太难了！

第十章

大中之「治」

01. 怪异的老儒生

历朝历代，大臣们的中心工作说穿了其实就一项：研究皇帝。吃透君王的性格，揣摩君王的心思，然后投其所好，说他想听的话，办他想办的事。总之一句话，陛下，你想要的样子我都有！昏君好研究，也好取悦，比如穆宗、敬宗这种。主要是明君不好摆弄。但再英明的君主，总有人能把他吃透，比如房玄龄、长孙无忌就把太宗研究得透透的，狄仁杰把武则天研究得透透的，李林甫把玄宗研究得透透的。

但宣宗是个例外，没人能把他琢磨透。

宣宗有很多显而易见的优点。

比如，他继承了李家祖传的技能——音乐，会作曲，能填词，吹拉弹唱，样样精通。

又比如，他酷爱读书，这一点倒是和他大侄子文宗很像。宣宗甚至有个专门读书的宫殿。每次退朝后，他就跑到这间殿里读书。别的皇帝好不容易读个书，旁边得一票宦官、宫女伺候着，摇扇的摇扇，捶腿的捶腿，桌上摆满水果茶点，浪漫的还会熏个香。唯独宣宗，既不用人陪，也不吃喝，就一个人、一条案、一盏灯、一卷书。他太享受这种独处的感觉了，经常读书到后半夜。宫里头因此给他起了个外号叫"老儒生"。

宣宗还很孝顺友爱。

唐制，大明宫仅限于保障现任大领导及其配偶、未成年子女的饮食起居。也就是说，已退休大领导的家属——太上皇及其嫔妃，以及现任领导的成年子女，都是要出居别宫的，不能在大明宫内居住。郭老太太够牛了吧，七朝五尊，丈夫宪宗没了以后，她也只能住在兴庆宫，不能留居大明宫。别问为什么，问就是不懂规矩。

宣宗是明知规矩而不守规矩，我妈必须得和我住在一起，这样我才能天天看到她，什么破规矩，给朕改喽！他说改当然就得改！于是，郑太后就成了唐宫中第二个不搬家，仍旧住在宫城①中的太后。第一个是谁？那还用问吗？武老太太！

宣宗对亡父宪宗也十分孝顺。宪宗的儿子那么多，小时候的宣宗又显得很蠢，估计宪宗也没施舍多少爱给他。宣宗严重缺父爱，每次拜谒太庙，拜到他爹灵位前，总是哭得一塌糊涂。

他的兄弟们当年没少欺负他，可宣宗从未放在心上，经常跑到十六王宅去看望他们。兄弟里头谁生病了，他总是第一时间到现场。我想，可能正因为年少时备受冷落，所以好心的宣宗才不想兄弟们再有类似的遭遇吧！

但对其余的亲人和近侍，宣宗的要求却相当之严格。

他的大女儿万寿公主下嫁起居郎郑颢②，依礼制应当使用银箔装饰婚车。宣宗说太浪费了，用什么银箔，给朕改成铜箔。打这儿起，唐室公主出嫁，婚车就只能用铜饰了。出嫁那天，宣宗就跟个碎嘴老头子似的，絮絮叨叨地叮嘱女儿，嫁过去以后要谨守妇道、孝敬公婆，决不能作威作福、欺辱夫家。

这天，宣宗听说郑颢的弟弟郑顗病了，第一时间派中使代表他去

---

① 唐代都城由外郭城、宫城、皇城组成。
② 颢，音浩。

探望。中使回来后，宣宗问："公主去探视小叔子了吗？"这中使也是个二愣子，实话实说："无。"宣宗大为惊诧："何在？"中使据实禀告："在慈恩寺看戏场。"宣宗气得够呛："我怪士大夫家不欲与我家为婚，良有以也！"朕以前一直很纳闷，士大夫们为什么不愿和皇家结亲，以为是他们不识抬举，现在朕终于明白为啥了！随即就宣女儿进宫。

不一会儿，万寿公主来了，"立之阶下"。宣宗黑着个脸，半晌不开腔，连眼皮都不带抬一下的，"不之视"。万寿公主对父亲很了解，赶紧"涕泣谢罪"。宣宗数落她："岂有小郎病，不往省视，乃观戏乎！"小叔子病得都快死了，你这个当嫂嫂的不去探视，却在看戏?!

这次整治万寿公主的效果很明显，后来郑颢姐姐病重期间，万寿公主不仅日夜守着，还亲自给大姑子擦拭身体。

皇帝女儿也难当啊！

宣宗二女儿永福公主和校书郎于琮的婚事已经敲定了，就差完婚了。这日，永福公主和宣宗一起吃饭，因为几句话不对付，公主的小脾气上来了，当场就把筷子给撅断了。宣宗气得脸都青了："你看看你这个样子，哪配给士大夫当媳妇儿啊！"当场下敕取消婚事，让乖巧的四女儿广德公主下嫁于琮。

我们知道，公主是很难嫁的，因为豪门大族普遍不愿意娶公主。永福公主眼瞅着到手的郎君飞了，后悔得要死。

郑太后一再举荐弟弟郑光。宣宗很听话，让舅舅当了节度使。但当他发现郑光不学无术后，便立即将其罢免。郑太后不干了，隔三岔五就找宣宗吹风，说你舅舅生活如何如何困难，其实就是想再要个官。宣宗是怎么处置的呢？他赏赐了郑光很多财物，就是不给官做。

宣宗平易近人，宫里的人哪怕只是一个低下的杂役，只要宣宗见过一面，就能记住他的长相和名字，从没弄错过。普通宫人生了病，宣宗如果知道了，还会派御医前去诊治。这在历代君王中都是少有的。

热爱文艺的宣宗特别喜欢优人祝汉贞和乐工罗程。一日，祝汉贞在表演喜剧时评论了一下时政。宣宗当时就把脸拉下来了："朕养你是为了娱乐，不是让你干涉朝政的。"祝汉贞从此失宠。乐工罗程仗着宣宗宠幸，竟然因为小事杀人。宣宗立马翻脸，要处死罗程。其他乐工苦苦哀求，说罗程弹琵琶的技艺天下无双，杀了可惜。宣宗却说："你们怜惜的是他的才艺，可朕怜惜的却是祖宗的法度。"最终下令杖毙罗程。

孝顺父母，兄友弟恭，严格要求子女亲人和近侍……这么看的话，宣宗这个人挺不错的！但他其实还有着极为恐怖的一面。

童年苦难的生活既是恩赐，也是惩罚。这种生活在磨砺了宣宗意志品质的同时，也让他养成了多疑的性格，表现出来就是谁都不相信。没有一个人能真正走进他的内心，更何况是操纵他了?！并且，他骨子里其实是一个自卑的人。是的，谁说皇帝就不能自卑了？因为内在的自卑，所以宣宗外在就表现得很自大。

一次，有个大臣拍马屁，给宣宗献了一首诗。宣宗看了却很不高兴，大发雷霆。大臣一头雾水，我用的都是好词儿啊，没有大不敬呀，怎么就拍马蹄子上了呢?！宣宗恨恨地说："太康失邦，乃与我比?！"大臣明白了，宣宗是看"太康"两个字儿不高兴了。为啥呢？夏朝的国君太康因为无道失去了江山。但大臣诗歌里的"太康"并不是这个意思，他是真的冤啊！怎么说呢，我也只能说宣宗联想的能力太强大了！

还有一次，宣宗赐诗给学士萧寘①。萧寘拍马屁，说陛下的诗写得真好，就算"桂水日千里，因之平生怀"这两句也比不过。宣宗没听过这两句诗，第二天问起另一大臣。大臣说这是南朝刘宋太子令沈约

---

① 寘，音至。

写的诗。宣宗又急眼了，萧寘你真行啊，把一个刘宋小臣与朕相提并论！萧寘从此失宠。他也是，拍马屁就拍马屁嘛，你就说陛下诗写得真棒，非画蛇添足卖弄学识，这下好了，马屁拍错了，前途也没了。

这两件事儿启示我们：拍马屁是个技术活儿，拍不到点儿上，还不如不拍。

如果说敏感自负只是体现了宣宗的无厘头，那么接下来的这个故事就能让大家切实感受到他的恐怖了。

地方曾经进献给宣宗一个美女，宣宗很喜欢，迷恋得要死。忽然有一天，他顿悟了，怕这样下去走了玄宗的老路，就把美女召到跟前，板着个脸说："朕不能留你了！"有人建议将美女放还回家。宣宗想了想说："不成，放她回去，我还是会想念她。这样，赐她毒酒一杯吧！"然后，这个国色天香的妹子就这么莫名其妙地死掉了。

这美女是真的冤，你迷恋我，是我的错吗？我也没有乱政呀，你不留我，放我走就好了，何至于要了我的命？

从古至今，大家都说宣宗脑回路很个性、另类。要我说，宣宗的真实想法应该是这样式儿的：美女年纪轻轻回家，肯定还要嫁人。朕的女人怎么能让他人染指呢？！绝对不行！所以，美女就只能死了。

02. 锐意图治

宣宗治内主要抓了两件事：一是抑制宦官，二是整顿吏治。

左神策军中尉马元贽是拥立宣宗的大功臣。没有马元贽当初那一下，宣宗是不可能当上皇帝的。即位之初，宣宗对马元贽也很不错，

"恩遇冠诸宦官"。但这种恩宠是有前提的：要听话，不能结党，尤其不能和外朝结党。

宰相马植和马元贽走得很近，手拉手，肩并肩，连族谱都叙了。一日早朝，宣宗无意间看到马植佩戴的腰带，脸当时就黑了，因为这条腰带是他赏赐马元贽的。宣宗问马植，这腰带哪儿来的？马植一听就知道坏了，不敢撒谎啊，如实禀报。

第二天，马植就被罢相，改任天平军节度使。他前脚刚离京，宣宗就抓捕了他的亲信，完全掌握了二马交往的细节。不久，马植又被降为常州刺史，马元贽的左军中尉也没了，由枢密使杨钦义接管。

其实，二马虽然亲近，但还够不上结党这条线。宣宗也知道，但他办二马就是要给南衙北司清晰有力地传递这样一条信息：你们各玩儿各的，平日里不要搅在一起！

为了防止宦官干政，宣宗那真是煞费苦心。

比如，他直接拿掉了两枢密使的参政权。此前，两枢密使是和宰相们一起参政议政、商决国家大事的。宣宗单独设了一个枢密院，让两枢密使在枢密院办公。至于国家大事嘛，由他和宰相们商定后，再让两枢密上殿领旨落实。

另外，他还频繁调动高品宦官们的岗位，今年某某还是左军中尉，明年就让你去地方当监军。这样做是为了防止宦官盘踞朝中，经营羽翼，以免将来尾大不掉。

日常工作生活中，宣宗对宦官们的态度也很强硬，基本上不给好脸色，张口闭口就是"家奴"，还时常责罚犯错的宦官，有时候屁大点事儿他都能打人家一顿。宰相们都看不下去了，劝他开恩。可宣宗却说，我打我的家奴，与你们无关。

有个叫李敬实的宦官遇到宰相郑朗不下马。宣宗得知后，马上褫夺他的一切内职，配给南衙当贱役。你小子不是看不上南衙宰相嘛，好啊，我让你去南衙扫厕所、刷马桶。

大中八年（854年），宣宗甚至改写了"甘露之变"的政治结论，将其定性为朝臣挽救大唐和君王的正义举动，并昭雪了除李训和郑注外的其余受难大臣。

宣宗对宦官们的打压还是很有效果的。自肃宗以来，几乎每朝都有那么一两个权势熏天的大宦官。比如，肃宗时的李辅国，代宗时的程元振、鱼朝恩，德宗时的窦文场、霍仙鸣，宪宗时的吐突承璀，顺宗时的俱文珍，穆宗、敬宗时的王守澄，文宗、武宗时的仇士良。唯独大中朝没有那种名字撂出来震天响的大宦官。这与宣宗注意抑制宦官是分不开的。

在整顿吏治方面，宣宗的花招儿、邪招儿更多。

他任用宰相，既不信朝野的风评，也不信吏部的材料，完全看天意——抓阄儿。比如，要选用一个宰相，他就把几个人选的名字写在纸条上，揉成团儿盖到碗下，然后沐浴净身、焚香祷告，认认真真地摸出一个纸团，摸出谁就用谁。

每次宰相奏事，宣宗全程肃穆，不苟言笑。等正事都说完了，他就跟换了个人似的，笑眯眯地和大家闲聊，东拉西扯的，啥八卦都聊。聊得差不多了，他忽然又板起脸来："卿等好自为之，朕常担心卿等负朕，日后难以相见！"说罢，起身回宫。

宣宗这么搞，就把宰相们镇得死死的。很多人说宣宗朝是牛党当权。我不以为然，牛党并未当权，牛党的几个宰相，比如白敏中、令狐绹，完全是宣宗实现个人意志的工具，他们不敢瞎搞。大中朝在位时间最长的宰相令狐绹曾说过："我秉政十年，皇上对我非常信任。但在延英殿奏事时，我每次都紧张得汗流浃背。"

尤为难得的是，宣宗还十分重视地方刺史的选拔任用，要求新刺史上任前必须先到长安来，接受他的当面考查，考查合格，才能赴任；不合格，当场就给你撸了。有人提意见，陛下你这么搞累不累啊？宣宗是这么说的："朕以刺史多不得其人，而为害百姓，故要一一面见，询问其如何施政，以此了解其优劣，再确定是否可以任命。"

以上仅仅是上篇文章，宣宗还有下篇文章，怕大臣们蒙蔽自己，经常走基层。宣宗走基层不同于其他皇帝走基层，他是微服私访，比"四不两直"还"四不两直"。《中朝故事》[①]载："大中皇帝多微行坊曲间，跨驴重载，纵目四顾，往往及暮方归大内。"喜欢骑驴的不一定是阿凡提或者张果老，还有可能是唐宣宗，骑着他心爱的小毛驴，在长安街头当街溜子。

一次外出，宣宗碰到了几个打柴的百姓，问他们是哪里人？回答说是泾阳县的。宣宗又问县令是谁？百姓们说是李行言。又问此人为政如何。大家说李县令挺刚直的，执法不阿，还举了一个案例。宣宗回来后就把李行言的名字写下来，贴在大殿柱子上。

几天后，李行言人在家中坐，喜从天上来，忽然就被提拔为海州（今江苏连云港市西南）刺史了。他很纳闷啊，我也没跑官啊，怎么突然提我的职？入朝谢恩时，宣宗问的第一句话是："你是泾阳县令吧？"他怕有人蒙他。李行言说是。宣宗摆了摆手，马上就有人端来了三品才能穿的紫袍和金鱼袋。一个州刺史穿紫袍配金鱼袋，这是莫大的恩典。李行言彻底蒙圈了。宣宗问："知道朕为什么赏赐你吗？"不知道。好，把柱子上的小纸条揭下来，给他看。李行言感动得要死。

还有一次，宣宗在礼泉附近打猎，碰到一群百姓在寺庙里祈祷，

[①]《中朝故事》共二卷，南唐人尉迟偓著。书中记载了唐宣、懿、昭、哀帝四朝故事，上卷以君臣事迹及朝廷制度为主，下卷则杂录神异怪幻之事。虽然有一些故事不足采信，但仍不失其参考价值。

就问他们为啥祈祷。百姓说县令李君奭政绩突出，要离任了，我们不想他走，求佛祖留下他。宣宗回去后，又把李君奭的名字贴柱子上了。一整年的时间里，每次中书省要调整礼泉县令，宣宗都给按住了。一年过后，怀州（今河南焦作沁阳市）刺史空缺。宣宗点名让李君奭去。

在那个没有飞机高铁的年代，宣宗顶多也就在长安附近走走转转，全国其他地方他去不了，也不可能走遍。但他有办法，密令翰林学士韦澳将天下各州的风土人情以及民生利弊编为一册，专门供他阅览。书编成后，宣宗钦定名为《处分语》。这事儿就韦澳知道。

有一年，邓州（今河南南阳邓州市）刺史薛弘宗入朝奏事，跟宣宗谈了很久。出来后，薛弘宗满头大汗地对韦澳说："皇上对邓州事务了解和熟悉的程度真令人惊叹啊！"韦澳心里说，那必须的啊，皇帝把《处分语》都快翻烂了。

不过，宣宗治内也有不足，那就是他压根儿没把藩镇问题当回事。

对于河朔三镇，他还是老样子，只要不反朝廷，管你们内部怎么玩儿，朕一概承认。

魏博一直是何弘敬当家。成德王元逵传儿子王绍鼎，王绍鼎又传弟王绍懿。主要是卢龙比较乱。大中三年（849年），"北狄杀手"张仲武去世，军中拥立其子张直方。宣宗马上授任张直方为节度使。但张直方这个公子哥毛病很大，"嗜酒凌虐士卒"，上任不到半年就引得军民不满，被迫出逃长安。卢龙军随即拥立大将周綝[①]为节度使。周綝不久病死，卢龙军又拥立了张允伸。宣宗照样承认。

对于其他藩镇，宣宗也是能忍则忍，实在忍不下去才用兵。整个大中朝，藩镇动乱的次数其实并不少，但朝廷用兵的只有广州都将王

---

① 綝，音称。

令寰之乱、江西都将毛鹤之乱、宣州都将康全泰之乱，一共三次。

藩镇自己乱归乱，但的确没给朝廷添过大乱。宣宗的运气确实好，但凡有一个或者两个强藩给他添乱，他都不好搞，因为他这一朝没有太优秀的将帅，闹出了乱子不好收拾，可是偏偏就没有，一个强藩都没有。

03. 河陇归地

宣宗的好运气还在继续。万万想不到，已经沦陷了半个多世纪的河陇地区居然自己回来了。

咱们书接上文，接到吐蕃王朝崩溃后，驻守河陇的两大军阀论恐热和尚婢婢打起了内战。论恐热兵多，尚婢婢计广，半斤八两，一直缠斗到现在。

都这么忙乎了，论恐热还不忘占唐朝便宜。大中元年（847年），趁着宣宗初即位，他拉着党项和河西回鹘一同入寇。宣宗大怒，诏命河东军反击。他为啥舍近求远，不用西北藩镇，而用河东军呢？因为河东军有朱邪赤心的沙陀兵团呀！沙陀和吐蕃有血海深仇，打起吐蕃人来格外卖力。盐州（今陕西榆林定边县）一战，朱邪赤心大破论恐热。

趁着这场胜利，大中二年（848年），唐廷陆续收复了陕甘宁一线的三州七关①。

---

① 三州即原州（今宁夏固原原州区）、乐州（今甘肃甘南夏河县）、秦州（今甘肃天水秦州区），七关即石门、驿藏、木峡、特胜、六盘、石峡和萧关。

三州七关再往西，就是沦陷了的河西十二州。这十二州，包括今青海东部地区的两个州——鄯州（今青海海东乐都区一带）和廓州（今青海海南贵德县），今甘肃地区由东向西的九个州——渭州（今甘肃定西陇西县）、河州（今甘肃临夏）、岷州（今甘肃定西岷县）、兰州（今甘肃兰州）、凉州（今甘肃武威凉州区）、甘州（今甘肃张掖甘州区）、肃州（今甘肃酒泉肃州区）、瓜州（今甘肃酒泉瓜州县）和沙州（今甘肃酒泉敦煌市），以及新疆北疆东部的伊州（今新疆哈密）。

河西十二州的沦陷始于安史之乱，到德宗七年（786年），以沙州陷落为标志，吐蕃完成了对整个河陇地区的征服。从此"路阻萧关雁信稀"，迄今已逾六十年。

吐蕃在当地实行高压统治，逼迫汉人扎辫子、穿藏服，"辫发左衽"，全面吐蕃化。河陇人民心系母国、一心回归，其间也掀起了几次抗争，但都失败了。

唐王朝从来没想过收复安西、北庭，但的确考虑过收复河陇。

大诗人杜牧曾写过一首《河湟》：

元载相公曾借箸，宪宗皇帝亦留神。
旋见衣冠就东市，忽遗弓剑不西巡。
牧羊驱马虽戎服，白发丹心尽汉臣。
唯有凉州歌舞曲，流传天下乐闲人。

元载相公曾具体筹划过收复河湟，宪宗皇帝也动过收复失地的念头，但元载不久被杀，宪宗也突然驾崩。河湟百姓虽然辫发左衽、牧羊驱马已至满头白发，但他们内心仍然忠于朝廷。可是之后没人做实事，也没人想过收复失地把河湟百姓从异族的统治下解救出来。只有凉州的歌舞曲风行内地，娱乐着那些没心没肺的富贵闲人。

杜牧说的确实是实情。元载的确向代宗建议过克复河湟，但当时力量不够，只能想想。宪宗元和中兴、武宗会昌中兴，也都动过收复河陇的念头，但都因为皇帝的突然去世而搁浅了。

如今朝廷收复三州七关，举国上下倍感振奋，要求收复河西十二州的呼声空前高涨。眼见形势前所未有地有利，宣宗也信心爆棚，开始筹划克复河湟。

没想到沙州一声炮响，Duang，冒出了一位英雄豪杰——张议潮。

张氏一族世袭沙州镇将，是当地的名门望族。德宗二十年（799年）张议潮出生时，沙州陷于吐蕃之手已逾十年。英雄的人生总是不同凡响，而且往往从孩提时就不同凡响。张议潮虽然是穿吐蕃衣、用吐蕃字、说吐蕃话长大的，但他的人生偶像是封常清，特别喜爱抄写《封常清谢死表闻》，小小年纪就立志要驱逐蛮夷、恢复唐风。他坚持学习大唐文化，"论兵讲剑，蕴习武经"，练就了一身文武艺。

历史也给了他这样的机遇，沙州人民苦吐蕃久矣，吐蕃又内讧崩溃了。张议潮认为"吐蕃之运尽"，"誓心归国，决心无疑"，他团结沙州几个大家族和一些爱国僧人，暗中积蓄实力。

经过精心准备，就在唐廷收复三州七关这一年，张议潮率众发动起义。经过浴血奋战，他们成功驱逐吐蕃驻军。河陇吐蕃军不甘失败，又从周边调集兵力围攻沙州。张议潮率领军民绝地反击，硬是创造了奇迹，挫败了吐蕃人的围攻。至此，陷落长达63年的沙州又重新飘扬起了大唐的日月旗。

大唐义士何其多也！前有曹令忠、郭昕，后有张议潮。我们考察一个民族到底强不强大，最主要的指标就是看它有没有向心力。被人一打就散，人数再多也是软弱的民族，这样的民族是没有前途的。即便敌人再强大再凶悍，始终不屈、英勇抗争的民族才是精神强大的民族，也只有这样的民族才能生生不息。

张议潮随即派出十队使者赴长安告捷。为什么要派十队呢？因为沙州在甘肃最西端，它东边的那些州还在吐蕃人的控制之下，沙州和内地的交通是中断的。为保万全，干脆就派十支队伍各走一条路线入唐，哪条成了算哪条，纯属押宝撞大运。

结果嘞，还真有一支队伍走到了长安。领队的是沙州高僧悟真。这支人马绕道内蒙古，横穿巴丹吉林、腾格里、库布齐三大沙漠，历时近两年才抵达天德军。

天德军使上奏朝廷。和当年德宗君臣忽然收到安西北庭还在的消息一样，宣宗君臣初听也是一头雾水，想不到啊想不到！但紧接着，朝野上下便陷入狂喜当中。大中五年（851年）二月，悟真一行抵达长安，受到宣宗君臣的超规格欢迎。

沙州终于和朝廷联络上了！

六个月后，沙州的第二批使者也到了。为什么他们到得这么快？这是因为在大中三年、四年这两年里，张议潮创造出了更大的奇迹。

大中四年（850年），论恐热和尚婢婢又打起来了。这一次论恐热占据了绝对优势。尚婢婢连吃败仗，将老巢鄯州丢给部将拓跋怀光，自己率三千人逃往甘州。论恐热亲自带兵追击，顺带脚又对河西诸州进行了一轮血腥扫荡。擒获的成年男丁悉数被杀，老人和妇女被砍掉双脚或者割掉鼻子，婴儿则被挑在长枪上。尚婢婢从此不见于史书，既然不是为论恐热所杀，多半是被地方武装干掉了。

论恐热的暴行激起了河西人民的激烈反抗，他们纷纷起兵响应张议潮。张议潮趁势收复了伊、瓜、肃、甘、兰、岷六州和北庭的西州。所以，第二批使者就没必要从内蒙古兜大弯了，他们只是绕过凉州和河州，就进入了朝廷控制的三州七关。使团人数不多，只有二十九人，但规格很高，团长是张议潮的哥哥张议潭。他们向朝廷奉上了除凉州外的其余十一州的地图和档案。

其实，当时还有五个州没拿下来：凉州是吐蕃河陇驻军的大本营所在，不好啃；论恐热盘踞廓州；拓跋怀光控制鄯州；河州和渭州则在吐蕃将领尚延心的控制之下。

但这个举动已经足够有力了，这象征着时隔近一百年后，唐朝重新收回了河陇地区，是一件值得大书特书的壮举。史书的评价很到位："百年左衽，复为冠裳；十郡遗黎，悉出汤火。"宣宗兴奋地对大臣们说："先帝生前一直想克复河湟，因为国内用兵，没能实现这一愿望就驾崩了。如今朕克复河湟，也算完成了先帝的遗愿呀！"

不过，较真地说，"克复河湟"这个说法并不严谨。因为朝廷其实啥也没干，是人家河陇军民主动回归的，谈不上克复，称为"河陇归地"更为妥帖。

十一月，宣宗决策，仿照回鹘归义军的先例，于沙州置归义军，统领沙、甘、肃、鄯、伊、西、河、兰、岷、廓十一州，以张议潮为首任归义军节度使，加检校吏部尚书兼金吾大将军，封南阳郡开国公，食邑两千户，实封三百户。

从此，大唐又多了一个藩镇——归义军。这个藩镇比较特殊：第一，它事实上管辖的七个州是大唐的飞地，毕竟甘肃东边的凉州和河州还在吐蕃人的控制之下；第二，这其实又是一个割据的藩镇，朝廷管不着人家。

因此，宣宗对归义军的心态很复杂。本来，他已经计划好了出兵收复河湟。没想到张议潮突然冒了出来，拉起了队伍，建起了政权。名义上，归义军是大唐的归义军、宣宗的归义军，可其实就是张议潮的归义军。宣宗不仅担心张议潮独霸河陇，还担心他拥兵东进、威胁关中。出于这种复杂心态，宣宗在设置归义军的同时，留张议潭在朝任了金吾大将军，其实就是扣作人质。

张议潮对宣宗的心理洞若观火，但他矢志忠于朝廷，只能越发卖力地干活。

河西地区的形势十分复杂。除了凉、河、渭、廓、鄯五州的吐蕃军队，河西地区还活跃着吐蕃奴隶起义军嗢末军、党项人、河西回鹘以及其他零星少数民族。这些都是归义军的敌人。

因此，归义军的生存环境并不乐观。张议潮不仅要发展生产、稳定内部，还要提防这些敌人的骚扰劫掠，最终实现收复河西的目的。对内，他对辖区内的少数民族采取区别对待政策，已汉化者编入乡里，与汉人杂居；吐蕃化较深者，仍然沿袭吐蕃制度，依部落管理，同时大力吸收其上层分子参与政权。对外，他"朝朝秣马，日日练兵，以备凶奴，不曾暂暇"。

好在归义军最强大的敌人论恐热终于要完蛋了。

论恐热的残暴甚至连自己人都看不下去，其部下"皆欲图之"，不少人都降了拓跋怀光。众叛亲离之下，论恐热不得不于大中五年（851年）五月来到长安，讨要河渭节度使的职务，想靠唐廷的背书重整旗鼓。宣宗纯把他当要饭的了，给了一点儿钱，就打发他走了。悻悻然的论恐热回去以后还准备入侵唐朝，但他身边就剩下三百多人了，只能躲回廓州。

大中十一年（857年），据守河、渭二州的尚延心投降唐廷。

大中十二年，张议潮东征凉州。经过三年浴血奋战，终于在懿宗咸通二年（861年）彻底消灭吐蕃军，克复凉州。

论恐热又在廓州苟延残喘了十多年，最终于咸通七年（866年）被拓跋怀光所杀。他裹挟的小赞普也彻底失了踪。拓跋怀光将论恐热的首级献往长安，事实上也归附了大唐。

至此，陷没百余年之久的河湟故地全部收复。

咸通八年（867年），张议潭在长安病故。为了让朝廷安心，张议潮将归义军托付给张议潭的儿子张淮深，自己入朝为质。朝廷授任他为右神武统军，遥领归义军节度使。五年后，张议潮病逝于长安，年73岁。

<blockquote>
河西沦落百余年，路阻萧关雁信稀。
赖得将军开旧路，一振雄名天下知。
</blockquote>

后世予张议潮以超高评价，说他"坐筹帷幄之中，决胜千里之外，四方犷悍，却通好而求和；八表来宾，列阶前而拜舞。北方猃狁①，款少骏之駃騠，南土蕃浑，献昆岗之白璧"。虽然此人在当下的知名度并不高，但我认为他是足可与岳飞相比肩的爱国英雄。

张议潮一手创立的归义军居然撑得比大唐还久，一直到唐朝灭亡一百三十年后才灭亡。灭亡归义军的是由河陇土著——党项人创建的西夏王朝。

04. 抚平党项

党项人同样酿成了大中朝最大的内部危机。

党项人的祖先古羌人是一个相当古老的民族。根据人类学家考证，古羌族是人类历史上最早成功驯养动物的族群，亚洲的牛、羊、犬均由他们驯化而来。早在先秦时期，古羌人便生活在河陇地区。在漫长的岁月中，古羌人因为迁徙，分成了东羌和西羌两支。西羌人留居故地河陇，而东羌人则进入陕、甘、蒙三省交界地带。党项人是西

---

① 猃狁，音险允，匈奴的古称。

羌的一支，故又称党项羌，活动于今青海省东南部黄河河曲和四川松潘以西的山谷地带。

隋唐之际，党项臣服吐谷浑。太宗征服吐谷浑后，党项大部归附唐朝，一些靠近吐蕃的部落则成了吐蕃的附庸。降唐的党项部落一方面迫于吐蕃人的威胁，另一方面因为人口日益孳生，不断向东迁徙，并形成了六大部落集团，分别是平夏部、南山部、东山部、渭北部、河曲部和河西部。

看看，最近的都到渭水边了！离得这么近，不出事才怪?！每当唐廷内部动荡之际，我们总能在史书中看到党项人趁火打劫的记载。

西北藩镇虽然武力强大，但身处经济欠发达地区，日子一直过得紧巴巴的。文宗年间，边将放任豪强抢掠党项人的牛马，激起了党项人的反抗。党项人的这拨武装抗争持续的时间很长，从文宗年间一直闹到了宣宗年间。唐廷无力消灭他们，被拖得十分疲惫。

宣宗既头疼又纳闷，他们怎么总是闹？就派人调研。一调研，明白了，错不在党项人，而在于边将纵容豪强抢掠人家的财物。宣宗大怒，将西北藩镇的节度使全部从武将换成了文臣。武人好战，文人擅治。这一招还是比较管用的，绝大部分造反的党项部落都消停了。

但南山部和平夏部还在闹，宣宗都烦了，真不想再打了。这时有三个人给他支招儿，说宰相白敏中肯定行，应该让白相去招讨党项人。

这三个人，一个是宰相崔铉，一个是宰相令狐绹，还有一个是驸马郑颢。三人之所以一致推荐白敏中，是因为他们已经勾兑过了，就是要趁机把白敏中排挤出朝中。

现在已经没有牛党李党之分了，崔铉和令狐绹排挤白敏中的原因很简单，他们想说了算。郑颢则更多是出于个人恩怨。前文说过，他娶了宣宗的女儿万寿公主。其实这里面是有隐情的，郑颢是被逼的，逼他的人正是白敏中。

今人受影视剧误导，以为王子都很帅气、公主都很漂亮，大臣们争着抢着要和皇家结亲。实际的情况刚好相反，至少在唐朝，一等世家大族压根儿不想和皇家结亲。一来王子公主们通常也就一般模样，有的干脆只是有个人样儿，并且他们从小被众星捧月地供着，普遍十分跋扈。当年房玄龄家族娶了太宗的女儿高阳公主，结果大家也看到了，高阳到处睡和尚，拜她所赐，房家几乎灭门，一蹶不振。二来在一等豪门眼中，皇家李氏只是二流货色，与李氏结亲相当于自降身段、自甘堕落，辱没先人啊！

因此，皇家李氏想和一等豪门结亲，无论嫁娶都很困难。

宪宗在位时，有次公开选驸马，怕冷场，勒令世家子弟中的适龄青年都来应召。结果呢，他不下诏还好，诏书一下，世家子弟避之唯恐不及，纷纷称病不去。宪宗的脸被打得啪啪作响。

文宗生前想让郑覃的孙女儿当太子妃。郑覃当时没表态，下来后火速把孙女儿嫁给了清河崔氏的一个后生，当时那个后生只是个九品小官。在婚恋市场上，大唐储君居然还不如一个九品小官？！文宗那个郁闷啊，喟然长叹："我家二百年天子，顾不及崔、卢耶？"唉，我们李家都坐了两百年江山了，居然还不如清河崔氏和范阳卢氏？是的，在一等豪门的眼中，你们李家还差得远呢！

宣宗也愁嫁女儿。一次，他看中了新科进士、太原王氏的王徽，准备招为驸马。王徽听说后，哭着去找宰相："我已经四十多岁了，体弱多病，实在配不上公主。恳请大人为我做主，劝皇上千万别选我做驸马啊！"宰相告诉宣宗。宣宗很是无奈，只得作罢。嗯，当时的世家大族就是这么个揍性，宁可不要前途，也不娶公主。

以当时的看法，王徽是幸运儿，而郑颢就是倒霉蛋儿了。

宣宗让白敏中给万寿公主选驸马。缺了大德的白敏中回手就举荐了"以文雅著称"的状元郎郑颢。当个红娘就缺德了？当然不是！白敏中的缺德之处在于：他明知郑颢已经和范阳卢氏的女子订婚了，居然还不管不顾地将人家推了上去。他只考虑领导满不满意，不考虑事情本身对不对。

以郑颢的条件，宣宗当然满意得要要的！白敏中向宣宗汇报了郑颢已有婚约且请婚在即的情况。宣宗也知道"宁拆十座庙，不毁一桩婚"的道理，但为了女儿的终身大事，这缺德事儿他皱着眉头也得干啊！但他不出面，让白敏中干这个脏活儿，爱卿，立刻马上现在就去办，办好了给你加鸡腿！

可他们的速度再快，也快不过郑颢。此时，人家已经在南下楚州（今江苏淮安）接媳妇的路上了。白敏中确实够损，直接签发堂帖[①]，命令郑颢立即返京，不得有误。郑颢行至郑州接到堂帖，心中跑过的羊驼何止千万，但没辙啊，这可是宰相的命令哪，只得折返。白敏中亲自出面，连哄带诈唬一通忽悠。郑颢权衡来权衡去，厌了，咬着后槽牙点了头。

成了中国第一个状元驸马的郑颢并不开心，他不敢恨宣宗，就都怪在了白敏中头上，经常对老丈人指责白敏中的不是。

如今，出于倒白的共同目的，崔铉、令狐绹、郑颢在宣宗面前翕然同声，说白敏中于文宗朝时曾在邠宁军中任职，对党项人的情况很了解，让他去招讨党项，使命必达。

宣宗就在大中五年（851年）三月任命白敏中为招讨党项使。

白敏中可怜兮兮地跑来找宣宗："郑颢不乐尚主，怨臣入骨髓。臣在政府，无如臣何；今臣出外，颢必中伤，臣死无日矣！"郑颢因为当年的事儿对我恨之入骨，希望陛下保护我。

宣宗当时就说了："朕知之久矣，卿何言之晚邪！"说罢命左右取

[①] 堂帖，指唐时宰相签押下达的文书。

来一个上了锁的柽木小函子，让白敏中打开看。白敏中看后傻了眼，里面满满当当都是郑颢告他的奏章。宣宗接着说道："这些都是郑颢告你的奏章，我今天把它们都赐给你。如果朕听信郑颢的话，你今天还能站在这儿?!"

白敏中感动得要死，啥也不说了，拎着木箱就回了家，供到佛像前，天天焚香祷告。

其实，他是被套路了。别说郑颢等人排挤他，就算他们不搞事情，宣宗也想抛弃白敏中了。宣宗用白敏中，是因为他迎合了"逢武必反"的政治需要，并且在抓落实时很卖力。但武宗的许多政策其实是对的，"逢武必反"不得人心。宣宗的位置已经坐稳了，为了平息舆论，就想弃车保帅，放弃白敏中了。

白敏中刚到宁州（今甘肃庆阳宁县），定远城使史元已经在三交谷（在今陕西榆林横山区境内）一战中击破了平夏部，平夏部叛乱平息。南山部在八月也投降了。宣宗一律赦免。

白敏中美滋滋地等着回朝，等来等去，只等来了宣宗的一纸敕书：褫夺他的招讨使职务，就地留任邠宁节度使。爱卿啊，你就给朕好好待着吧！

党项人消停了一段时间，大中六年（852年）四月又开始闹了，而这时白敏中已经被调到更远的西川当节度使去了。宣宗任用翰林学士、中书舍人毕諴[①]为邠宁节度使，招降了党项人。党项人的这拨反抗浪潮才平息下去。

对党项的战事让本不充裕的国库捉襟见肘。许多朝士抨击宣宗恢复佛教加重了财政负担。宣宗不得不作了妥协，同意州府尚未竣工的寺庙继续修建，远离州府的大县只能建一座寺庙，中县以下不能建寺

[①] 諴，音闲。

庙。大规模恢复佛教的运动总算终结。

05. 王式镇安南

击破北狄，河陇归地，但这并不是说宣宗朝就没有外患了。

东、南、西、北四个战略方向，唐朝在东、西、北三面均有劲敌，所以给我们的感觉就是南疆一直很平稳。其实这是一种错觉，南疆的平稳是带引号的，是相对的。这里也有敌人，而且时断时续地也在闹事，只不过这里的敌人远不及其他方向的强大，造成的威胁也没有那么巨大而已。

唐朝的南疆地区泛指今两广和越南北部地区。这一地区最初归"天宝十节度"之一的岭南五府经略使管辖，后来升为节度使。所谓"五府"，即广州、桂州（今广西桂林）、容州（今广西玉林市容县）、邕州（今广西南宁）、交州（今越南河内）五个都督府，统称"岭南五管"。

广东地区相对安稳，动乱较少，南疆的问题主要出在广西和越南北部地区。

广西的问题主要是西原蛮。唐人称呼广西左江地区的少数民族为"黄峒蛮"，右江地区的少数民族为"侬峒蛮"，统称为"西原蛮"。肃宗年间，西原蛮不堪忍受地方政府的剥削压迫，掀起了反抗运动。这拨反抗运动断断续续持续了一百多年，直到僖宗乾符六年（879年）才平息，史称"西原蛮变"。

西原蛮的反抗运动虽不致命，但却动摇了唐朝在广西地区的统治基础。对广西的控制力弱了，对安南地区——今越南北部横山以北地区——的控制力就更弱了。因此，西原蛮变实际上为接下来的安南蛮乱乃至南诏入侵埋下了伏笔。

安南地区历史上的确长期属于中国。

秦始皇统一六国后，于公元前214年派军南征百越，首次将今福建、两广和越南北部地区纳入中国版图。其中，越南北部在当时归新设的象郡管辖。

秦末天下大乱，南海郡尉赵佗趁机建立了以广州为都的南越国，其势力范围最大时囊括现今整个越南。汉武帝灭南越国，重新控制了今越南北部和中部地区。及至东汉末年，越南中部的占族人崛起，建立林邑国，但越南北部仍属中国。

安南已经是大唐国土的最南端了。由于地处边陲、民族众多，且紧邻南诏、林邑两国，这里一直比较乱，不是军将造反，就是土著暴动。但这两类都算内部事件，以唐朝地方政府的力量还是能摆得平的，怕就怕有外部势力插手。林邑国是不敢招惹大唐的，但日渐强盛起来的南诏却对安南地区表现出了浓厚的兴趣。

南诏最畏惧的敌人其实并不是大唐，而是吐蕃。有吐蕃镇着它，它对大唐就很恭顺。但现在吐蕃已经崩了，南诏就开始膨胀了。

德宗朝韦皋任节度使时，给了南诏不少优待政策，比如准许他们的高干子弟到成都留学，并由西川全额保障食宿用度。南诏肯定使劲儿往西川派留学生啊！到宣宗朝，在成都的南诏留学生高达上千人，成了西川财政的一大负担。另外，南诏使者每年入贡时都会得到朝廷的丰厚赏赐。南诏人可算是逮着发财机会了，每批入唐使团规模都很大，为的就是多拿钱。

杜悰接任西川节度使后，为了压缩开支，奏请宣宗限制南诏留学生人数和使团规模。宣宗同意了。哎，南诏王劝丰祐、摄政王王嵯巅不高兴了。惯例，每年冬天南诏都要派出使团到长安"贺冬"，就是祝贺天朝进入冬天，也不知过个冬有啥好祝贺的。这年的贺冬使团倒是派了，可当他们行至嶲①州时，国内通知他们别去了！南诏使者直接将贺表甩给嶲州刺史，打道回府。这就是明晃晃地打朝廷的脸面了！

劝丰祐随后致信杜惊，出言不逊，要求他把在成都的南诏留学生都送回国。打这以后，南诏不仅不按时进贡了，还经常发兵袭扰唐朝边境。唐朝应该注意到南诏态度的变化，可是宣宗并未予以足够重视。并且，阔起来的南诏还加速转向扩张道路：一个是向西扩张，击败骠国，也就是今缅甸；一个是将国都由太和城迁徙到了东边的拓东城（今云南昆明），注意新都的名字——拓东，南诏的野心已是显露无疑。西川是唐朝边陲重镇，有重兵屯驻，南诏人暂时不敢打这边的主意，但他们对唐朝统治力量薄弱的安南却是垂涎已久。

偏偏唐安南都护李琢给了南诏人梦寐以求的机会。李琢为政贪暴，办错了三件事：一是肆意欺压安南民众，强买强卖，买人家一头牛或一匹马，只给一斗盐。二是寻衅杀害了在安南人中极有威望的酋长杜存诚。三是撤回了驻守峰州（今越南河内市西北和富寿省一带）林西原的六千戍兵。

前两件错事直接激起了安南人的暴动，后一件则让南诏人看到了染指安南的机会。峰州是防范南诏入侵的重要据点，由安南军六千精兵和七绾洞蛮酋长李由独所部协防。南诏人有所忌惮，才一直没敢行动。但李琢不知听了谁的鬼主意，撤回戍兵，将防御任务完全丢给了李由独。李由独不干了，倒向了南诏拓东节度使段酋迁。这样，南诏向安南进军的大门就打开了。

---

① 嶲，音西。

内有土蛮作乱，外有南诏入侵，安南烽火大起！宣宗急了，得选派得力的人去坐镇啊，选来选去，选中了爱子康王李汶的师傅王式。

这个王式正是当年与刘蕡、杜牧一同参加太和制举的那个王式。刘蕡鄙薄宦官，王式却亲近宦官，通过郑注搭上王守澄，官至殿中侍御史。王守澄倒台后，他吃了挂落，被贬官外放。

但我们不能据此认定王式不是啥好鸟儿。说句实在的，那个年代但凡想上进的年轻人，不管有本事的、没本事的，只要想走捷径，几乎没有不攀附宦官的。

并且，他还搭上了仇才人。这位仇才人是仇士良的侄女，也是宣宗最宠爱的妃子，她给宣宗生了一儿一女，一子即康王李汶。王式给康王当了老师。所以，宣宗即位不久，就提拔他做了晋州刺史。王式干得不错，百姓有口皆碑。现在安南危机四伏，也不知是谁向宣宗推荐的，还是宣宗自个儿想到的，这戡乱的重任就落到了王式肩上。

大中十二年（858年）正月，王式走马上任安南都护、经略使，来到了交州。

刚一到任，他立即整顿军政，选练士卒，加固防守。别人劝他无须心急，可王式料定南诏人很快就会杀来。果不其然，没多久段酋迁的大军就杀到了，距交州不过半日行程。王式早有准备，马上派出翻译，对段酋迁晓以利害。段酋迁见先机已失，第二天就撤走了，临走前还忽悠王式："我自执叛獠耳，非为寇也。"

四月，安南后方的岭南出事了，都将王令寰作乱，囚禁了节度使。五月，宣宗任命泾原节度使李承勋（李光弼之孙）为岭南节度使。李承勋带了一百名忠武军的精锐部队——黄头军[①]南下，很快荡

[①]《新唐书·王式传》："忠武戍卒服短后褐，以黄冒首，南方号曰'黄头军'，天下锐卒也。"

平叛乱。

还没过三个月，安南隔壁的容管也出事了，都虞候来正想兵变，被经略使宋涯干掉了。平叛时宋涯用了个小套路，让部下头戴黄帽，伪装成忠武黄头军的样子。岭南五管的人最怕黄头军，马上缴械投降。

但这个事儿却神奇地影响到了交州。安南人得知黄头军已经到了容州，非常惶恐，争相传呼："黄头军渡海来袭我矣！"他们串联各洞各部落，拼凑起一支人马，包围了交州城，还向王式喊话："愿送都护北归，我须此城御黄头军。"

王式当时正在吃午饭，左右劝他赶紧出城避难。王式连筷子都没放，淡淡地说："吾足一动，则城溃矣。"然后，继续优哉游哉地干饭。吃完饭，他套上铠甲，率众登上城楼。安南人一看他出来了，纷纷呐喊鼓噪。王式却不慌不忙地命人升起帅旗，往太师椅上一坐，就开始数落叛军了。安南人一看这阵势，他如此淡定，肯定有准备，算了，撤吧！

说实话，这些造反的安南人根本不够称为军，就是些乌合之众，前脚刚撤，后脚队伍就散了。第二天，王式发兵搜捕，将他们一网打尽。

王式随即修贡赋、飨将士，很快稳定了安南的内外环境。他还与占城（今越南中南部）、真腊（今柬埔寨、泰国等地）等国恢复了外交关系。南诏暂时不敢轻举妄动了。

06. 宣宗驾崩

但宣宗仍然跳不出"庸主基本信佛，英主都想长生"的唐式怪圈。尽管已经有太宗、宪宗、武宗这样的前车之鉴了，却仍然浇不灭宣宗追求长生的狂热。

大中十一年（857年），他派中使去了一趟广东惠州罗浮山。去干吗呢？延请道士轩辕集二次出山，为他炼制不老仙丹。

轩辕集大家还有印象吧，当年他和赵归真等人一起服侍过武宗。宣宗即位后疏斥武宗一党，轩辕集被流放罗浮山。

当时社会上把轩辕集传得神乎其神，说他年过数百容颜不衰，头发长得都能拖地了，坐在暗室里，眼睛就跟探照灯似的，光芒长达数丈，随手摘几片竹叶就能变成钱；说他运气于头发，头发就跟豪猪似的根根直立；还说他能指挥毒龙猛兽，有分身术，包治百病。很多达官贵人、社会名流都对这位活神仙推崇备至。

宣宗得知后很感兴趣，道长年过数百而不衰，肯定有长生不老之术，老哥，你得拉朕一把啊，这才恭迎轩辕集入京。当初怎么流放人家的，现在怎么把人家迎回来，宣宗这事儿办的，我都替他臊得慌！

轩辕集虽然曾经和赵归真搅和在一起，但他的人品修为比赵归真高多了。当年给武宗炼制丹药的主要是赵归真，轩辕集并未参与，因为他深知这世上根本没有长生不老药。但没招儿啊，皇帝召他，他不敢不从。

果然，刚一见面，宣宗就迫不及待地向他请教长生之道。轩辕集回答得很实在："撤声色，去滋味，哀乐如一，德施无偏，自然与天地合德，日月齐明，则致尧舜禹汤之道，而长生久视之术何足难哉！"

陛下，您问我什么是长生之道？我告诉您啊，如果能不沉迷声色犬马，不贪恋美酒美食，心态平和，施德无偏，那您自然就会与天地合德、与日月齐明了。这是通往尧舜禹汤的正道啊！

这话说得多好，但病入膏肓的宣宗已经听不进去了，一看轩辕集没啥用，就放他归山了。

轩辕集其实是个明白人。

他不愿意谄媚，但有的是人献媚。太医李玄伯、道士虞紫芝、山人王乐药毛遂自荐，说他们能炼制不老仙丹。宣宗大喜，就让他们炼。李玄伯他们炼好了，他也敢吃，吃着吃着就中毒了。

大中十三年（859年）五月，宣宗不出意外地病倒了，"病渴且中燥"，背上还长了毒疮，典型的重金属吃多了，连早朝都没法上了。

勉强挨到八月，宣宗不得不承认自己不行了，终于开始考虑继承人的问题了。

没错，大中都13年了，他还没立太子。这是有原因的：一来宣宗一直觉得身体倍儿棒、吃嘛嘛香，立储的事儿不着急，有的是时间。二来他不喜欢长子郓王李温，想立四子夔王李滋。

由于他也没有册拜皇后，所以也没有嫡子。按照礼法传统，就该立长子李温。但宣宗知道大臣们一定不支持他废长立幼，就采取了拖的办法。

这些年，大臣们曾三次奏请册立太子，都遭到宣宗拒绝。

第一次是在大中五年（851年），新晋宰相魏谟（魏征五世孙）在任职谈话时就劝宣宗立储："今海内无事，惟未建储副，使正人辅导，臣窃以为忧。"宣宗选择了沉默，但沉默有时就是回答。

五年后，宰相裴休请立太子。这次宣宗明显不高兴了："若建太子，则朕遂为闲人。"吓得裴休马上找借口请辞。宣宗没同意。

第三次是在大中十二年（858年），宣宗突然无厘头地宣布大赦天下。大赦天下也不是说赦就赦的，得有正当理由才行，比如新皇登基，比如国有喜事或者灾事，但当时啥事儿都没有。宰相令狐绹提醒宣宗，陛下，大赦天下得有个由头啊！另一宰相崔慎由趁机说，以建储为由大赦天下，再合适也不过了。宣宗低着头没说话。十天后，崔慎由被罢相，外放为东川节度使。

现在，自知时日无多的宣宗不得不考虑立储了。他找来最亲信的四个宦官，左枢密使王归长、右枢密使马公儒、右神策军中尉王茂玄和宣徽南院①使王居方，叮嘱他们立夔王李滋为太子。

宣宗知道群臣一定反对立夔王李滋，要想李滋立得住、坐得稳，非得有比南衙更强大的北司支持不可。所以，在大中后期他开始积极拉拢培植宦官。这样做的效果还是很明显的，"四贵"里头有三个是他的心腹。就这个阵容，还怕滋儿不能上位?!

办完了这件事儿，宣宗终于可以瞑目了。八月初七，唐王朝最后一个靓仔——宣宗去世，年仅50岁。

宣宗其实错看了右军中尉王茂玄。王茂玄当着宣宗的面儿答应得好好的，下来后却行事暧昧，不甚配合。王归长、马公儒、王居方三人干脆撇开他，准备拥立李滋。南衙宰相他们是不怕的，只怕一个人——左军中尉王宗实。三人合计一番，决定暂时隐瞒宣宗驾崩的消息，伪造圣旨，先把王宗实外放到地方当监军去。

王宗实不知道啊，都受诏了，准备克日启程赴任。但副手亓元实提醒他，皇帝病重，怎么会操心你的事儿呢？只怕诏书有诈，不妨以辞行为名面圣，一探真伪。王宗实被点亮了，马上入宫。王归长等人早有准备，禁止内外出入。但有亓元实做内应，王宗实还是顺利地入

---

① 宣徽院掌总领内诸司及三班内侍之籍，郊祀、朝会、宴享供帐之仪，一切内外供奉、都检视其名物，分南北两院。

了宫，跑到寝宫一看，宣宗早凉了，果然有诈！

王宗实勃然大怒，马上调动左神策军接管皇宫内外。作壁上观的王茂玄勒令右军按兵不动。左军得以顺利接管皇宫。然后，王宗实就在宫内大呼，说皇帝驾崩了，王归长等人矫诏意图不轨。很快，宫内外就都知道了！舆论已经造起来了，王归长等人就算浑身是嘴也说不清了，只能束手就擒。

初八一大早，王宗实立郓王李温为皇太子，代理国政。李温依惯例改名为李漼①，并立即处决了王归长、马公儒、王居方三人。

宣宗以为他能说了算，谢谢，谁当皇帝，他说了真不算！

连宪宗、武宗、宣宗这么英明强悍的君主都不能决定继承人，唐朝宦官之盛可见一斑。

07. 掺水的治世

对宣宗，史官给出了超高评价："宣宗性明察沉断，用法无私，从谏如流，重惜官赏，恭谨节俭，惠爱民物，故大中之政，讫于唐亡，人思咏之，谓之'小太宗'。"看看，都跟太宗相提并论了！

那么，宣宗到底算不算"小太宗"呢？"大中之治"又称不称得上治世呢？

不好意思，全都是泡沫，只一刹那的火花，宣宗并不等于"小太宗"，充其量就是个约等于；"大中之治"也只是带引号的治世，是帝

---

① 漼，音璀。

王将相眼里的治世，而非人民群众心中的治世。

尽管宣宗事事、处处学太宗，但也只学了一些皮毛而已，徒有其表。太宗做事滴水不漏，并且敢于直面困难、解决问题，是个做事不留死角、不留后患的人。宣宗就差远了，他太过小心谨慎，有些特别困难的问题，比如藩镇问题，他干脆就回避了；有些应该注意的问题，比如宦官问题，他也没当回事，前紧后松，结果在关键的继承人问题上被宦官摆了一道；有些可以解决的问题，比如崇佛过甚，他非但没有解决，还又把佛教给抬起来了。用人方面，他的能力水平也很一般，以致大中年间内无名相、外无良将。

宣宗的认识和能力逊于太宗，所以他的"大中之治"远不及"贞观之治"，是一个掺了水分的治世。

一方面，我们要看到，这个所谓治世的出现，前提是赶上了一个安稳的外部环境。

吐蕃和回鹘在武宗朝已经衰亡了。漠北新崛起的黠戛斯汗国本就对唐友好，宣宗只是册封阿热为可汗，黠戛斯就成了大唐的"乖宝宝"。东北的契丹和库莫奚刚有了点儿起色，就被张仲武按在地上一顿摩擦，摩得又消停了。南诏倒是个新威胁，而且已经在安南做了试探，但它的体量和能量都太小，不足以成为唐王朝的巨大威胁。

因此，大中一朝除了南诏入侵安南外，边疆基本无事，不仅无事，还通过收复三州七关、北伐山奚、河陇归地，轻轻松松收复了大片失地。

自安史之乱后，唐朝的疆域不断在做减法，也就大中朝有幸做了一些加法。这是人们盛赞大中政治的一大原因。其实，这里面天命的因素远大于人力，宣宗主要是运气好，赶上了大时代的红利。

另一方面，"大中之治"只是稳定之治，而非发展之治。

大中一朝，唐朝不仅外部稳定，内部也很稳定。党项人和安南人虽然时不时搞一些动乱出来，但都在边疆地区，对王朝总体安全的威胁很小，对内地更是毫无影响。朋党斗争已经结束。宦官和藩镇中也没有搞事情的刺头儿。宣宗采取的那些改革措施，比如勤俭治国、体恤百姓、减少赋税，一定程度上也促进了稳定。放眼整个中唐时代，从肃宗到宣宗，除了短命的顺宗、敬宗以及追求稳定的宣宗，哪一朝不是战事频仍、动乱不休？！大中朝内部稳定，百姓起码能安稳生活。

但能活不等于能活好。宣宗的惠民改革，也就是为他在官僚地主那里赢得了一些歌功颂德的口号而已，实际上根本没有落地，也无法落地。"大中之治"并没有让国家 GDP 增长几个点，也没让朝廷多收多少赋税，更没让老百姓兜里多了多少钱。百姓的生活不仅很困顿，而且有恶化的趋势，因为土地兼并越来越严重。大中年间其实已经有民变了，大中五年四川南充鸡山民变，大中六年湖南衡阳民变。所谓民变，其实就是起义。好在这些民变规模都不大，很快就被铲平了。但这明显不是个好趋势啊！

古时先哲就已经看得很透了。明朝的王夫之说："小说载宣宗之政，琅琅乎其言之，皆治象也……自知治者观之，则皆亡国之符也。"蔡东藩也说："即如大中政治，亦不过粉饰承平，瑜不掩瑕，功难补过。"

我的这套书写到现在，已经是第七本了。这七本其实有一个共同的名字——《权力的游戏》。因为，它们的主角都是统治阶级帝王将相，讲的内容也都是统治阶级内卷或者外卷的故事，与沉默的大多数——人民群众毫无关系。统治阶级为了利益，从唐初卷到现在，卷得人民群众死去活来。终于，沉默的大多数被逼急眼了，不再沉默了，一个民变的时代即将来临……

很多人不理解，宣宗在时还好好的，怎么宣宗一没，唐王朝就急转直下了呢？单从哲学上看，这就是不可能的！其实，危机的根子早在宣宗朝，甚至说早在安史之乱后就有了，就是藩镇割据、宦官专权、财政紧张这些困难，后来又加入了崇佛和朋党这两个减量。

从肃宗到宣宗一直致力于解决这些难题，的确也阶段性地取得了一些成果，缓解了一些困难，比如武宗遏制了佛教，宣宗终结了朋党。但总的来说，这长达一百年的大调整最终还是失败了，藩镇依旧割据，宦官依旧专权，财政依旧困难。并且，这些变量不断积累，终于到了质变的程度。

大中三年（849 年）秋天的一个傍晚，诗人许浑登临咸阳的汉长安旧城门楼。夕阳西下，阴云起，风满楼，近听鸟蝉秋鸣，远望衰草离披，渭水滔滔东流，断肠的诗人在天涯，即兴赋诗道：

> 一上高城万里愁，蒹葭杨柳似汀洲。
> 溪云初起日沉阁，山雨欲来风满楼。
> 鸟下绿芜秦苑夕，蝉鸣黄叶汉宫秋。
> 行人莫问当年事，故国东来渭水流。

登上高楼，我的万里乡愁油然而生，映入眼帘的水草杨柳就好像是我家乡的沙洲。水面上突然起了乌云，夕阳已经从阁楼边落下去了。眼瞅着山雨就要来了，大风充满了咸阳楼。秦时旧园里杂草丛生、鸟儿乱飞。汉时故宫里黄叶遍地、秋蝉悲鸣。来往的过客就不要问我当年的兴亡之事了。那些逝去的朝代已然顺着渭水向东流走了……

大家还记得吧，同样是这个许浑，武宗会昌三年（843 年）二月太和公主返回长安时，他写了振奋人心的《破北虏太和公主归宫阙》。时隔仅仅十六年，他却写了这首丧到不行的《咸阳城西楼晚眺》。后世研究者说，许浑此诗借写山雨欲来时荒废的秦苑汉宫，表达了对国家形势的担忧和无奈。

我不是许浑，不知道人家是不是真这么想的，但"大中之治"的确是唐王朝的回光返照。伴随着宣宗去世，中唐时代宣告结束，"溪云初起日沉阁，山雨欲来风满楼"的晚唐马上就要来了！

附录

附录一　唐朝十四世二十一帝（含武则天）概况

庙号	姓名	生卒	登基年龄	在位	主要宰相	死因	年号	陵寝
高祖	李　渊	566—635	53岁	618—626	裴寂、刘文静、萧瑀	寿终	武德	献陵
太宗	李世民	599—649	28岁	626—649	萧瑀、陈叔达、李靖、封德彝、长孙无忌、杜如晦、房玄龄、岑文本、魏征、刘洎、马周、褚遂良、王珪、李勣	丹药中毒	贞观	昭陵
高宗	李　治	628—683	22岁	649—683	长孙无忌、褚遂良、李勣、柳奭、韩瑷、来济、李义府、许敬宗、上官仪、刘仁轨、李敬玄、裴炎	病死	14个：永徽、显庆、龙朔、麟德、乾封、总章、咸亨、上元、仪凤、调露、永隆、开耀、永淳、弘道	乾陵

续表

庙号	姓名	生卒	登基年龄	在位	主要宰相	死因	年号	陵寝
	武 曌	624—705	67岁	690—704	刘仁轨、姚崇、裴炎、武承嗣、傅游艺、狄仁杰、李昭德、娄师德、王孝杰、杨再思、宗楚客、武三思、吉顼、张柬之、魏元忠、刘祎之	寿终	14个：天授、如意、长寿、延载、证圣、天册万岁、万岁登封、万岁通天、神功、圣历、久视、大足、长安、神龙	乾陵
中宗	李 显	656—710	29岁	684年1—2月 705—710	武三思、崔玄暐、杨再思、张柬之、桓彦范、敬晖、魏元忠、韦巨源、宗楚客、纪处讷、韦嗣立、崔湜、郑愔	被弑	3个：嗣圣、神龙、景龙	定陵
睿宗	李 旦	662—716	23岁	684—690 710—712	张仁愿、韦嗣立、韦安石、唐休璟、崔湜、刘幽求、姚崇、宋璟、郭元振、张说、窦怀贞	病死	8个：文明、光宅、垂拱、永昌、载初、景云、太极、延和	桥陵

续表

庙号	姓名	生卒	登基年龄	在位	主要宰相	死因	年号	陵寝
玄宗	李隆基	685—762	28岁	712—756	刘幽求、韦安石、崔湜、窦怀贞、张说、姚崇、卢怀慎、源乾曜、宋璟、苏颋、张嘉贞、张九龄、李林甫、李适之、杨国忠	绝食而死	3个：先天、开元、天宝	泰陵
肃宗	李亨	711—762	46岁	756—762	韦见素、张镐、第五琦、元载、房琯	病死	3个：至德、乾元、上元	建陵
代宗	李豫	726—779	37岁	762—779	元载、李辅国、刘晏、王缙、杜鸿渐	病死	4个：宝应、广德、永泰、大历	元陵
德宗	李适	742—805	38岁	779—805	杨炎、卢杞、马燧、李晟、张延赏、李泌、陆贽、张镒、浑瑊	病死	3个：建中、兴元、贞元	崇陵
顺宗	李诵	761—806	45岁	805	杜佑、韦执谊、杜黄裳	病死	永贞	丰陵
宪宗	李纯	778—820	28岁	805—820	韦执谊、杜佑、杜黄裳、武元衡、李吉甫、李绛、皇甫镈、令狐楚、李逢吉、裴度	被弑	元和	景陵
穆宗	李恒	795—824	26岁	820—824	裴度、令狐楚、段文昌、崔植、元稹、杜元颖、王播、李逢吉、牛僧孺、皇甫镈	丹药中毒	长庆	光陵
敬宗	李湛	809—827	16岁	824—827	李逢吉、牛僧孺、裴度	被弑	宝历	庄陵

续表

庙号	姓名	生卒	登基年龄	在位	主要宰相	死因	年号	陵寝
文宗	李昂	809—840	18岁	826—840	韦处厚、杨嗣复、李珏、李宗闵、段文昌、宋申锡、李德裕、李固言、郑覃、王涯、李训、贾𫗧、舒元舆、李石、陈夷行、李逢吉、王播、牛僧孺	病死	2个：太和、开成	章陵
武宗	李炎	814—846	27岁	840—846	李固言、李石、杨嗣复、牛僧孺、李德裕、陈夷行、李绅、李让夷、杜悰、李回、郑肃、李珏	丹药中毒	会昌	端陵
宣宗	李忱	810—859	37岁	846—859	白敏中、韦琮、马植、魏谟、崔慎由、夏侯孜、令狐绹	丹药中毒	大中	贞陵
懿宗	李漼	833—873	27岁	859—873	白敏中、夏侯孜、杜悰、徐商、路岩、于琮、韦保衡	病死	咸通	简陵
僖宗	李儇	862—888	12岁	873—888	郑畋、卢携、王铎、韦昭度、杜让能	病死	5个：乾符、广明、中和、光启、文德	靖陵
昭宗	李晔	867—904	22岁	888—904	韦昭度、孔纬、杜让能、张濬、崔昭纬、崔胤、李磎	被弑	7个：龙纪、大顺、景福、乾宁、光化、天复、天祐	和陵
哀帝	李柷	892—908	13岁	904—907	柳璨	被弑	沿用天祐	温陵

1. 寿命前三甲：武则天 82 岁，玄宗 78 岁，高祖 70 岁。寿命后三名：哀帝 17 岁，敬宗 19 岁，僖宗 27 岁。

2. 登基年龄前三甲：武则天 67 岁，高祖 53 岁，肃宗 46 岁。后三名：僖宗 12 岁，哀帝 13 岁，敬宗 16 岁。

3. 死因分布：寿终 2 人（高祖李渊、武则天），丹药中毒 4 人（太宗、穆宗、武宗、宣宗），病死 9 人（高宗、睿宗、肃宗、代宗、德宗、顺宗、文宗、懿宗、僖宗），被弑 5 人（中宗、宪宗、敬宗、昭宗、哀帝），绝食而死 1 人（玄宗）。

4. 年号数量前五名：高宗 14 个，武则天 14 个，睿宗 8 个，昭宗 7 个，僖宗 5 个。"上元"是唯一使用两次的年号，高宗和肃宗都用过。武则天使用了 3 个四字年号：天册万岁、万岁登封和万岁通天。

5. 几个唯一：睿宗、玄宗、肃宗、顺宗、懿宗、僖宗 6 个庙号是中国历史的唯一。唐高宗是中国历史上唯一的天皇。武则天是中国唯一的天后、唯一的女皇。德宗是唐朝唯一图形凌烟阁的皇帝。穆宗是中国唯一有 3 个皇后、3 个儿皇帝的皇帝。

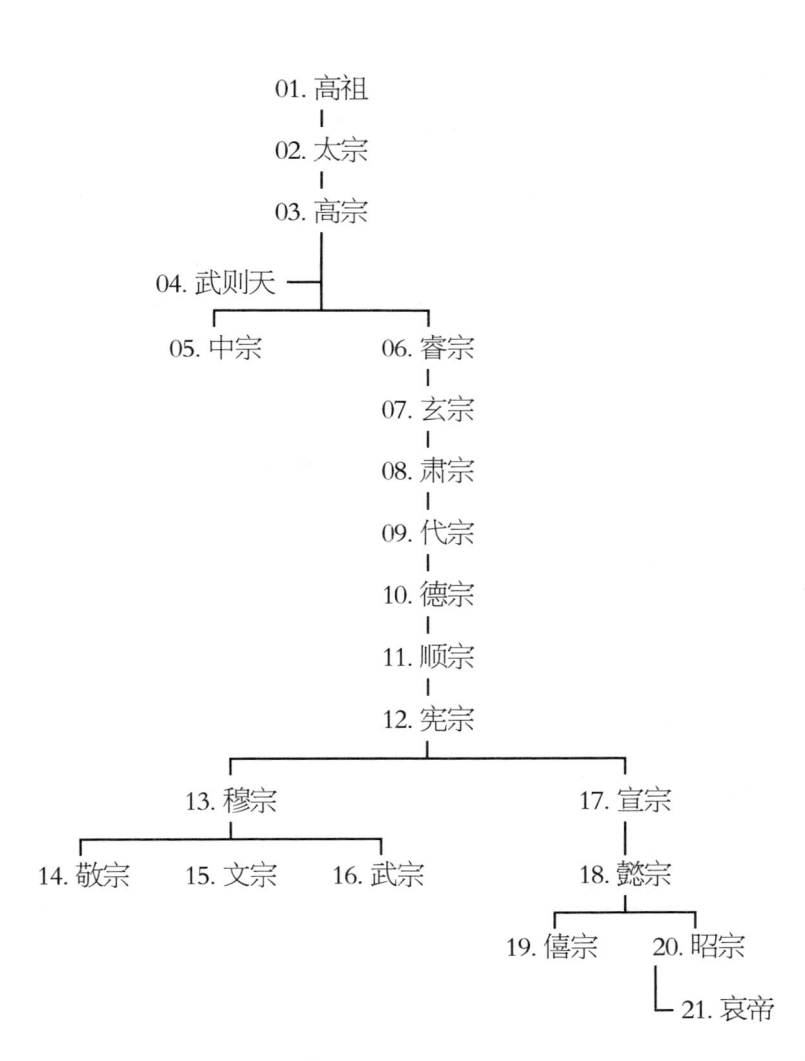

附录二　唐朝世系表

```
01. 高祖
 |
02. 太宗
 |
03. 高宗
 |
04. 武则天 ─┬─────────┐
      05. 中宗    06. 睿宗
               |
             07. 玄宗
               |
             08. 肃宗
               |
             09. 代宗
               |
             10. 德宗
               |
             11. 顺宗
               |
             12. 宪宗
          ┌────┴────┐
       13. 穆宗   17. 宣宗
     ┌───┼───┐      |
  14.敬宗 15.文宗 16.武宗  18. 懿宗
                ┌────┴────┐
             19. 僖宗   20. 昭宗
                          |
                       21. 哀帝
```

附录三 六大强敌世系表

1. 东突厥（唐时期）世系表

序号	主政者	在位	同期唐帝	姓氏
01	始毕可汗	609—619	高祖	阿史那氏
02	处罗可汗	619—620	高祖	
03	颉利可汗	620—630	高祖、太宗	

2. 西突厥（唐时期）世系表

序号	主政者	在位	同期唐帝	姓氏
01	统叶护可汗	617—630	高祖、太宗	阿史那氏
02	莫贺咄可汗	630	太宗	
03	肆叶护可汗	630—632	太宗	
04	奚利邲咄陆可汗	632—634	太宗	
05	沙钵罗咥利失可汗	634—639	太宗	
06	乙毗沙钵罗叶护可汗	639—641	太宗	
07	乙毗咄陆可汗	638—653	太宗、高宗	
08	乙毗射匮可汗	642—653	太宗、高宗	
09	沙钵罗可汗	650—658	高宗	

3. 后突厥世系表

序号	主政者	在位	同期唐帝	姓氏
01	骨咄禄可汗	682—691	高宗、中宗、睿宗、则天	阿史那氏
02	默啜可汗	691—716	则天、中宗、睿宗、玄宗	
03	拓西可汗	716	玄宗	
04	毗伽可汗	716—734	玄宗	
05	伊然可汗	734	玄宗	
06	登利可汗	734—741	玄宗	
07	骨咄叶护可汗	741—742	玄宗	
08	乌苏米施可汗	742—744	玄宗	
09	白眉可汗	744—745	玄宗	

4. 吐蕃世系表

序号	主政者	在位	同期唐帝	姓氏
01	松赞干布	629—650	太宗、高宗	悉勃野氏
02	芒松芒赞	650—676	高宗	
03	赤都松赞	676—704	高宗、中宗、睿宗、则天	
04	赤德祖赞	704—755	则天、中宗、睿宗、玄宗	
05	赤松德赞	755—797	肃宗、代宗、德宗	
06	牟尼赞普	797—798	德宗	
07	牟如赞普	798（约20天）	德宗	
08	赤德松赞	798—815	德宗、顺宗、宪宗	
09	彝泰赞普	815—838	宪宗、穆宗、敬宗、文宗	
10	朗达玛	838—842	文宗、武宗	

5. 回纥（回鹘）世系表

序号	主政者	姓名	在位	同期唐帝	姓氏
01	怀仁可汗	骨力裴罗	744—747	玄宗	药罗葛氏
02	英武可汗	磨延啜	747—759	玄宗、肃宗	药罗葛氏
03	牟羽可汗	移地健	759—780	肃宗、代宗、德宗	药罗葛氏
04	武义可汗	顿莫贺达干	780—789	德宗	药罗葛氏
05	忠贞可汗	多逻斯	789—790	德宗	药罗葛氏
06	奉诚可汗	阿啜	790—795	德宗	药罗葛氏
07	怀信可汗	骨咄禄	795—805	德宗、顺宗	跌氏
08	滕里可汗		805—808	顺宗、宪宗	跌氏
09	保义可汗		808—821	宪宗、穆宗	跌氏
10	崇德可汗		821—824	穆宗	跌氏
11	昭礼可汗	曷萨特勤	824—832	敬宗、文宗	跌氏
12	彰信可汗		832—839	文宗	跌氏
13		阖馺特勤	839—840	武宗	跌氏
14	乌介可汗	阖馺之弟	841—846	武宗	跌氏
15	遏捻可汗		846—848	武宗、宣宗	跌氏
16	怀建可汗	庞特勤	848—？	宣宗	跌氏

6. 南诏世系表

序号	主政者	在位	同期唐帝	姓氏
01	皮罗阁	728—748	玄宗	蒙氏
02	阁罗凤	748—778	玄宗、肃宗、代宗	
03	异牟寻	778—808	代宗、德宗、顺宗、宪宗	
04	寻阁劝	808—809	宪宗	
05	劝龙晟	809—816	宪宗	
06	劝利晟	816—823	宪宗、穆宗	
07	劝丰祐	823—859	穆宗、敬宗、文宗、武宗、宣宗	
08	世隆	859—877	宣宗、懿宗、僖宗	
09	隆舜	877—897	僖宗、昭宗	
10	舜化贞	897—902	昭宗	

参考文献

1. （唐）魏徵.隋书[M].中华书局,1973.
2. （唐）张鷟.朝野佥载[M].上海古籍出版社,2012.
3. （唐）段成式.酉阳杂俎[M].上海古籍出版社,2012.
4. （唐）郑处诲.明皇杂录[M].中华书局,1994.
5. （唐）温大雅.大唐创业起居注笺证[M].中华书局,2022.
6. （唐）李林甫等.唐六典[M].中华书局,2014.
7. （唐）刘肃.大唐新语[M].中华书局,1984.
8. （唐）吴兢.贞观政要译注[M].上海古籍出版社,2016.
9. （唐）玄奘.大唐西域记译注[M].中华书局,2019.
10. （唐）杜佑.通典[M].中华书局,2016.
11. （唐）杜环.经行记笺注[M].中华书局,2000.
12. （唐）李肇.唐国史补校注[M].中华书局,2021.
13. （唐）刘知几.史通[M].上海古籍出版社,2015.
14. （唐）苏鹗.杜阳杂编[M].商务印书馆,1979.
15. （唐）樊绰.蛮书校注[M].中华书局,2018.
16. （五代）刘昫等.旧唐书[M].中华书局,1975.
17. （五代）孙光宪.北梦琐言[M].中华书局,2002.
18. （五代）王仁裕.开元天宝遗事十种[M].上海古籍出版社,2012.
19. （宋）欧阳修,宋祁等.新唐书[M].中华书局,1975.
20. （宋）司马光等.资治通鉴[M].中华书局,1956.

21.（宋）司马光. 资治通鉴考异 [M]. 上海人民出版社, 2022.

22.（宋）李昉. 太平广记 [M]. 中华书局, 2013.

23.（宋）王溥. 唐会要 [M]. 中华书局, 2017.

24.（宋）王谠. 唐语林校证 [M]. 中华书局, 2018.

25.（宋）王钦若等. 册府元龟 [M]. 中华书局, 2020.

26.（宋）宋敏求. 唐大诏令集 [M]. 中华书局, 2008.

27.（宋）计有功. 唐诗纪事 [M]. 上海古籍出版社, 2013.

28.（宋）乐史. 太平寰宇记 [M]. 中华书局, 2007.

29.（元）辛文房. 唐才子传 [M]. 中州古籍出版社, 2021.

30.（明）熊大木. 唐书志传通俗演义 [M]. 中国文史出版社, 2003.

31.（清）王夫之. 读通鉴论 [M]. 中华书局, 2013.

32.（清）董诰, 阮元, 徐松等. 全唐文 [M]. 中华书局, 1983.

33.（清）彭定求. 全唐诗 [M]. 中华书局, 2018.

34.（清）王鸣盛. 十七史商榷 [M]. 上海古籍出版社, 2016.

35.（清）赵翼. 廿二史劄记校证 [M]. 中华书局, 2016.

36.（清）吴廷燮. 唐方镇年表 [M]. 中华书局, 2003.

37.（清）顾祖禹. 读史方舆纪要 [M]. 中华书局, 2020.

38.（清）徐松. 唐两京城坊考 [M]. 中华书局, 2019.

39. 蔡东藩. 唐史演义 [M]. 中央编译出版社, 2008.

40. 陈寅恪. 唐代政治史述论稿 [M]. 上海古籍出版社, 2020.

41. 范文澜. 中国通史简编 [M]. 商务印书馆, 2010.

42. 岑仲勉. 隋唐史 [M]. 上海古籍出版社, 2020.

43. 吕思勉. 隋唐五代史 [M]. 中华书局, 2020.

44. 钱穆. 中国历代政治得失 [M]. 生活·读书·新知三联书店, 2020.

45. 张国刚. 唐代藩镇研究 [M]. 中国人民大学出版社, 2010.

46. 王尧. 敦煌本吐蕃历史文书 [M]. 中国藏学出版社,2012.

47. 王仲荦. 隋唐五代史 [M]. 上海人民出版社,2021.

48. 李锦绣. 唐代财政史稿 [M]. 北京大学出版社,2001.

49. 索南坚赞. 西藏王统记 [M]. 西藏人民出版社,1985.

50. [英] 崔瑞德. 剑桥中国隋唐史 [M]. 中国社会科学出版社,1990.

51. [美] 斯塔夫里阿诺斯. 全球通史:从史前史到 21 世纪 [M]. 北京大学出版社,2006.

52. [日] 筑山治三郎. 唐代政治制度研究 [M]. 创元社,1967.

53. [日] 圆仁. 入唐求法巡礼行记校注 [M]. 中华书局,2019.

图书在版编目（ＣＩＰ）数据

显微镜下的全唐史. 第七部, 四祸叠加 / 北溟玉著. -- 北京 : 中国文史出版社, 2025. 1. -- ISBN 978-7-5205-4957-8

Ⅰ. K242.09

中国国家版本馆 CIP 数据核字第 2024AJ4199 号

责任编辑：梁玉梅

出版发行：	中国文史出版社
社　　址：	北京市海淀区西八里庄路 69 号院　邮编：100142
电　　话：	010-81136606　81136602　81136603（发行部）
传　　真：	010-81136655
印　　装：	北京科信印刷有限公司
经　　销：	全国新华书店
开　　本：	700mm×980mm　1/16
印　　张：	20
字　　数：	246 千字
版　　次：	2025 年 4 月北京第 1 版
印　　次：	2025 年 4 月第 1 次印刷
定　　价：	56.00 元

文史版图书，版权所有，侵权必究。

文史版图书，印装错误可与发行部联系退换。